セルフ・エフィカシーの臨床心理学

坂野雄二・前田基成　編著

北大路書房

まえがき

　1977年，Psychological Review誌に"Self-efficacy: Toward a unifying theory of behavioral change"と題するAlbert Banduraの論文が掲載された。行動変容のプロセスにefficacy expectationという認知的変数を導入し，行動変容をより合理的に説明しようとするものであったが，それまでBanduraが提唱していた認知的制御理論を行動変容という観点から極めてすっきりとまとめた論文であった。

　翌年この論文は，Advances in Behaviour Research and Therapy誌の第1巻第4号に再録された。この雑誌の中では，Banduraの当該の論文を受けて，J. Wolpe, H. J. Eysenck, P. J. Lang, J. D. Teasdale, A. D. Kazdinら行動療法の最前線にいる9名の理論家がself-efficacyの理論と実際についてコメント論文を執筆し，それに対してBanduraがリコメント論文を執筆するという誌上シンポジウムが組まれている。当時は，認知理論が行動変容・行動療法の領域に導入されようとしていた頃である。セルフ・エフィカシーの理論は，それまでの古典的な行動理論で説明することのできない部分を説明することのできる理論として注目を浴び，議論が沸騰した。

　編者らはこれらの論文を読んである種の衝撃を受けたことを憶えている。そして，行動療法を実践する中で，効果的な行動変容を促すための方策として，セルフ・エフィカシーを操作することができないものかと考え始めた。当時担当していたクライエントの適応行動の実行に対するセルフ・エフィカシーを測定し，それを何とか高める方法はないものかと考えた。また，一連の実験を行なうことによって，セルフ・エフィカシーの変化に影響する要因を確認したり，セルフ・エフィカシーを適切に測定することを試みた。

　それ以来20年余りが経過した。この間，セルフ・エフィカシーという概念の重要性は，臨床場面のみならず，教育場面，予防医学場面等，多方面で認識されるようになった。また，動機づけ理論をはじめとする心理学の基礎理論にも大きなインパクトを与えた。それは，セルフ・エフィカシーが単に行動変容を合理的に説明することのできる概念にとどまるのではなく，臨床の現場において測定が容易なこと，精神力動的な概念とは異なりクライエントをはじめとする行動変容の当事者にとって理解しやすい認知的変数であること，操作することができること，操作の結果として確実に行動変容が生じること，そして，行動変容の当事者がそれを確認することができること，といった長所を持っていたからである。また，問題改善に対するセルフ・エフィカシーの高い患者がそうでない患者に比べて治療がスムースに進行する，健康に生きようとする行動に対するセルフ・エフィカシーの高い慢性疾患患者がそうでない患者に比べて改善が早かったり，学業達成に対するセルフ・エフィカシーの高い児童生徒の学業がそうでない児童生徒よりも良かったりと，実にさまざまな場面においてセルフ・エ

フィカシーという概念のもつ有用性が認識されるようになった。

　ところが，セルフ・エフィカシーについて学ぼうとするとき，手軽に紐解くことの書物がないことも事実であった。そうした点で，本書はセルフ・エフィカシーについて学ぶ格好の書物となっている。

　本書は2部構成となっている。第I部では，セルフ・エフィカシーの理論を概観するとともに，セルフ・エフィカシーの概念が医療場面，教育相談場面でどのような意義を持っているか，動機づけ理論という観点からどのように理解することができるか，およびその測定法に関する概観が行なわれている。セルフ・エフィカシーの理論を学ぶ指針となるだろう。

　第II部では，さまざまな現場でセルフ・エフィカシーの概念をどのように位置づけることができるかを探るとともに，セルフ・エフィカシーの概念を現場でどのように取り扱うことができるかを考えた。不安や抑うつといった情緒問題の解決や社会的スキルの獲得，ストレス管理，摂食障害や糖尿病等の治療といったさまざまな臨床場面において，また，子どもの問題行動や学業達成，職業指導といった教育場面においてセルフ・エフィカシーの概念を治療や指導にどのように活かすことができるかを明らかにした。また，看護，リハビリテーション，高齢者の抱える問題，運動と健康の維持増進処方といった今日的課題を抱えるにおいてもセルフ・エフィカシーの概念をどのように理解し，活用することができるかを明らかにした。

　分担執筆をいただいた先生方は，いずれもご担当の領域において理論的研究や実践に携わっておられる方々である。また，セルフ・エフィカシーという概念に注目し，それを治療や指導の中で積極的に取り上げられてこられただけではなく，理論的にも考察を加えてこられてきた方々である。わが国におけるセルフ・エフィカシー研究の最前線をまとめることができたと考えている。

　セルフ・エフィカシーは理論的にも，実践的にも非常に有用な概念である。わが国においてセルフ・エフィカシーの問題を論じた書物が見あたらない中，本書を上梓することによって，これからのセルフ・エフィカシー研究が一層発展するとともに，その結果として行動変容の当事者であるクライエント，患者，子どもたち，そして多くの人の生活が豊かになることを願っている。

　本書を出版するにあたり，北大路書房編集部の薄木敏之さんには多大のご尽力を頂いた。編者や執筆者の遅い作業にもしびれを切らさず見守って頂いた。厚く御礼を申し上げたい。

2002年7月　　編者を代表して
坂野雄二

目次

まえがき

第Ⅰ部 セルフ・エフィカシーの理論を探る

1章 人間行動とセルフ・エフィカシー ……… 2
1. 治療場面から　2
2. セルフ・エフィカシーとは　3
3. セルフ・エフィカシーはどのように変化するか　5
4. セルフ・エフィカシーの3つの次元　7
5. セルフ・エフィカシーはどのように行動に影響するか　8
6. セルフ・エフィカシーの変動と行動変容：その臨床的意義　9

2章 医療現場におけるセルフ・エフィカシー ……… 12
1. 認知行動療法と行動医学　12
   （1） 認知行動療法の発展　12
   （2） 行動医学の台頭　12
2. 医療領域におけるセルフ・エフィカシーの先行研究　13
   （1） 海外の研究動向　13
   （2） わが国での研究動向　16
   （3） まとめ　17
3. 絶食療法におけるセルフ・エフィカシーの検討　17

3章 教育相談場面におけるセルフ・エフィカシー ……… 24
1. 教育相談の技法における3つの視点　24
2. セルフ・エフィカシーの考え方を取り入れた教育相談　26
3. 学業不振に対するセルフ・エフィカシーの向上　28
4. セルフ・エフィカシー向上の開発的適用　30
5. まとめ　31

4章 セルフ・エフィカシーと動機づけ ……… 33
1. 期待－価値モデル　33
2. 帰属理論　36
3. 達成不安　38
4. 内発的動機づけ　39
5. 目標理論　40
6. 期待概念としてのエフィカシー　42

5章 セルフ・エフィカシーの評価 ……… 47
1. セルフ・エフィカシーの評価について　47
2. 課題特異的セルフ・エフィカシーの測定　48
3. 一般的セルフ・エフィカシーの測定　50
4. さまざまな一般的セルフ・エフィカシー尺度　53

5. 信頼性と妥当性，および測定上の問題　55
　　6. まとめ　56

第Ⅱ部　セルフ・エフィカシーの実際を探る

6章　不安のマネジメント …………………………………………………………60
　1. 不安とは　60
　2. 不安とセルフ・エフィカシー　62
　　（1）不安の形成と維持のメカニズム　62
　　（2）不安のコントロールとセルフ・エフィカシー　63
　3. セルフ・エフィカシーを高める方法　64
　　（1）対処レパートリーを増やし，回避行動を抑制する　64
　　（2）情動的覚醒の緩和　65
　　（3）破局的認知の修正　66
　4. 症例　66

7章　抑うつ気分の解消 …………………………………………………………72
　1. あるビジネスマンの憂うつ　72
　　（1）Aさん課長になる　72
　　（2）憂うつな毎日の始まり　72
　　（3）治療を開始する　73
　2. 抑うつ気分と精神疾患　73
　3. 抑うつ気分とセルフ・エフィカシー　75
　4. どのようにセルフ・エフィカシーを評価するか　76
　　（1）問題を整理する時期　76
　　（2）問題解決の方法を探る時期　77
　　（3）セルフ・エフィカシーを高める方法　78
　5. セルフ・エフィカシーが高まると抑うつ気分はやわらぐか　80
　　（1）Aさん，抑うつ気分から解放されはじめる　80
　　（2）セルフ・エフィカシーの向上と抑うつ気分の変化　80

8章　摂食障害とセルフ・エフィカシー ……………………………………82
　1. 摂食障害とは　82
　2. 摂食障害とセルフ・エフィカシー　82
　3. セルフ・エフィカシーの評価と測定　84
　　（1）Eating Self-Efficacy Scale　84
　　（2）Self-Efficacy Questionnaire　84
　　（3）Eating Disorders Self-Efficacy Scale　85
　　（4）Bulimic Thought Questionnaire　85
　　（5）その他のアセスメント法　86
　4. 症例報告　86
　5. 考察　91

9章　ストレス管理 …………………………………………………………………94

1．日常生活とストレス　94
　　2．ストレスとセルフ・エフィカシー　94
　　3．セルフ・エフィカシーを高める方法　96
　　　（1）学校ストレスとセルフ・エフィカシー　96
　　　（2）職場のストレスとセルフ・エフィカシー　97
　　　（3）慢性疾患に伴う心身のストレスとセルフ・エフィカシー　99
　　4．症例　101

10章　糖尿病患者の自己管理 …………………………………………… 106
　　1．糖尿病患者と自己管理　106
　　2．治療に対する自己管理とセルフ・エフィカシー　106
　　3．セルフ・エフィカシーの臨床的意義　108
　　4．セルフ・エフィカシーを高める方法とその進め方　108
　　　（1）情報収集の方法について　110
　　　（2）患者が必要とする情報の把握　112
　　　（3）学習体験　112
　　　（4）セルフ・エフィカシーの評価・測定方法　113
　　5．自己管理を維持するためには　116
　　　（1）セルフ・エフィカシーを高めるタイミングと指導内容　116
　　　（2）家族のサポートとセルフ・エフィカシー　117

11章　人工透析患者の自己管理 ………………………………………… 119
　　1．慢性腎不全　119
　　2．透析療法　120
　　3．透析患者の生活上の制限　120
　　4．透析患者の精神症状　121
　　　（1）抑うつと不安　121
　　　（2）否認と怒り　122
　　5．自己管理とセルフ・エフィカシー　122
　　6．セルフ・エフィカシーを高める方法　123
　　　（1）ストラテジーの教示　124
　　　（2）セルフ・モニタリング　124
　　　（3）モデリング　124
　　　（4）ソーシャル・サポート　124
　　7．症例　125

12章　看護行為 …………………………………………………………… 131
　　1．看護領域におけるセルフ・エフィカシー　131
　　2．心疾患患者のセルフ・エフィカシー　132
　　　（1）心疾患患者の特徴　132
　　　（2）セルフ・エフィカシーの測定　133
　　　（3）セルフ・エフィカシーの変化　135
　　　（4）セルフ・エフィカシーを高める臨床的意義　137
　　　（5）セルフ・エフィカシーを高める方法　137
　　3．ヘルス・プロモーションとセルフ・エフィカシー　142

13章　看護教育 …… 146
　1．看護教育とセルフ・エフィカシー　146
　2．セルフ・エフィカシーを高める教育的意義　146
　（1）看護教育一般とセルフ・エフィカシー　146
　（2）特定分野の看護教育とセルフ・エフィカシー　148
　（3）セルフ・エフィカシーを高める教育要因　149
　3．看護大学母性看護領域における実習効果の検討　152

14章　リハビリテーション …… 157
　1．リハビリテーションとセルフ・エフィカシー　157
　2．セルフ・エフィカシーを高める臨床的意義　158
　3．セルフ・エフィカシーを高める方法　159
　4．症例　161

15章　社会的スキルの獲得 …… 166
　1．社会的スキルと社会的スキル訓練　166
　2．社会的スキルとセルフ・エフィカシー　167
　3．セルフ・エフィカシーを高める臨床的意義　169
　4．セルフ・エフィカシーを高める方法　171
　5．セルフ・エフィカシーに焦点を当てた社会的スキル訓練の事例　172

16章　子どもの問題行動 …… 178
　1．問題行動とセルフ・エフィカシー　178
　2．セルフ・エフィカシーの発達　182
　3．事例―セルフ・モニタリングによる攻撃行動の統制とセルフ・エフィカシーの変動―　182
　4．問題行動をもつ子どものセルフ・エフィカシーを高める方法　185

17章　学業達成の援助 …… 188
　1．学業達成とセルフ・エフィカシー　188
　（1）児童生徒の学業達成の援助　188
　（2）学業達成領域におけるセルフ・エフィカシー研究　188
　2．学業達成場面においてセルフ・エフィカシーを高める方法　189
　（1）目標設定　189
　（2）帰属フィードバック　192
　（3）モデリング　194
　（4）ストラテジーの使用　196
　3．学業達成場面におけるセルフ・エフィカシーの測定法　198
　4．セルフ・エフィカシーと自己制御学習　200

18章　職業指導 …… 204
　1．職業指導とセルフ・エフィカシー　204
　（1）職業指導とセルフ・エフィカシーについて　204
　（2）進路選択セルフ・エフィカシー　205

  2．セルフ・エフィカシーに着目する臨床的意義　205
   （1）キャリア不決断とセルフ・エフィカシー　206
   （2）就職活動とセルフ・エフィカシー　207
   （3）時間的な見通しとセルフ・エフィカシー　209
  3．進路選択セルフ・エフィカシーの評価・測定　210
  4．進路選択セルフ・エフィカシーを高める方法　211
   （1）コンピュータを利用したガイダンスシステム　212
   （2）再帰属訓練　213
   （3）ワークブック　214

19章　運動アドヒレンス―身体活動・運動の促進―　218

  1．はじめに　218
  2．運動アドヒレンス研究の意義　219
   （1）生活習慣病の予防・治療　219
   （2）メンタルヘルスの維持・向上　220
   （3）身体活動・運動の実施状況　220
  3．身体活動・運動の促進に果たすセルフ・エフィカシーの役割　222
   （1）身体活動・運動の参加, 継続の予測因子　222
   （2）身体活動・運動の準備性（レディネス）との関係　223
  4．身体活動・運動の促進に関連したセルフ・エフィカシーの測定　224
   （1）課題エフィカシー尺度　224
   （2）一般性エフィカシー尺度　226
   （3）自己調整エフィカシー尺度　227
  5．身体活動・運動の促進にかかわるセルフ・エフィカシーを高める方法　228
   （1）遂行行動の達成　228
   （2）代理的経験　229
   （3）言語的説得　229
   （4）生理的・情動的状態　230
  6．終わりに　232

20章　高齢者の転倒と運動　235

  1．高齢者における転倒　235
   （1）発生率　235
   （2）高齢者における転倒の危険因子　236
  2．転倒恐怖　239
   （1）転倒恐怖の実態　240
   （2）転倒恐怖と活動制限　241
   （3）転倒恐怖の測定　241
  3．転倒セルフ・エフィカシー　243
  4．運動療法を用いた転倒予防　246
   （1）転倒予防にかかわる運動の効果　246
   （2）セルフ・エフィカシーを意識した運動プログラムの可能性　248

人名索引　253
事項索引　255

第 I 部
セルフ・エフィカシーの理論を探る

 # 人間行動とセルフ・エフィカシー

1. 治療場面から

　はじめに図1-1をご覧いただきたい。「広場恐怖を伴うパニック障害」患者の治療が，治療者が付き添ったエクスポージャー（guided exposure）と認知の修正（cognitive restructuring）を中心とした認知行動療法によって行なわれた。治療が進むなかで，患者は，かつて地下鉄の中でパニック発作を経験してからというもの8年にわたって乗ることのできなかった地下鉄に，久しぶりに乗ることができるようになった。図1-1は，「私鉄と地下鉄を乗り継いで都心のデパートに買い物に出かける」ということを不安を感じることなくできるかどうかという見通しを，治療の経過にそって示したものである。

　治療が開始された段階で，「私鉄と地下鉄を乗り継いで都心のデパートに買い物に

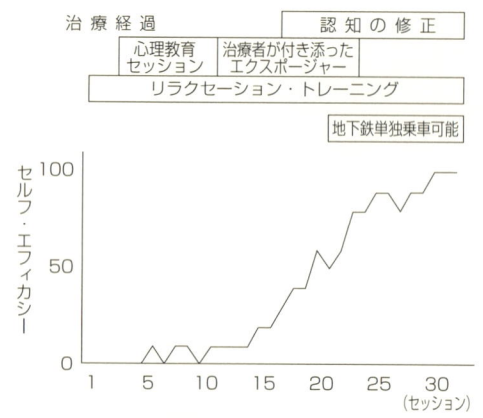

●図1-1　パニック障害患者におけるセルフ・エフィカシーの変化

出かける」という行動を一人でどの程度行なうことができるかどうかという見通しはゼロであった。患者の全般的な不安を軽減し，不安への拮抗反応を獲得するために，治療はリラクセーション・トレーニングを行なうところから開始された。次いで，不安や回避行動，治療の進め方等に関する心理教育が行なわれたあと，治療者が付き添ったエクスポージャーが実施された。そして，「地下鉄に乗るとパニックを起こしてしまうにちがいない」，あるいは，「どうせうまくいくはずがない」といった認知の修正が行なわれた。

　ここで興味深いのは，心理教育セッションによって不安状態がどのようなものであるかといった症状に関する客観的な理解が進んでくると，「私鉄と地下鉄を乗り継いで都心のデパートに買い物に行く」ことができるという見通しがゼロではなくなった点，治療者が付き添ったエクスポージャーを行ない地下鉄に乗る練習を開始すると，その見通しは急速に大きくなった点，そして，そうした見通しが大きくなると，実際に一人で地下鉄に乗ることができるようになったという点である。

　このように，患者がもつ「……ができる」という見通しは，実際の治療経過と大きく関連していることがわかる。

2. セルフ・エフィカシーとは

　図1-1に示された，「私鉄と地下鉄を乗り継いで都心のデパートに買い物に行くことができる」という見通しは，セルフ・エフィカシー（self-efficacy：自己効力感）とよばれている反応である。

　セルフ・エフィカシーという概念が登場したのは，1977年，"Psychological Review"誌に掲載された"Self-efficacy: Toward a unifying theory of behavioral change"と題する論文の中である（Bandura, 1977）。バンデューラによって体系化された社会的学習理論によれば，人間の行動を決定する要因には，「先行要因」「結果要因」，そして，「認知的要因」の三者があり，これらの要因が絡み合って，人と行動，環境という三者間の相互作用が形成されているという。そして，「人はたんに刺激に反応しているのではない。刺激を解釈しているのである。刺激が特定の行動の生じやすさに影響するのは，その予期機能によってである。刺激が反応と同時に生じたことによって自動的に結合したためではない」ということば（Bandura, 1977）に示されているように，バンデューラは刺激と反応を媒介する変数として個人の認知的要因（予期機能）を取り上げ，それが行動変容にどのような機能を果たしているかを明らかにしようとした

のである。

バンデューラによれば，行動変容の先行要因としての「予期機能」には，次のような2つのタイプがあるとされている（図1-2）。

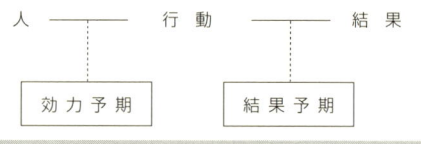

図1-2　結果予期と効力予期の関係（Bandura, 1977）

第1のタイプは，ある行動がどのような結果を生み出すかという予期であり，これを「結果予期（outcome expectancy）」とよんでいる。第2は，ある結果を生み出すために必要な行動をどの程度うまくできるかという予期，すなわち「効力予期（efficacy expectancy）」である。そして，自分がどの程度の効力予期をもっているかを認知したときに，その個人にはセルフ・エフィカシーがあるという。言い換えるならば，ある行動を起こす前にその個人が感じる「遂行可能感」，自分自身がやりたいと思っていることの実現可能性に関する知識，あるいは，自分にはこのようなことがここまでできるのだという考えが，セルフ・エフィカシーである（Bandura, 1985）。

こうした2つの予期は，人がそれらをどのように身につけているかによって，一般的に，図1-3に示されたようにわれわれの行動や気分，情緒的な状態に影響を及ぼすといわれている。

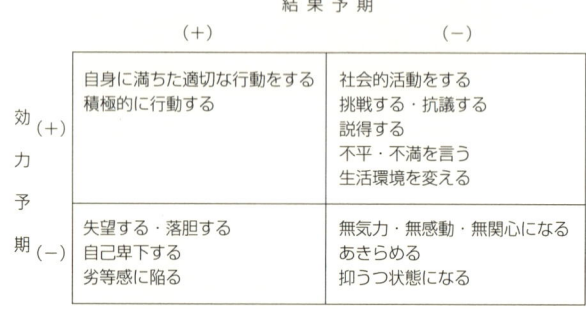

図1-3　結果予期と効力予期の組み合わせによって行動が規定される（Bandura, 1985）

3. セルフ・エフィカシーはどのように変化するか

　第Ⅱ部で詳細にまとめられているように，人がこれから行なおうとしている行動に対してどの程度のセルフ・エフィカシーをもっているかは，その人の行動の活性化や行動の修正と大きく関連するものである。それではセルフ・エフィカシーは，いったいどのようにして獲得されるのだろう。

　セルフ・エフィカシーは，自然発生的に生じてくるものではない。バンデューラによれば，セルフ・エフィカシーが変化する情報源には，以下のようなものがあるという（表1-1参照）。

◐表1-1　セルフ・エフィカシー修正の情報源と主要な誘導方法 (Bandura, 1977)

情　報　源	誘　導　方　法
遂行行動の達成	参加モデリング 現実脱感作法 エクスポージャー 自己教示による遂行
代理的経験	ライブ・モデリング 象徴的モデリング
言語的説得	示　唆 勧　告 自己教示 説明的な介入
情動的喚起	帰属の修正 リラクセーション バイオフィードバック 象徴的脱感作法 イメージ・エクスポージャー

① 　振る舞いを実際に行ない，成功体験をもつこと（遂行行動の達成）

　われわれは一般に，ある行動をうまく行なって成功感を感じたあとでは，同じ行動に対する遂行可能感は上昇し，「またできるだろう」という見通しが上昇する。逆に，失敗感を感じた行動に対しては，あとの遂行可能感は下降する。「遂行行動の達成」とは，いわば成功経験を体験することであり，達成感をもつことである。セルフ・エフィカシーの情報源としては最も強力なものである。とくに臨床場面では，参加モデリングや現実脱感作法を通して導かれる達成感は，当該の行動の遂行に対するセルフ・エフィカシーを上昇させる機能をもっている。

図1-1において，治療者が付き添ったエクスポージャーによって地下鉄に乗る練習をすることは，患者にとっては，適切な行動がとれるという成功体験をもたらしたと考えられる。その結果，地下鉄に乗ることができるというセルフ・エフィカシーは上昇する結果となっている。また，セッションの後半において，一人で地下鉄に乗ることができるようになってから，セルフ・エフィカシーは大きく上昇し安定の傾向を見せている。ここでも，一人で地下鉄に乗ることができたという成功体験が大きく影響しているものと考えられる。

② 他人の行動を観察すること（代理的経験）

他人の行なっているさまを観察することによって，「これなら自分にもできそうだ」と感じたり，逆に，人が失敗している場面を見ることによって，急激に自信が弱まっていくといった経験をする人は少なくない。モデルの遂行をとおした「代理的経験」は，セルフ・エフィカシーの変動に影響を及ぼす源となっている。

坂野（1988）は，高高度飛行経験のないハンググライダーの初心者を対象として，ハンググライダーの練習のなかでも危険性が高く，心的緊張の程度が高いとされている着陸場面に含まれる技術の遂行を課題として，着陸場面でグライダーの正しい操作を行ない安全に着陸するという，正の代理強化を伴ったモデルをイメージによって観察する（内潜モデリング）トレーニングセッションを，延べ3時間にわたって行なった。その結果，イメージのなかでモデルを観察することによって，不安を感じることなく飛行できるであろうというセルフ・エフィカシーが上昇し，それに伴って実際の不安のコントロールと遂行行動（飛行技術）の改善が可能であることを確かめている。

③ 自己強化や他者からの説得的な暗示（言語的説得）

セルフ・エフィカシー変動の第3の情報源は「言語的説得」である。日常的経験のなかでは，ことばを用いて行動生起の確率を変化させることは困難であると感じられるかもしれない。しかし，暗示や自己教示を遂行行動の達成や代理的経験に補助的に付加することによって，セルフ・エフィカシーを上げたり下げたりすることができる。

図1-1において，患者が，心理教育セッションにおいて自己の症状に関する客観的な知識を獲得していく段階ですでにセルフ・エフィカシーに若干の上昇が見られたのは，心理教育セッションにおける言語的説得の効果であるといえるかもしれない。

④ 生理的な反応の変化を体験してみること（情動的喚起）

そして，セルフ・エフィカシー変動の第4の情報源が，「情動的喚起」とよばれるものである。自分ではうまくできるだろうと思っていたことがが，それを行なう直前になって胸がドキドキするのを感じることで，急に「できないのではないか」といった考えが頭のなかに浮かぶことも，日常生活ではめずらしいことではない。逆に，自

分の情動状態が落ち着いていることを内部知覚することによって,「これならばできる」という気持ちが高まってくることも経験できる。このように,自己の生理状態を知覚し,情動的な喚起状態を知覚することが,セルフ・エフィカシーの変動の源となっている。

図1-1において,治療者が付き添ったエクスポージャーは情動的喚起という点からも,セルフ・エフィカシーの上昇に影響していたものと考えられる。

4. セルフ・エフィカシーの3つの次元

セルフ・エフィカシーは,次のような3つの次元で理解することができる。
① マグニチュード

特定の行動(あるいは課題)を構成する下位行動(課題)を容易なものから困難なものへと,主観的あるいは客観的な困難度に従って配列したとき,「自分はここまでできる」という,どのくらいの強さの行動までなら行なうことができるかという見通し,あるいは,個人の感じる対処や解決可能性のレベルをセルフ・エフィカシーのマグニチュード(magnitude)という。

表1-2は,前田と坂野(1987)が,登校拒否を呈していた10歳女児を指導する際に用いたセルフ・エフィカシー測定項目を示したものである。表1-2に示された項目は,項目番号が大きくなるに従って,その遂行の難易度が本女児にとって大きくなるように配列されている。「3時間めからお母さんと登校する」ことができるというセルフ・エフィカシーは低いマグニチュードのものであり,「登校班でお母さんといっしょに登校し,校門からはひとりで教室に行く」ことができるというセルフ・エフィカシーは,かなり高いマグニチュードである。そして,「登校班で下級生の面倒をみながら学校へ行く」ことができるという課題は,本女児が最も困難度を感じている項

●表1-2　登校拒否児の指導におけるセルフ・エフィカシー測定項目(前田・坂野, 1987)

マグニチュード	項目
1	3時間めからお母さんと登校する
2	2時間めからお母さんと登校する
3	登校班でお母さんといっしょに登校する
4	登校班でお母さんといっしょに登校し,校門からはひとりで教室に行く
5	登校班で友だちと仲良く話しながら学校へ行く
6	登校班で下級生の面倒をみながら学校へ行く

目であり，セルフ・エフィカシーのマグニチュードは最大のものである。

② 強度

上に述べたようなマグニチュードをもった行動を，それぞれどのくらい確実に遂行できるかという確信の強さ（主観的確率）をセルフ・エフィカシーの強度（strength）という。

たとえば表1-2において，「3時間めからお母さんと登校する」という目標であれば100％に近い確率でできると予期し，「登校班でお母さんといっしょに登校し，校門からはひとりで教室に行く」という目標であれば50％くらいの確率でしかできそうにないと児童が判断したとする。このときの100％，および50％という評価が，異なったマグニチュードをもつ行動に対して評価されたセルフ・エフィカシーの強度となる。こうした強度の評価は，通常，100件法や10件法で行なわれることが多い。

③ 一般性

セルフ・エフィカシーの第3の次元は，一般性（generality）とよばれるものである。これは，ある状況における特定の行動に対して形成されたセルフ・エフィカシーが，場面や状況，行動を超えてどの程度まで般化するかという次元である。また，不安に状態不安と特性不安があるように，その人のいわば特性としてのセルフ・エフィカシーの一般的傾向につながるものであるということができる。

5. セルフ・エフィカシーはどのように行動に影響するか

さて，上に述べたような情報源をとおして獲得されたセルフ・エフィカシーを個人がどの程度身につけているか，とりわけ，どのようなマグニチュードの行動に対してどの程度の強度のセルフ・エフィカシーを身につけているかを認知することが，その個人の行動の変容を予測したり，情動反応を抑制する要因となっていることが，今までに数多くの研究によって示されている。

バンデューラ（1977）によれば，セルフ・エフィカシーは2つのレベルで人間の行動に影響を及ぼすという。

セルフ・エフィカシーは，ある特定の場面で遂行される特定の行動に影響を及ぼすという意味で，いわばtask-specificなレベルで行動に影響を及ぼしている。これがセルフ・エフィカシーが行動遂行に影響を及ぼす第一のレベルである。つまり，セルフ・エフィカシーは当面の行動選択に直接的な影響を及ぼすと考えられる。本章の冒頭で紹介されたパニック障害患者のセルフ・エフィカシーの変化と治療経過の関連をみて

わかるように,「私鉄と地下鉄を乗り継いで都心のデパートに買い物に出かける」ということを不安を感じることなくできるかどうかというセルフ・エフィカシーは,明らかに「地下鉄に乗る」という行動ができるかどうかに影響を及ぼしている。

一方,セルフ・エフィカシーが個人の行動に対して長期的に影響を及ぼすことが指摘されている。バンデューラ(1977)は,臨床場面におけるセルフ・エフィカシーと行動の改善が日常行動にまで一般化するとしている。このことは,ある特定の行動に対するセルフ・エフィカシーが,個人の将来の行動に対して長期的な影響力をもっていることを示唆するものである。また,セルフ・エフィカシーを高く,あるいは低く認知する傾向は,個人の人格特性と同様に,個人の行動を一般的に規定する要因となっていることも示唆されている(坂野・東條,1986)。このように,セルフ・エフィカシーがある特定の行動遂行に長期的に影響を及ぼしたり,もっと一般的な行動傾向に影響を及ぼすという点が,セルフ・エフィカシーの行動変容に及ぼす影響の第二のレベルである。

6. セルフ・エフィカシーの変動と行動変容:その臨床的意義

たとえば前田ら(1987)は,学校内で強い視線恐怖反応を示す14歳男子中学生の症状改善と,恐怖を感じることなく適応行動がとれるかどうかというセルフ・エフィカシーの間には密接な関係があることを見いだしている。図1-4は,視線恐怖反応を系統的脱感作法によって治療を行なっている際の,11項目からなる不安階層表の第6

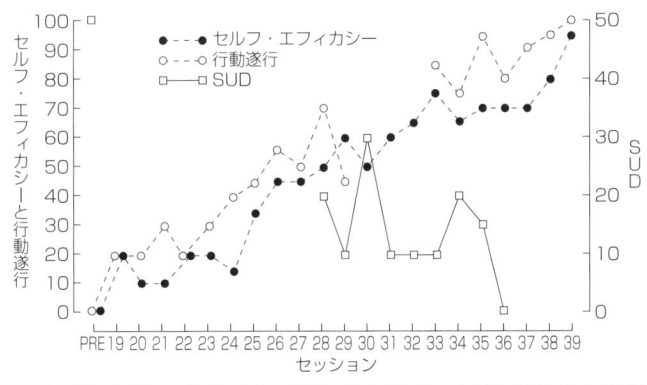

●図1-4　セルフ・エフィカシー,行動遂行およびSUDの推移(前田ら,1987)

項目に相当する行動，すなわち，標的行動の内，第6番めのマグニチュードをもつ適応行動に対するセルフ・エフィカシーと実際の適応行動の遂行状況，そして，系統的脱感作法における SUD（自覚的障害単位）の変化を示したものである。

各治療セッションの後，次のセッションまでの1週間を見通して，不安を感じることなく当該の行動をどのくらい確実に行なうことができるかというセルフ・エフィカシーの強さの評定が行なわれ（図1-4中の黒丸破線），その1週間後には，その行動を実際にできたかどうかの評定（図1-4中の白丸破線）が行なわれた。たとえば第19セッションでは，セルフ・エフィカシーと行動遂行度のいずれもが20という評定値になっているが，これは，第18セッション終了時に，第19セッションまでの1週間を予測してのセルフ・エフィカシーが20であり，1週間後の第19セッションにおける行動遂行の評定値が20であったことを意味している。図1-4をみると，セルフ・エフィカシーが増大すれば実際の遂行行動が可能である（その逆も認められる）というように，セルフ・エフィカシーと適応行動の遂行の間には密接な関連性の認められることがわかる。また，11の標的行動のすべてに関して，セルフ・エフィカシーと遂行行動の間には，.90程度の相関がみられていることも明らかにされている。

これらの結果から前田らは，クライエントが不安を感じないで適応行動を行なうことができるというセルフ・エフィカシーを強く認知すればするほど，視線恐怖時の不安反応は弱くなり，知覚されたセルフ・エフィカシーが行動変容の先行要因として機能していると指摘している。

同様に，これまで，セルフ・エフィカシーが変化すると，それに伴ってさまざまな行動の変容が生じることが示されている。恐怖反応の消去（Bandura et al., 1982等）や不安反応の制御（Craske & Craig, 1984等），主張反応や社会的スキルの獲得（Gresham, 1984等），喫煙行動のコントロール（Nicki et al., 1984等），体重コントロール（Chambliss & Murray, 1979等），職業カウンセリング（Betz & Hackett, 1981等），児童生徒の学業達成に及ぼす効果（Schunk, 1983等），運動スキルの習得に及ぼす効果（Weinberg et al., 1980等）など，検討された行動の領域は実に多岐にわたっている（Bandura, 1995）。

セルフ・エフィカシーが変化することによって，実際に行動変容が可能であるということは，セルフ・エフィカシーの操作がさまざまな問題改善に向けた臨床的技法として有効であることを示唆するものである。また，セルフ・エフィカシーの概念は，次のような臨床的意義をもっている。

　①たんなる構成概念としてではなく，刺激と反応の間にある個人の認知的変数として，多様な行動変容のプロセスを合理的に説明することができる。

②精神分析にみられるような構成概念とは異なり，言語報告その他をとおして，目に見える反応として理解可能である。

③マグニチュード，強度，一般性といった次元から測定可能である。

④個人のセルフ・エフィカシーをみることによって，その人の情緒的な状態や反応レベルを予測することができる。

⑤操作可能，すなわち，変化させることが可能であり，それによって行動変容を促進することができる。

⑥セルフ・エフィカシーを向上させることによって，人を望ましい行動変容へと導くことができる。

なお，セルフ・エフィカシーが行動変容に及ぼす影響と，そこで実際にどのようにセルフ・エフィカシーが測定されているかについては，第Ⅱ部においてまとめられているので，その詳細については第Ⅱ部を参照いただきたい。

●引用文献●

Bandura, A. 1977 Self-efficacy: Toward a unifying theory of behavioral change. *Psychological Review*, **84**, 191-215.

Bandura, A. 1985 自己効力（セルフ・エフィカシー）の探求 祐宗省三ほか（編著） 社会的学習理論の新展開 金子書房 pp. 103-141.

Bandura, A. 1995 *Self-efficacy in changing societies*. Cambridge: Cambridge University Press.

Bandura, A., Adams, N. E., & Beyer, J. 1977 Cognitive processes mediating behavior change. *Journal of Personality and Social Psychology*, **35**, 129-139.

Bandura, A., Reese, A., & Adams, N. E. 1982 Microanalysis of action and fear arousal as a function of differential levels of perceived self-efficacy. *Journal of Personality and Social Psychology*, **43**, 5-21.

Betz, N. E., & Hackett, G. 1981 The relationship of carreer-related self-efficacy expectations to perceived carreer options in college women and men. *Journal of Counseling Psychology*, **28**, 399-410.

Chambliss, C. A., & Murray, E. J. 1979 Efficacy attribution, locus of control, and weight loss. *Cognitive Therapy and Research*, **3**, 349-353.

Craske, M. G., & Craig, K. D. 1984 Musical performance anxiety: The three-system model and self-efficacy theory. *Behaviour Research and Therapy*, **22**, 267-280.

Gresham, F. M. 1984 Social skills and self-efficacy for exceptional children. *Exceptional Children*, **51**, 253-261.

前田基成・坂野雄二 1987 登校拒否治療における SELF-EFFICACY の役割の検討 筑波大学臨床心理学論集，**3**, 45-58.

前田基成・坂野雄二・東條光彦 1987 系統的脱感作法による視線恐怖反応の消去に及ぼす SELF-EFFICACY の役割 行動療法研究，**12**, 158-170.

Nicki, R. M., Remington, R. E., & MacDonald, G. A. 1984 Self-efficacy, nicotine-fading/self-monitoring and cigarette-smoking behaviour. *Behaviour Research and Therapy*, **22**, 477-485.

坂野雄二 1988 内潜的モデリングによる SELF-EFFICACY の変動と行動変容 千葉大学教育相談研究センター年報，**5**, 79-88.

坂野雄二・東條光彦 1986 一般性セルフ・エフィカシー尺度作成の試み 行動療法研究，**12**, 73-82.

Schunk, D. 1983 Ability versus effort attributional feedback: Differential effects of self-efficacy and achievement. *Journal of Educational Psychology*, **75**, 848-856.

Weinberg, R. S., Yukelson, S., & Jackson, A. 1990 Effects of public and private efficacy expectations on competitive performance. *Journal of Sport Psychology*, **2**, 340-349.

第Ⅰ部　セルフ・エフィカシーの理論を探る

医療現場における
セルフ・エフィカシー

1. 認知行動療法と行動医学

（1）認知行動療法の発展

　この約30年間に行動療法は発展し，刺激（ストレッサー）と行動（心理・生物学的ストレス反応）が単に直線的な因果関係で単純に説明されるモデルでは不十分で，その間に個体の認知的評価が媒介変数として重要な役割を演じていることが明らかになってきたことは，すでに周知の通りである。その結果，治療の目標はあくまでも行動の変化であるという考えから，個人の信念や思考様式といった，「認知的プロセス」の変容そのものが治療の対象となったり，「認知的プロセス」の変容をきっかけとして，行動変容をねらうという発想をとることが一般的になってきた（坂野・根建，1988）。以上の歴史的背景を経て，認知行動療法の重要性は，今日ますます揺らぎのないものとなってきている。

　さて，坂野（1997）によれば，最近の認知行動療法の発展には2つの方向性を認めることができるという。1つは認知行動療法の多様化で，対象となる疾患の多様化と技法の多様化があげられる。2つめは認知行動療法の焦点化であり，特定の症状や特定の状況をターゲットにした治療プログラムが発展してきた。

　認知行動療法の対象となる疾患の多様化についてさらに詳しく述べると，適応となる疾患は当初のうつ病圏や心理的ストレス反応といったものから，現在では摂食障害，人格障害といったより病態水準の低いケースや，後述するように疾病の予防，健康増進といった分野での，心理教育的なアプローチにまで裾野が広がっている。

（2）行動医学の台頭

　以上の認知行動療法の発展に即応して，行動医学（behavioral medicine）が台頭してきた。行動医学は，健康と疾病に関する心理・行動科学的および医学生物学的知見と技術を集積統合し，これらの知識と技術を病因の解明と疾病の予防，診断，治療お

よびリハビリテーションに応用していくことを目的とする学際的学術である（国際行動医学会憲章，1990）とされる。

さらにその中には，以下に示す4つの重要な分野があるという（野添，1994）。すなわち，①疾病や健康にどのような人間行動が関連をもつのかを明らかにし，その行動変容を行なう，②疾病にとどまらず，一般の人の健康管理システムにおいて，健康を障害する行動の変容を指導し，さらに健康を増進するような好ましい行動を形成していく，③従来行なわれている医学的治療，食事療法，生活様式の改善などに対して，その効果をいっそう発揮できるよう援助する，④行動様式を変容させ，将来起こり得ると考えられる疾病を予防する，ことである。

これらのことからもわかるように，行動医学とは行動療法の臨床応用への拡大ともいえる。そして近年では行動医学の領域にも，当然のことながら，認知的変数を扱う流れが加速の一途をたどっているのである。

さて本章ではまず，医療領域におけるセルフ・エフィカシー（self-efficacy）の先行研究と，その成果の概観を試みる。次に，実際の疾病の治療をセルフ・エフィカシーの観点で評価するとどのようなことがわかるかを，代表的な心身医学的療法の1つである絶食療法を取り上げて，筆者の検討しているところを紹介する。

2. 医療領域におけるセルフ・エフィカシーの先行研究

（1） 海外の研究動向

医療関係で，セルフ・エフィカシーが最も精力的に研究されている領域は，疾患の1次予防や2次予防のための食事療法や減量に関する領域であろう。しかしながらわが国では，その研究はまだ緒に就いたばかりである。

アブザブハとアクターバーグ（AbuSabha & Achterberg, 1997）は，1995年までの健康増進や栄養学領域におけるセルフ・エフィカシーに関する研究を概観し，以下のように述べている。たとえば，体重をコントロールする行動についてのいくつかの研究によれば，比較的高いセルフ・エフィカシーをもっている被験者は，低いセルフ・エフィカシーをもっている者より脱落率が低く，減量率が高かった。またセルフ・エフィカシーは，食行動，摂取カロリー，体重，血清コレステロール値それぞれについて，将来の変化の強力な予測因子となるという報告が多かった。

バン・ボイデンら（van Beurden et al., 1991）は，34名を対象にした研究で，研究前に測定したセルフ・エフィカシーは，血中のコレステロール値の変化を予想するよ

い指標であり，したがってセルフ・エフィカシーは，患者のセルフ・エフィカシーを増加させるような技法への応用など，カウンセリングの効果を改善するのを助ける有益な道具であると結論づけている。

さらにコワルスキー（Kowalski, 1997）は，禁煙プログラムに参加した75例に，参加の初期にセルフ・エフィカシーとセルフ・エスティームを測定しておき，3か月後に禁煙状況を調査した。その結果，禁煙できた群とできなかった群を2つの心理学的指標を用いて判別した場合，生物学的あるいは社会経済的指標を用いた場合に比べ，有意に弁別し得たと報告している。

その他，セルフ・エフィカシーは運動，避妊行動，心臓リハビリテーション，禁煙プログラムにおいて行動の変化に関連していることが示されている。

アブザブハとアクターバーグ（1997）は，結論として，大半のセルフ・エフィカシーを評価するための介入研究は，知識，訓練，経験，タスクの熟知度の増加が，そのタスクへのセルフ・エフィカシーを増加させる結果となることを示していた。さらに，セルフ・エフィカシーの上昇がタスクの達成へ向けての行動を変えると考えられると述べた。

一方，疾病の治療という意味での臨床的な研究の方はどうであろうか。

シュナイダーら（Schneider et al., 1991）は，血液透析を受けている50名の末期腎臓病の患者を対象とし，水分量のコンプライアンスの指標として，透析間の体重増加を指標として検討した。その結果，過去と将来のコンプライアンスを媒介するものとして，成功や努力への帰結，セルフ・エフィカシーといった認知的指標が抽出された。このプロセスは，抑うつ，怒り，不安といった陰性の情動とは独立していると考えられた。そこで，水分量のノンコンプライアンスの治療において，情緒的な変数よりも認知的変数のほうがコンプライアンスに関連しているため，不安・怒り・抑うつの治療よりも，動機づけや過去のパフォーマンスに対する努力や成功への帰結を増加させることに焦点を当てるべきであるとした。それに加えて，うまくいったコンプライアンスを適切にその個人に帰結させることは，セルフ・エフィカシーの水準を増加させ，その結果としてさらにコンプライアンスを増加させることにつながると述べた。

またウィーガルら（Wigal et al., 1993）は，30名の気管支喘息の患者に喘息の教育とセルフ・マネジメント訓練のビデオを見せ，前後でKASE-AQ(knowledge, attitude, and self-efficacy asthma questionnaire) を施行した。施行前に比べ，直後は知識，態度，セルフ・エフィカシーのいずれも増加していた。また3か月後のフォローアップでは，直後の値より低下していたものの，前値より有意に高い値を維持していたことを報告した。

さらにスキリーら（Skelly et al., 1995）は，118名の糖尿病患者を対象に調査した結果，セルフ・エフィカシーがアドヒアランス（自己血糖測定，食事療法，服薬，運動療法といったセルフ・ケア活動）を予測する上で，最も強力な予測因子となったと報告した。

　最近の研究でも，スマーら（Smarr et al., 1997）は，44名の関節リウマチ患者に対して，ストレス・マネージメント・プログラムを施行し，その前後でセルフ・エフィカシーおよび抑うつ，疼痛，健康状態，病勢の変化を報告している。その結果，セルフ・エフィカシーと抑うつ，疼痛，病勢が有意に負の相関を，セルフ・エフィカシーと健康状態が有意に正の相関を示した。結論として，セルフ・エフィカシーを高める介入は，有用な治療と評価されたと述べている。

　またキーフェら（Keefe et al., 1997）は，40名の変形性関節症患者に対し，セルフ・エフィカシーを測定し，痛覚の閾値と耐性を実験的に評価した。その結果，関節痛に対し高いセルフ・エフィカシーをもつ者は，低い者よりも，有意に高い疼痛に対する閾値と耐性をもっていると結論づけた。

　アーンスタインら（Arnstein et al., 1999）は，126名の慢性疼痛の患者に対し，質問紙法による調査を行なった。その結果，痛みの強さとセルフ・エフィカシーが慢性疼痛患者の能力低下とうつの進展に寄与していた。痛みのマネージメントや対処，機能することができるという信念の欠如が患者の能力低下とうつに進展する有意な予測因子となることが明らかになった。したがって，治療上痛みの緩和や機能の改善のほか，セルフ・エフィカシーの強化を含めた複数の目標をターゲットにする必要があると結論づけた。

　バー・モアら（Bar-Mor et al., 2000）は，100名の先天性心奇形の症例を対象として検討した結果，病気の重症度よりも，セルフ・エフィカシーがスポーツや身体活動を行なうかどうかを決定するに際し，最も影響力のある因子であったことを報告した。

　一方，セルフ・エフィカシーが将来の行動変容の予測因子とはならなかったとする研究報告もある。マゼソンら（Matheson et al., 1991）は，132名を対象とした栄養行動について検討した結果，セルフ・エフィカシーと摂食カロリーの間には相関がなかったことを報告している。

　また，介入によりセルフ・エフィカシーが変化しなかったという報告がある。バラノウスキーら（Baranowski et al., 1990）は，96名のアフリカ系アメリカ人の家族を対象に，心臓血管系の疾患を予防するための食事について14週間にわたる教育的なセッションを行なったが，セルフ・エフィカシーの変化は認められなかった。さらにエトカー・ブラックら（Oetker-blacki et al., 1997）は，60名の術前の外科患者に術前のセ

ルフ・エフィカシーを高める介入を行なったが，介入を行なった群と行なわなかった群では，セルフ・エフィカシーに有意差がなかったことを報告した。

（2） わが国での研究動向

わが国の医療現場におけるセルフ・エフィカシー研究は，臨床心理のフィールドから始まった。

まず，坂野と東條（1986）は，一般性セルフ・エフィカシー尺度（General Self Efficacy Scale；GSES, 後述）を作成した。

前田ら（1987a）は，14歳の視線恐怖の中学生を1例報告した。そして，認知されたセルフ・エフィカシーと行動の遂行度が対応する変動を示し，かつセルフ・エフィカシーの変動が行動に先行するという結果が得られた。したがって，セルフ・エフィカシーが行動の予測因となると結論づけた。さらに，セルフ・エフィカシーをいっそう強く上昇させる操作を加えることによって，症状改善が促進されるかどうかの実証的検討が必要と述べた。

坂野と前田（1987）も，セルフ・エフィカシーと課題遂行の関係は，セルフ・エフィカシーの変容が先行的に生起し，次いで，その変容に付随して課題遂行の変容が生じる，と述べた。

また前田と坂野（1987b）は，10歳の登校拒否児の治療経験から，行動変容の技法にセルフ・エフィカシーを高める操作を加えることが，行動変容によりいっそう有効であると思われると報告した。

金ら（1996）は，147名の循環器系疾患や糖尿病といった，慢性疾患患者の健康行動に対するセルフ・エフィカシー項目を収集し，因子分析を行なった。そして「疾患に対する対処行動の積極性」と「健康に対する統制感」の2因子が抽出されるという結果を得た。さらに，「疾患に対する対処行動の積極性」のセルフ・エフィカシーを高くもつことは，疾患に付随して生じるさまざまな心理的ストレス反応の表出を抑制する効果があり，「健康に対する統制感」のセルフ・エフィカシーを高くもつことは，抑うつ・不安の表出を抑制する効果があると結論づけた。

次に医学のフィールドでは，川原ら（1994）が，自己脳波フィードバック光駆動療法を10名の患者に施行し，その前後でGSESを調査したが，有意な変化は得られなかったことを報告した。

江花ら（Ebana et al., 1995）は，16歳の喘息患者に呼吸抵抗バイオフィードバックを用いて腹式呼吸を行ない，治療後にGSES値が増加した症例報告を行なった。

また，川原ら（1997）は，成人型アトピー性皮膚炎患者48名について，GSESを実

施した結果，健康者を対象とした平均値よりも低値を示していることを報告している。

(3) まとめ

以上の諸研究をまとめてみると，その結果は以下の4つに要約されよう。
①セルフ・エフィカシーが将来の行動変容の予測因子となる。
②積極的な介入により，セルフ・エフィカシーを変化させることができる。ただし，変化はみられないとする研究もある。
③セルフ・エフィカシーの変化が行動の変化に先行する。
④セルフ・エフィカシーを変化させる介入を行なうと行動変容がさらに期待できる。ただし，③④はまだ研究が少ないのが現状で，前田と坂野（1987a）も述べているように，さらなる実証的な研究が待たれる。

3. 絶食療法におけるセルフ・エフィカシーの検討

絶食の医学的治療法への応用としては，九島ら（Kushima et al., 1961）が婦人科領域の更年期障害などの患者を対象に，現在の絶食療法の原型となる hunger therapy を行ない，その有用性を報告したことに端を発する。その後鈴木ら（1972）は，それを改良して心身症圏の患者に適応拡大し，現在の標準化された東北大学方式絶食療法（Fasting therapy, 図2-1）が確立した。

外　来	入　院				外　来
		絶食療法期間			
	準備期	絶食期（10日間）	復食期（5日間）	回復期	
心身両面の診察 検査 適応の検討 動機づけ・教育 オリエンテーション		心身両面の診察・検査 （尿ケトン体，血液） 個室隔離 娯楽物禁止 終日安静臥床 点滴実施（絶食期のみ） 飲料水自由 服薬中止 内観・日記・読書の併用			心身両面の診察 検査 社会復帰の準備

○図2-1　絶食療法の概要（山本，1994）

絶食療法の特徴は，①10日間の絶食期（経口栄養は一切とらない文字通りの完全絶食。ただし水分補給は自由）と5日間の復食期（流動食から始め，漸次固形食へ戻す）からなり，②個室で面会謝絶とし，社会的隔離状態におかれ，③点滴（絶食期のみ）を実施することである（山本，1994）。現在，主として心身症圏の疾患に対する治療としてこの方法が行なわれている。

　絶食療法の奏効機序は，①絶食という強力な代謝性ストレスを生体に加えることより，身体面から揺さぶりを起こさせ，それが内在する生体の自然治癒力を賦活させ，脳・自律神経・内分泌・免疫系等の再調整を図ること，②心理学的には退行し，被暗示性が亢進し自己洞察が深まり，患者自身が自己の病態の心身相関について気づくようになることなどの統合作用によるといわれている（山本，1994）。

　さて，これまでに筆者らは絶食療法前後の自律神経（川原ら，1997）をはじめとする精神生理機能や心理学的変化，およびそれらと絶食療法後の症状改善度についての関連などについて，検討してきたところである。そこで，ここでは絶食療法（以下，FTと略）についてセルフ・エフィカシー（以下，SEと略）を中心とした観点からとらえてみたい。

●研究の目的
　従来の治療経験から，FTの経過（完遂できるか脱落するか）や，FT後の効果にSEの高低が影響していることが予想される。具体的には，①FTに対するSEが高いものはFTから脱落しにくい，②FT治療前後のSEの変化率が高いケースのほうが予後良好である，という仮説を検証することが目的である。

●研究の対象
1. 1992年11月から1997年7月までに横浜労災病院心療内科に入院し，FTを完遂した38例（男性20例，女性18例）。年齢は16〜62歳（平均32.2±10.9歳）。
　診断は，心身症圏13例，神経症圏7例，うつ病圏11例，人格障害圏7例であった。
2. 同じく，中途脱落例6例（男性4例，女性2例）。年齢は23〜44歳（平均31.3±7.6歳）。

●方法
　まずFT施行前に，SE，GAF尺度，主治医からみた治療効果の予想についてそれぞれ調査した。GAF尺度は，5つの軸から診断するアメリカ精神医学会の「精神疾患の分類と診断基準」（DSM－Ⅳ：APA，1994）でその第5軸に採用されている。それは，心理・社会・職業的機能をみる尺度であり，0〜100点で点数化されているものである。

さて，バンデューラ（Bandura, 1977）らによれば，SE は 2 つの水準で人間の行動に影響を及ぼすと考えられている。第一の水準は特定場面におけるもの（たとえば，FT を行なうにあたって，どの程度うまく行なうことができるかという個人の確信）で，第二の水準はより長期的な影響を及ぼし，一種の性格特性のようなもので一般性 SE とよばれている。今回の研究では，これら 2 つの水準をそれぞれ測定することを試みた。

第一の水準については，FT 前に FT 中に挫折するか，最後までやり遂げられるかの程度を 4 件法で評価した。第二の水準については，先述した坂野と東條（1986）によって開発・標準化された GSES を用いた。さらに，FT 完遂例に対しては，療法の終了 1 か月後に GSES を再検した。

主治医からみた治療効果の予想については，FT 前に当該患者に FT を施行した場合，どの程度 FT の治療効果がありそうかについて，やはり 4 件法で主治医に評価してもらった。

なお，2 水準の SE と主治医からみた治療効果の予想については，偏差値に換算して評価した。統計学的検定は，SAS（Statistical Analysis System）を用いコンピュータ解析した（$p<0.05$ を有意水準とした）。

最後に FT 群に対しては，治療効果の判定基準として症状の改善度を表 2-1 のように定めて，療法の終了 1 か月後に主治医と筆者が合議して判定した。

◐表2-1　絶食療法の治療効果の判定基準 (川原，1997)

①著明改善：自他覚的に症状が消失し，病前の社会的機能を回復し得た場合。
②中等度改善：自他覚的に症状が 5 割以上改善し，治療前よりも良好な社会的機能を獲得し得た場合。
③軽度改善：自他覚的に症状が改善したが 5 割未満に留まった場合。社会的機能の改善は問わない。
④不変：自他覚的に症状が変わらなかった場合。
⑤悪化：自他覚的に症状が治療前に比して悪化した場合。

●結果

まず，FT 完遂群（n=38）と脱落群（n=6）間で，FT に対する SE，GSES，GAF 尺度，主治医からみた治療効果の予想の各変数について，両群に差が認められるかを調べるために，Wilcoxon 順位和検定を行なったところ，2 群間に有意差は認められなかった。したがって，FT に対する SE が高い者が治療から脱落しにくいという仮説は検証されなかった。

次に FT 完遂群で，FT 前後の GSES について Wilcoxon 符号付き順位和検定を行なった。その結果，表 2-2 に示すように GSES は FT 1 か月後に有意に上昇していた。

●表2-2　絶食療法完遂群のGSESの絶食療法前後での比較
(川原，1997)

	前値	後値	p
GSESのZ得点	38.5±9.6	43.2±11.3	0.0073

(Wilcoxon符号付き順位和検定)

さらにFT完遂群について，上記の変数に加え，FT終了後のGSES，GSESのFT前後の変化率［(FT終了後のGSES－FT前のGSES)／FT前のGSES］の各変数どうしの相関を調べるため，Spearman順位相関係数を計算した。その結果，次のことが明らかになった（表2-3）。

●表2-3　絶食療法完遂群の各指標の相関 (川原，1997)

	FT後GSES	主治医からみた治療効果の予測	GAF	GSESのFT前後の変化率
FT前GSES	0.501 0.0014	0.628 0.0001	0.569 0.0002	
FT後GSES		0.400 0.0140	0.358 0.0272	0.625 0.0001
主治医からみた治療効果の予想			0.475 0.0029	

上段 r，下段 p（Spearmanの順位相関係数）

①FT前にGSESの高かったケースは，FT後もGSESは高い。
②患者の評価したGSESと主治医が評価した治療効果の予想は，有意に正の相関を示す。
③患者の評価したGSESと主治医が評価した治療効果の予想は，それぞれGAF尺度と有意に正の相関を示す。

最後に，ケースごとにFT終了1か月後の症状改善度を評価すると，悪化なし，無効3例，軽度改善12例，中等度改善16例，著明改善7例であった。短期間の間に，症状の軽快を含めた望ましい行動変容が得られていることがわかった。
そこで上記の各変数について症状改善度を要因としてKruskal-Wallis検定を行なったが，いずれの尺度に関しても特に有意な結果は見いだせなかった。したがって，FT治療前後のSEの変化率が高いケースの方が症状改善度に関して良好であるという仮説も検証されなかった。

●考察

　以上の結果から，FT 施行前の第二水準はもとより，第一水準の SE が高くても，FT から脱落しにくいとはいえないことがわかった。したがって，本研究からは FT 治療前の SE が FT を完遂できるか，脱落してしまうかの予測因子とはならないことがわかった。

　FT は心身医学的療法の中でも，短期間のうちに患者をストレス状況へ曝露させ，不安を喚起させる。そして現実を直面化させるという側面をもつ治療法であり，患者にとっても予想が付かない状況や反応が出現するという特徴をもつ。したがって，FTのようにより複雑で未知の行動は，事前の SE が予測因子とはならない可能性があると考えられた。

　ところで，FT 後の SE や FT 前後での SE の変化率も，FT による症状改善度の予測因子にはならなかった。これも SE が将来の行動変容の予測因子となるという先行研究の結果と矛盾する結果になった。しかし，FT の効果は，従来から知られているように，治療の直後からみられる場合と，しばらく経ってからみられる場合（後効果という）があることがわかっており，退院して1か月後と，現実生活でうまく機能しているという感覚が希薄な状態での評価は，主治医が評価した症状改善度と患者が評価する SE との間に乖離があってもやむを得ないと考えられた。今後さらに期間をおいてからの症状改善度を評価して検討する必要があると考える。

　また，FT を完遂することにより，有意に SE を増加させることができることがわかった。これは，積極的な介入により，SE を変化させることができるとする先行研究を支持するものである。

　この研究結果で興味深かったことは，第一に患者の評価した GSES と主治医が評価した治療効果の予想はよく相関したことから，個人の SE を他者が客観的に評価し得ることが示唆されたことである。第二に，患者の評価した GSES と主治医が評価した治療効果の予想はそれぞれ GAF 尺度と有意に正の相関を示したことから，個人の SE の程度を知ることは，現実生活上の心理・社会・職業的機能の程度を推測する上で有用であると考えられた。

　わが国においては，特に医療領域においてのセルフ・エフィカシーの研究はまだ少ない。特に，セルフ・エフィカシーを変化させる介入を行なうと行動変容がさらに期待できるとする実証的な研究は非常に少ない。この領域は，疾病の治癒機転におけるセルフ・エフィカシーの役割や，他の尺度との相互関係など，興味のつきないテーマが山積している。今後も引き続き検討を続けていきたいと考えている。

●引用文献●

AbuSabha, A., & Achterberg, C. 1997 Review of self-efficacy and locus of control for nutrition and health-related behavior. *J. Am. Diet Ass.*, **97**,1122-1132.

American Psychiatric Association（APA） 1994 *Diagnostic and Statistical Manual of Mental Disorders*. 4th ed. Washington D.C.：American Psychiatric Association　高橋三郎・大野　裕・染矢俊幸（訳）　1996　DSM-Ⅳ 精神疾患の分類と診断の手引き　医学書院

Arnstein, P., Caudill, M., Mandle, C., Norris, A., & Beasley, R. 1999 Self efficacy as a mediater of the relationship between pain intensity, disability and depression in chronic pain patients. *Pain*, **80**,483-491.

Bandura, A. 1977 Self-efficacy : Toward a unifying theory of behavioral change. *Psychological Review*, **84**,191-215.

Baranowski, T., Henske, J., Simmons-morton, B., Palmer, J., Tiernam, K., Hooks, P.C.,& Dunn, J.K. 1990 Dietary change for cardiovascular disease prevention among Black-American families. *Health Educ. Res.*, **5**,433-443.

Bar-Mor, G., Bar-Tal, Y., Krulik, T., & Zeevi, B. 2000 Self-efficacy and physical activity in adolescents with trivial, mild, or moderate congenital cardiac malformations. *Cardiol Young*, **10**,561-566.

Ebana, S., Matsuno, T., Murakami, M., Yamamoto, H., Tsukui, K., Kawahara, K., Katsura, T.,& Horie, T. 1995 Significance of self-regulation of respiration for treatment of psychosomatic illness in Japan, including the Oriental approach. In T. Kikuchi, H. Sakuma, I. Saito, & K. Tsuboi (Eds.) *Biobehavioral Self-Regulation Eastern and Western Perspectives*. Springer-Verlag　Tokyo.

川原健資・山本晴義・江花昭一・津久井要・青沼忠子・佐々木篤代・熊野宏昭・安士光男　1994　自己脳波 フィードバック光駆動療法の臨床応用に関する研究（第1報）——心理・生理指標に及ぼす効果の検討　心身医学，**34**,581-590.

川原健資・山本晴義・江花昭一・津久井要・佐々木篤代・加藤一郎・向井秀樹・熊野宏昭　1997　成人型アト ピー性皮膚炎の心身医学的研究（第1報）——特に重症度・経過から見た心理学的特徴の検討　心身医学，**37**, 337-346.

川原健資・山本晴義・江花昭一・津久井要・佐々木篤代・熊野宏昭・末松弘行　1997　絶食療法における自律神 経機能の研究　心身医学，**37**,407-415.

Keefe F.J., Lefebvre, J.C., Maixner, W., Salley A.N.,& Caldwell, D.S. 1997 Self-efficacy for arthritis pain : relationship to perception of thermal laboratory pain stimli. *Arthritis Care Res.*, **10**,177-184.

金　外淑・嶋田洋德・坂野雄二　1996　慢性疾患者の健康行動に対するセルフ・エフィカシーとストレス反応 との関連　心身医学，**36**,499-505.

国際行動医学会憲章　1990

Kowalski, S.D. 1997 Self-esteem and self-efficacy as predictors of success in smoking cessation. *J. holistic nursing*, **15**,128-142.

Kushima., K., Kamio, N., & Hasegawa, N., 1961 Psychosomatic diseases in women. *Tohoku Journal of Experimental Medicine*, **74**,130-136.

前田基成・坂野雄二・東條光彦　1987a　系統的脱感作法による視線恐怖反応の消去に及ぼすSELF-EFFICACY の役割　行動療法研究，**12**,68-80.

前田基成・坂野雄二　1987b　登校拒否の治療過程におけるSELF-EFFICACYの役割の検討　筑波大学臨床心理 学論集，**3**,45-54.

Matheson, D.M., Woolcott, D.M., Matthews, A.M., & Roth, V. 1991 Evaluation of a theoretical model predicting self-efficacy toward nutrition behaviors in the elderly. *J. Nutr Educ.*, **23**,64-67.

野添新一　1994　行動療法　末松弘行（編）　1994　新版心身医学　朝倉書店　pp.309-317.

Oetker-black, S., Teeners, D., Cukr, P.,& Rininger, S. 1997 Self-efficacy enhanced preoperative instruction. *AORN J*., **66**,854-864.

坂野雄二　1997　認知行動療法の歴史と発展　心身医療，**9**,1211-1215.

坂野雄二　前田基成　1987　虚偽の心拍フィードバックがセルフ・エフィカシーの変動と心拍コントロールに及 ぼす効果　千葉大学教育学部研究紀要，**35**,23-33.

坂野雄二・根建金男　1988　行動療法から認知行動療法の介入へ　精神療法，**14**,121-134.

坂野雄二・東條光彦　1986　一般性セルフ・エフィカシー尺度作成の試み　行動療法研究，**12**,73-82.

Schneider, M. S., Friend, R., Whitaker, P.,& Wadhwa, N.K. 1991 Fluid non-compliance and symptomatology in end-stage renal disease : Cognitive and emotional variables. *Health Psychology*, **10**,209-215.

Skelly, A., Marshall, J., Haughey, B., Davis, P., & Dunford, R. 1995 Self-efficacy and confidence in outcomes as determinants of self-care practices in inner-city, African-American women with non-insulin-dependent diabetes. *Diabetes educator*, **21**,38-46.

Smarr, K.L., Parker, J.C., Wright, G.E., Stucky-Ropp, R.C., Buckelew, S.P., Hoffman, R.W., O'Sullivan, F.X.,& Hewett, J.E. 1997 The importance of enhancing self-efficacy in Rheumatoid arthritis. *Arthritis Care Res.*, **10**,18-26.

鈴木仁一・山内祐一・堀川正敏・玉淵嘉郎・真壁道夫 1972 新しい絶食療法の方法と治療成績 精神身体医学，**12**,290-295.

van Beurden, E., James R., Christian J.,& Church, D. 1991 Dietary self-efficacy in a community-based intervention : implications for effective dietary counseling. *Austr. J. Nutr Diet*, **48**,64-67.

Wigal, J., Stout, C., Brandon, M., Winder, J., McConnaughy, K., Creer, T.,& Kotses, H. 1993 The knowledge, attitude, and self-efficacy asthma questionnaire. *Chest*, **104**,1144-1148.

山本晴義 1994 絶食療法 診断と治療，**82**,441-445.

教育相談場面における
セルフ・エフィカシー

1. 教育相談の技法における3つの視点

　教育相談とは，教育に関連したさまざまな問題について，教師やカウンセラーなどの専門家が行なう相談活動のことを指す。教育相談の中には，問題傾向をもたないすべての児童・生徒を対象として，より良い方向に成長・発達させていくことを目的とした「開発的な教育相談」と，問題行動や不適応行動を示している児童・生徒を対象として，治療や矯正などを目的とした「治療的な教育相談」がある。本章では，後者の治療的な教育相談を中心に考えることにする。

　教育相談におけるクライエントは，主として小学校から高等学校までの児童・生徒であり，相談の対象や取り扱う内容にもさまざまなものがある。したがって，相談の際に用いられる技法も非常に多岐にわたる。当然のことながら，取り扱う問題の内容によって，高い治療効果が期待される技法も異なってくるが，この点について内山ら(1986)は，これらの整理のために次のような3つの視点を提唱している（図3-1）。

　まずその第1は実存的視点である。これは主として，人間の存在にかかわる問題を取り扱う技法である。たとえば，日頃友人とうまくいかず，自分自身の性格に問題があるのではないかと悩んでいる，あるいは，家族内の人間関係が悪く，毎日が面白くなかったり，落ち込んでいる，などといった内容の問題に対応している。このような問題を抱えた児童・生徒を援助する場合には，実存的なアプローチが効果的であると考えられる。

　この実存的なアプローチは，実存主義的な哲学や人間観を理論的基礎として行なわれる。すなわち，潜在的な自己成長力をすべての人間が有していると仮定し，かけがえのない個性的な自己を自ら創造していくことを援助することに重点を置く。したがって，実存的アプローチに用いられる相談の技法は，クライエントの信頼と受容を重要視することになる。そこで，まずカウンセラーは，信頼関係を形成し，クライエントを十分に受け入れ，問題解決への足がかりをクライエント自身がつくるのを援助

```
         行動論的
          視点
         行動
       カウンセリング

        認知的視点

      指示的カウンセリング

        実存的視点

      実存カウンセリング
```

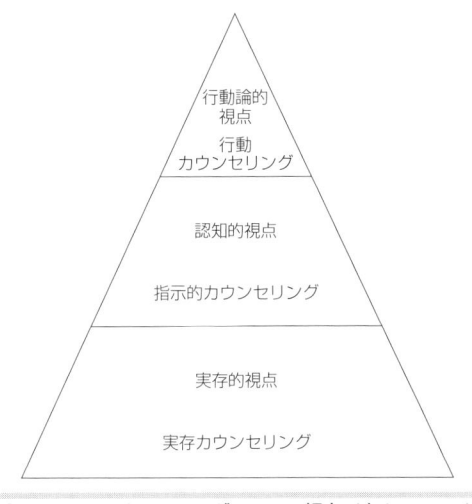

◐図3-1　カウンセリングの3つの視点（内山ら，1986）

するのである。ここに分類される代表的な技法としては，来談者中心療法などがある。

　第2の視点は認知的視点である。これは主として，物事の考え方や思考といった「認知」の変容を取り扱う技法である。この「認知」を変容する，つまり考え方を改善するということは，たとえば，総合科高校とはこのような仕組みの学校である，などのように新しい情報を獲得させたり，世の中にはこのような「別の」考え方もある，あるいは，あなたはそのように考えるがこのように考えることもできるのではないか，などといった方法で思考パターンの改善を図ったりすることである。したがって，物事のとらえ方が偏っていたり，考え方が硬い児童・生徒を援助する場合には，認知的なアプローチが効果的であると考えられる。

　この認知的なアプローチは，環境刺激の側を変化させようとするのではなく，自分自身の認知的再体制化（認知的再構成）を行なうことで，直面している問題を解決しようとする指向性をもつ。したがって，認知的アプローチに用いられる相談の技法は，クライエントに多くの思考パターンの選択肢を積極的に提示することになる。そこで，カウンセラーは，クライエントが十分に納得のいくような選択肢の提示方法を身につけておくことが必要とされる。ここに分類される代表的な技法としては，指示的カウンセリング，論理（合理）情動行動療法，認知療法などがある。

　最後に，第3の視点は行動論的視点である。これは主として，不適応行動の消去や適応行動の獲得（再学習）を図る技法である。たとえば，ある子どもが夜尿のために，来年の修学旅行や臨海学校のことで悩んでいるとする。このようなクライエントの問

題は，信頼と受容に代表される実存的アプローチによる技法や，ものの考え方を変容させる認知的アプローチによる技法では解決しない。夜尿を消失させるという問題行動に直接的に働きかける技法が必要となる。したがって，直接的に行動面に発現する問題を抱える児童・生徒を援助する場合には，行動的なアプローチが効果的であると考えられる。

この行動的なアプローチは，一般に随伴性などの観点から行動分析を詳細に行ない，クライエントの行動を予測，コントロールすることによって，直面している問題を解決しようとする指向性をもつ。したがって，行動的アプローチに用いられる相談の技法は，行動の随伴性を変容させるために，環境刺激の側を変化させたり，クライエントに直接的に働きかけることを試みたりすることになる。そこで，カウンセラーは，直面している問題の内容に応じてさまざまな技法を使い分けることが必要とされる。ここに分類される代表的な技法としては，行動療法がある。

なお，実際の教育相談場面においては，3つのアプローチのいずれを用いて実施する際にも，クライエントとの信頼関係や適切なアセスメントが必須であることはいうまでもない。

2. セルフ・エフィカシーの考え方を取り入れた教育相談

以上のように，教育相談場面においてはさまざまな技法が用いられているが，実際にクライエントの認知の変容や修正，適応行動の習得や不適応行動の変容などの必要性に迫られることもしばしばである。しかしながら，最近になって，認知の変容と行動の変容はまったく別のものではなく，不適応行動の背後には「認知」の問題があり，当該のクライエントの認知の変容を行なうことができれば，それに続く行動の変容が可能であるとする考え方が盛んになってきた。このような観点から臨床的介入を行なう技法は，総称して「認知行動療法（cognitive behavior therapy）」とよばれている。

認知行動療法は，「認知」そのものの変容に焦点を当てることにより，従来の行動療法の適用範囲をより広げる形で発展してきた。すなわち，クライエントの認知的活動が行動の変容に及ぼす機能を重視し，クライエント自らが行動をモニターし，コントロールしていくことに重点を置いている。そして，この認知行動療法によって変容をめざす認知的変数の1つにセルフ・エフィカシーがある（坂野，1995）。

セルフ・エフィカシーとは，自分がその行動をどの程度うまく遂行することができる可能性があるかということに関する「効力予期（efficacy expectancy）」のことで，

自らの行動を決定する上で重要な先行要因となる（Bandura, 1977）。したがって，教育相談において児童・生徒の問題行動の変容を図る際には，従来から用いられている行動変容の種々の技法に対し，セルフ・エフィカシーを高く認知させるような治療的操作を加えることがより一層効果的である。

　たとえば，教育相談場面で非常に多くみられる不安や恐怖に関連した児童・生徒の問題行動の場合，従来から用いられている「系統的脱感作法」や「フラッディング法」では，いわゆる「非同時性（desynchrony）」が生じてしまい，認知的な不安の改善と具体的な行動変容とが必ずしも一致したプロセスになっているとは限らない（Rachman & Hodgson, 1974）。すなわち，その一例として，不安の高い登校拒否・不登校の児童・生徒の場合，臨床的介入によって不安そのものは減少しているのにもかかわらず，不安減少に対応した望ましい行動変容（登校行動）がなかなかみられないという場合がこれにあたる。セルフ・エフィカシーが，行動の先行要因として機能し，行動変容と密接に対応した変動プロセスをたどることを考慮すると，不安を減少させるような介入に伴って，セルフ・エフィカシーに直接働きかけることを行なうことによって，非同時性の問題は解消され，治療効果（相談効果）がより上がることになる。

　この点について，前田ら（1987）は，中学2年生の「視線不安」を主訴とする男子生徒の教育相談過程において，セルフ・エフィカシーの変動が行動変容に先行して起こっていたことを報告している。図3-2は「他人の視線を感じることなく登下校できる」という行動に対するセルフ・エフィカシー，パフォーマンス（行動遂行），SUD（主観的妨害単位）の変動を示したものである。これを見ると，セルフ・エフィカシーの変動と行動変容は密接な関連性をもって推移していることがわかる。また，図3-2における「セルフ・エフィカシー」は，次回の面接までの1週間を見通した効力予期であり，セルフ・エフィカシーが上昇した後に，実際のパフォーマンスが上昇していることもわかる。したがって，セルフ・エフィカシーは行動変容の先行要因として機能していると結論づけることができる。

　また，前田（1991）は，朝礼や集会において過剰な恐怖反応を示していた小学4年生との教育相談過程において，具体的な行動遂行が伴わない状況下においてセルフ・エフィカシーを高めることによっても，それに呼応するように行動遂行場面における行動変容が起こることを確認している。これらのことから，教育相談場面において児童・生徒の問題行動を変容しようとする際には，セルフ・エフィカシーを高める治療的操作を考慮することが有効であるといえる。

第Ⅰ部　セルフ・エフィカシーの理論を探る

――●――　セルフ・エフィカシー
――○――　パフォーマンス（行動遂行）
――□――　SUD（主観的妨害単位）

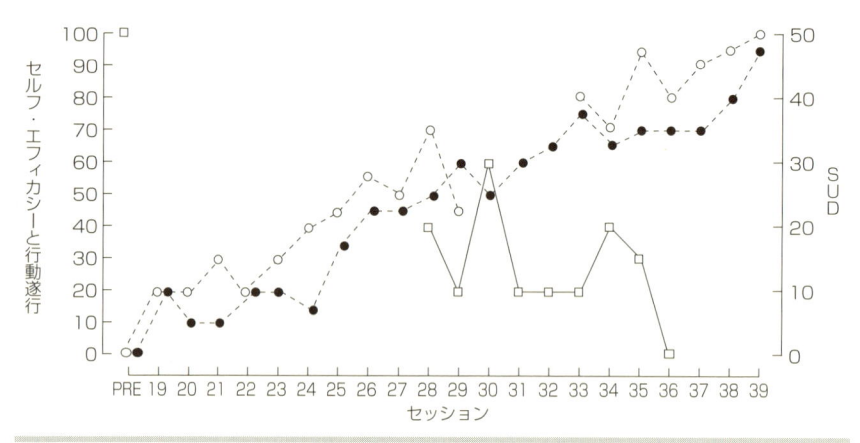

●図3-2　セルフ・エフィカシー，行動の遂行度，および SUD の推移（前田ら，1987）

3. 学業不振に対するセルフ・エフィカシーの向上

　以上のように，一般に，セルフ・エフィカシーの向上は，児童・生徒の問題行動の変容の際に有効に機能すると考えられる。その中でも，特に本節では「学業不振」に関する問題行動に対してセルフ・エフィカシーの向上を試みた研究例を紹介する。
　学業不振とは，連続的な失敗経験によって学業に対する無力感が獲得された事態であるとされており，この無力感とクライエントの行なう原因帰属の仕方とは深い関係性がある。たとえば，ドゥエックとレプッチ（Dweck & Reppucci, 1973）は，小学5年生の児童を対象として，積み木を用いてあらかじめ準備された「模様」を作る課題を与えた。この実験の際には，意図的に実際には作ることのできない課題（解決不可能課題）も準備されていた。その結果，一般的に解決不可能課題を与えられた児童は，連続的な失敗経験によって課題に取り組む意欲が低下する，つまり無力感をもつようになることが明らかにされた。
　しかしその一方で，連続的な失敗の原因を「自分の努力不足」に帰属した児童は，無力感に陥ることがなかったことも同時に明らかにされた。そして，無力感をもつ児童の失敗事態の原因帰属を，能力要因（たとえば自分の能力が低いからできなかった）

から，努力要因（たとえば自分の努力が不足していたからできなかった）へと帰属しなおすことを目的とする「再帰属法」によって，児童・生徒の無力感を克服できることが明らかにされている（Dweck, 1975）。

　この実験結果を，セルフ・エフィカシーという概念を用いて再整理すると，児童が無力感を獲得した状態は，セルフ・エフィカシーを非常に低く認知した状態であるといえる。一方で，「無力感が解消された」ということは，セルフ・エフィカシーが高められた状態であると理解可能である（坂野ら，1988）。したがって，児童・生徒の無力感と原因帰属との関連性から考えると，原因帰属の仕方を変えることによって，セルフ・エフィカシーを高めることが可能であると考えられる。

　この点について，バンデューラとシャンク（Bandura & Schunck, 1981）は，引き算の技能の劣る児童を対象として検討を行なっている。対象とした児童を，すぐできそうな近い目標を設定した群と，すぐにはできない遠い目標を設定させた群にランダムに分割し，いずれの群の児童にも引き算の練習をさせたところ，近い目標を設定した群は，遠い目標を設定した群に比べて，主観的な成功感を持つ機会が多く，引き算の技能に対するセルフ・エフィカシーが高められ，その結果として，引き算の技能を習得させるのに効果的だったという結果を得ている。

　また，シャンク（Schunck, 1983）は，引き算の計算能力の劣る児童を対象として，引き算の練習をさせる際に，練習によって得られた計算の技術の進歩を，①能力のみに帰属させる，②努力のみに帰属させる，③能力と努力の両方のそれぞれに帰属させる，という内容の帰属フィードバックを与える3群，および，④フィードバックを与えない群の計4群を設けて，児童の心理的，行動的側面の変化の比較検討を行なった。その結果，セルフ・エフィカシーの向上と引き算の実際の成績ともに，最も上昇したのは，能力帰属のみのフィードバックを与えた群であったことが明らかにされた。それに次いで，努力帰属のみのフィードバックを与えた群と能力帰属と努力帰属の両方のフィードバックを与えた群が同程度に成績が上昇したことが明らかにされた。

　このように，学業不振の大きな原因の1つとも考えられる学習技能（スキル）の不足に対しては，スキル獲得の先行要因であるセルフ・エフィカシーを高めることによって，効果的にスキルが学習される（身につく）ことが過去の研究において一貫して報告されている。その際に，セルフ・エフィカシーを高める具体的な手続きとしては，先述した目標設定の工夫，帰属フィードバックの仕方のほかにも，外的な強化の随伴（Schunck, 1984），モデリング（Schunck & Hanson, 1985），どのようにして実際の課題を解くのかというストラテジー（方略）の言語化（Schunck & Rice, 1984；前田・原野，1993），自己評価（前田，1994）などの方法が用いられており，いずれ

の方法も効果が高いことが明らかにされている。

4. セルフ・エフィカシー向上の開発的適用

　以上のように，セルフ・エフィカシーの向上は，実際に問題行動を呈している児童・生徒の行動変容に非常に大きな役割を果たしていることがわかる。一方，近年になって，児童・生徒の問題行動の発現に際しては，心理的ストレスがその背景にあることが指摘されている（嶋田，1998）。特に学校場面における児童・生徒の心理的ストレスは「学校ストレス」とよばれ，児童・生徒の問題行動の変容のみならず，問題行動の予防的介入を考える際にも非常に有用な概念である。

　このような学校ストレスの軽減を考える際には，不必要な心理的ストレスに対処することを具体的に考えることになる。心理的ストレスをうまく管理することは，ストレスマネジメントとよばれ，いわゆる「生きる力」の育成や，総合的学習の一環としても大きな注目を集めはじめている。そこで本節では，教育相談の一環として実施したセルフ・エフィカシー向上を目的とした介入をクラス単位で実施した実践的研究を紹介する。このような考え方の介入は，開発的な教育相談としても位置づけることが可能である。

　以上のような点を踏まえ，嶋田（1999）は，中学1年生を対象として，セルフ・エフィカシーを高めることによって「テストストレス」に伴うストレス反応が軽減するかどうかを検討している。対象とした中学生をセルフ・エフィカシーの向上を実施した介入群と何の介入も行なわない統制群の2群に分割した。その際に想定されたストレッサー（ストレス刺激）は，中学校で初めて経験する定期テストであった。

　そして，介入群に対しては，セルフ・エフィカシーの4つの情報源に働きかける介入を行なった。すなわち，①言語的説得：あらかじめ定期テストの準備をしておけば，テストは何とか乗りこえられるはずであるという言語的な指導をすること，②代理的経験：中学校に入学してからの定期テストの準備の例を「ある先輩の話」として紹介しながら，実際にどんなことが良かったのか，悪かったのかを十分に理解させる指導をすること，③遂行行動の達成：定期テストの問題の中では，時間不足にならないように，まず自分のできそうな問題から取り組むようにすることをテストの類似問題を使って練習すること，④情動的喚起：定期テストを受けている場面をイメージした時に，自分がそれほどドキドキしていないことを実体験してみることを指導すること，の介入を行なった。

その結果，介入群の定期テストに対するセルフ・エフィカシーが有意な上昇をみせたことが確認された。そして，両群の児童・生徒のストレス反応（主観的反応）の変化の検討を行なったところ，定期テストが近づくにつれてストレス反応（抑うつ・不安反応）の上昇がみられる点は一致しているものの，統制群に比べて，セルフ・エフィカシーの上昇がみられた介入群は，反応の上昇が緩やかな傾向にあることが明らかにされた（実際のテストの得点は両群間に有意差はみられなかった）。これは，定期テストに対するセルフ・エフィカシーの上昇が，ストレス反応の表出を抑制する方向に作用したものと考えられる（図3-3）。したがって，セルフ・エフィカシーの向上は，心理的ストレスに起因するさまざまな不適応行動の予防に効果があるといえる。

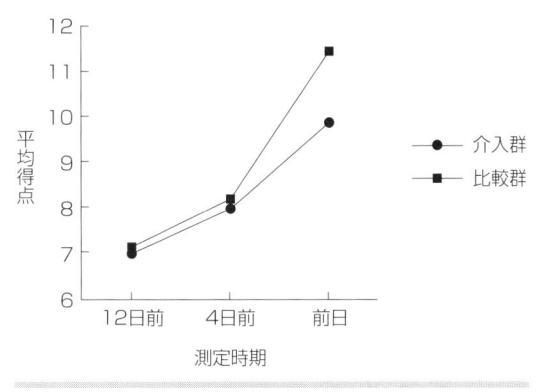

❶図3-3　抑うつ・不安反応の変化（嶋田，1999）

5. まとめ

　本章では，セルフ・エフィカシーを用いた教育相談の具体例の一部を概観したが，実際の臨床場面（教育相談場面）においては，登校拒否・不登校の問題をはじめ，より多くの不適応行動に適用されている。セルフ・エフィカシーを用いた教育相談の最大の特徴は，セルフ・エフィカシーが児童・生徒に獲得させたい標的行動の先行要因として機能するところにある。この特徴を考慮すると，教育相談場面における適用範囲はさらに広げることが可能であると考えられる。今後は，さらに多くの適用例を詳細に検討し，実験的データや臨床的データを積み重ねていくことによって，教育相談の質的な向上がなされることが期待される。

●引用文献●

Bandura, A. 1977 Self-efficacy: Toward a unifying theory of behavior change. *Psychological Review*, **84**,195-215.
Bandura, A., & Schunck, D. H. 1981 Cultivating competence, self-efficacy, and intrinsic interest through proximal self-motivation. *Journal Personality and Social Psychology*, **41**,586-591.
Dweck, C. S. 1975 The role of expectations and attribution in the alleviation of learned helplessness. *Journal of Personality and Social Psychology*, **31**,674-685.
Dweck, C. S., & Reppucci, N. D. 1973 Learned helplessness and reinforcement responsibility in children. *Journal Personality and Social Psychology*, **25**,109-116.
前田基成 1991 児童の恐怖症の心理治療におけるセルフ・エフィカシーと行動変容に関する検討 教育相談研究, **29**,31-35.
前田基成 1994 自己評価による自己効力感の変容が児童の漢字学習に及ぼす効果 上田女子短期大学児童文化研究所所報, **16**,81-92.
前田基成・原野広太郎 1993 ストラテジーの言語化による自己効力感の変容が計算スキルの習得に及ぼす効果 日本教育心理学会発表論文集, 150.
前田基成・坂野雄二・東條光彦 1987 系統的脱感作法による視線恐怖反応の消去に及ぼすSELF-EFFICACYの役割の検討 行動療法研究, **12**,158-170.
Rachman, S., & Hodgson, R. 1974 Synchrony and desynchrony in fear and avidance. *Behavior Research and Therapy*, **12**,311-318.
坂野雄二 1995 認知行動療法 日本評論社
坂野雄二・前田基成・東條光彦 1988 獲得された無力感の解消に及ぼすSelf-efficacyの効果 行動療法研究, **13**,43-53.
Schunck, D. H. 1983 Ability versus effort attributional feedback: Differential effects on self-efficacy and achievement. *Journal of Educational Psychology*, **75**,76-86.
Schunck, D. H. 1984 Enhancing self-efficacy and achievement through rewards and goals: Motivational and informational effects. *Journal of Educational Research*, **78**,29-34.
Schunck, D. H., & Hanson, A. R. 1985 Peer models: Influence on children's self-efficacy and achievement. *Journal of Educational Psychology*, **77**,312-322.
Schunck, D. H., & Rice, J. M. 1984 Strategy self-verbalization during remedial listening comprihension instruction. *Journal of Experimental Education*, **53**,49-54.
嶋田洋徳 1998 小中学生の心理的ストレスと学校不適応に関する研究 風間書房
嶋田洋徳 1999 中学生のセルフ・エフィカシー向上によるテストストレス軽減効果 日本行動療法学会第25回大会発表論文集, 136-137.
内山喜久雄・原野広太郎・神保信一・荒井淳雄・国分康孝 1986 カウンセリング今これから：理論・方法・技法を語る 誠信書房

4章 セルフ・エフィカシーと動機づけ

　バンデューラ（Bandura, 1997）は，人間の動機づけは，基本的に認知的なものであるとしたうえで，認知的な動機づけ要因には原因帰属，結果期待，認知された目標の3つの形態を区別することができるとしている。これらはそれぞれ帰属理論，期待 – 価値理論，目標理論という異なった理論的伝統をもっているが，エフィカシーは，これらの認知的動機づけすべてにおいて機能するという。ここでは，これら3つの理論的立場に加え達成不安研究や内発的動機づけ等，達成動機づけ研究における認知的な諸理論とエフィカシー概念との関係について概観し，あわせて期待概念としてのエフィカシーについて再考する。

1. 期待 – 価値モデル

　バンデューラのエフィカシー概念は結果期待としての Locus of Control 概念への批判として登場したと考えられるので，まず期待 – 価値モデルから検討することにする。
　期待 – 価値モデルを代表するアトキンソンの考え方は概略以下のようなものである（Atkinson, 1982）。課題を達成しようとする行動への動機づけの強さは，課題に向かわせる力となる成功への接近傾向と逆に課題を避けようとする力となる失敗回避傾向の総和からなる。成功への接近傾向は，課題に成功し得るであろう主観的確率としての期待，および成功したときの誇らしい感情の強さとしての誘因価（価値要因），および個人がもつ特性としての達成動機の強さの積と考えられる。動機，期待，誘因価がそれぞれ高いほど動機づけは高くなる。さらに彼は，期待と価値との間に補償的な関係がある，という仮定を導入することによって，達成動機の強さが一定であれば主観的成功確率が半々の課題において動機づけが最も高まるという予測を導き，実験的に検討した。
　ロッターらの社会的学習理論（Rotter et al., 1972）も同様に期待 – 価値理論の枠組みに従っているが，個人の特性としての達成動機という要因は含まれず，また期待

と価値との補償的関係も仮定されていない。彼が提起した概念である Locus of Control は，問題解決状況を自分のスキルによって解決できる状況と考えるか，強化は自分の行動とは随伴しておらず，問題の解決はいわば運や偶然によると考えるかという信念の個人差を意味する。彼は前者を内的統制，後者を外的統制とよんだ。状況をスキルによるとする内的統制信念をもてば，成功や失敗経験によって自分のスキルに対する評価が影響され期待の上昇や低下が起こるが，状況を運によると考えれば，過去の経験は次回の成功に関係がないので，期待は変化しない，あるいは成功が続けば，そろそろ今度は失敗するころだと考えて，むしろ期待が下がるといったことが起こると予想される。彼はこのように個々の具体的な課題場面での期待の変化を規定する人格変数として Locus of Control という概念を提唱し，期待変動に関する実験的検討を行なった。

　バンデューラ（1977）は，Locus of Control や，セリグマン（Seligman, 1975）の学習性無力感の考えは，ある行動が結果（強化）をもたらすかどうかの期待（彼はこれを結果予期とよぶ）を問題にしているが，仮にこうした期待が高くても，結果をもたらすのに必要な行動を成功裏に遂行することが可能かどうかという，行動の遂行可能性についての主観的認知としての期待（これを効力予期とよぶ）が低い場合にも動機づけの低下が起こるとし，後者の重要性を強調したわけである。この点でバンデューラは従来の期待概念をより明確にしたといえる。

　結果予期と区別されるものとしての効力予期は，以下のような問題を考えるうえでも有意義であった。学習性無力感実験と同様の，逃避不能な（したがって統制不能な）電撃を受けた生体は，同量の電撃を受けはするがその終了を統制することが可能であったネズミに比較し，大きな身体的損傷が生じることを示す研究がある一方（Weiss, 1968），有名な管理者ザルの研究はこれとは一見矛盾する結果であった（Brady, 1958）。この点に関し，ツダとヒライ（Tsuda & Hirai, 1975）は，電撃を終了させるために必要な対処行動のコストを変化させ，コストが小さい場合には，電撃を統制可能な群の方が身体的損傷は小さいが，対処行動のコストが大きい場合には，統制不能な電撃を受けた群よりも身体的損傷が大きいという逆の結果が生じることを示した。この後者の結果は，まさに対処行動をとることによって嫌悪刺激を避けることができる，すなわち結果予期は高いが，必要な対処行動をとることは困難である，すなわち効力期待は低い状況であるといえよう。バンデューラはこのように対処可能な状況であっても，対処行動を自分が効果的に取り得るかどうかという認知の重要性を指摘したといえよう。

　バンデューラの期待についての先述の区別を達成状況で考えるとどうなるだろうか。

達成動機づけ研究の領域にエフィカシー概念を導入したシャンク（Schunk, 1989）は「高い成績に価値があると考えかつ勤勉な学習がよい成績をもたらすであろうと考えている学生でも，効果的に学習する能力に疑いをもっているならば，学習に動機づけられないであろう」と述べている。すなわち学習行動と成績との関係についての期待（結果予期）と学習行動そのものの遂行についての期待（効力予期）とを区別するということになる。自分がよい成績をとることができるかどうかという全体的な成功期待は，この両者の合成と考えられるであろう。

　これまでの期待理論が，課題を達成し得る期待という 1 つの期待を問題にしていたのに対し，バンデューラの指摘に影響を受けて，望ましい結果を自らが産み出し得るという統制感（perceived control）を考える際に，結果予期的側面と効力予期的側面を区別して考えようとするいくつかの立場がある。たとえばスキナーは統制感を 3 つの側面から考えるモデルを提唱している(Skinner, 1992)。それらは，①方略信念(strategy belief)（もとは手段─目的信念［means-ends belief］）：可能な原因のあるカテゴリーが，望ましい結果を生み出すのに効果的である程度についての般化期待，②能力信念（capacity belief）（もとは行為者信念［agency belief］）：自己がその可能な手段を保有している，あるいはアクセスし得る程度についての般化期待，③統制信念（control belief）：自己が手段とは無関係に望ましい結果を生み出すことができる程度についての期待であって，それぞれ結果予期，効力予期および全体的な期待ないし結果の統制感に対応することは明らかであろう。このモデルでは，手段として，Locus of Control 研究や帰属理論などに依拠した努力，能力，他者，運，および不明などの成功 - 失敗の要因が想定されており，期待はそれぞれ多次元的に測定される。小学生を対象とした研究によれば，教師評定による学習への関与度に対し，全体的な統制信念および努力と能力についての能力信念は促進的であり，逆に他者，運，不明など非行為的な方略信念は阻害的であったという。さらに最も学習への関与度が高いのは，努力が手段であるという方略信念をもち，かつその努力を自分がなし得るという能力信念をもっている子どもであり，逆に最も低いのは，非行為的要因が手段であると考え（したがって自分の行為と結果は関係ないという意味で結果予期が低い），しかもそうした手段にアクセスできないと考えている子どもであったという（Skinner et al., 1990）。こうした結果は，効力予期についてのバンデューラの主張を支持するものであるといえよう。

　ワイスとスティペック（Weisz & Stipeck, 1982）も同様の考え方から CCC モデルを提起している。CCC はそれぞれ Control, Contingency, Competence の頭文字であり，それぞれ，Control は意図された結果を生み出す能力，Contingency は結果が個

人の行動に依存する程度，Competence は望ましい結果が随伴している行動を生み出す個人の能力，と定義される。これらの個人的な自己評価は，やはり全体的な期待ないし統制感，結果予期，効力予期に対応していることは明らかである。

また，鎌原ら（1987）も統制感を 3 つの側面からとらえるモデルを提起しているが，そのうち 2 側面は随伴性認知（＝結果予期）と行動のコストとしての効力感である。たとえば鎌原ら（1999）は，通熟している中学生を対象に短期縦断的研究を行ない，効力感は試験対策的学習を除く学習行動と正の関係を示したのに対し，随伴性認知は学習行動と有意な関係を示さなかったとしている。さらに効力感は，過去の成績を統制したうえでの成績に対して，拡散的行動を介して間接的に関係しており，効力感の重要性が示唆されている。

上述の 3 つのモデルはそれぞれ用語は異なっているものの，2 種の期待を区別しており，こうした区別はバンデューラによる指摘に影響されているのである。しかしながらバンデューラ自身は，たとえばスキナーのモデルに対して批判的であり，また実際のエフィカシーに関する研究では，このような区別を問題にせず，たんに全体的な成功期待と考えられるものをエフィカシーとしているものも多い。この点については，後にあらためて考察することとして，以下では全体的な成功期待を反映していると思われるものを含め広くエフィカシーをとらえておくことにする。

2. 帰属理論

達成動機づけ研究の文脈に帰属理論を導入したのはワイナーであるが，彼もまた Locus of Control 概念への批判から出発している。先述のようにロッターは，Locus of Cntrol は期待の変動を規定するとしたが，ワイナーは上述の内的統制 – 外的統制は，原因の内在性と安定性の二次元が混交しており，期待変動を規定するのは内在性の次元ではなく，安定性の次元である，すなわち能力や課題困難度のような固定的な要因に帰属すれば，過去の成功や失敗経験によって容易に期待は影響されるが，努力や運のような変動的な要因が原因であると考えると，過去の経験によって期待は影響されにくいとした（Weiner et al., 1972）。すなわち同じように内的な原因であっても失敗を能力のような固定的な要因に帰属すれば，失敗経験によって容易に期待が低下するのに対し，努力のような変動的要因に帰属すれば失敗経験による期待の低下は小さいと考えられる。

さらにワイナーは，期待 – 価値モデルの枠組みに従いながら，原因帰属の安定性の

次元が期待の変化に影響するとともに，内在性の次元は，成功の際の誇らしさ，失敗の際の恥ずかしさという感情（価値）に影響するとした。したがってこのモデルでは，期待および感情（価値）を規定するものとして原因帰属を導入し，原因帰属→期待・感情→遂行という連鎖が仮定されることになる。ワイナー自身は，その後，帰属次元と感情とのより複雑なモデルを展開するようになるが，目標を達成し得るとする期待を広い意味でのエフィカシーと考えるとすれば，彼はエフィカシーを規定する要因としての帰属を位置づけたといえる。

穂坂（1989）は，エフィカシーを標準的な手続きに従って測定したうえで（「算数への自信」とよばれているが），ワイナー流の帰属モデルを小学生の割り算課題を対象に検討している。価値は「算数への好意度」として測定されているが，エフィカシーと価値は実際の遂行成績と関係しており，また「自信」には，成功を能力帰属する，失敗を課題の困難さに帰属するといった固定的要因への帰属傾向が，「好意度」とは，成功の能力帰属，失敗の努力帰属といった内的要因への帰属傾向が関連していることが見いだされており，ほぼ初期帰属モデルに沿った結果が得られているといえよう。

教育場面での帰属フィードバックのエフィカシーへの影響については，シャンクが一連の研究を行なった（Schunck, 1995）。その結果，たとえば努力帰属に比較して能力帰属フィードバックが，訓練期間の前半に与えるか後半に与えるかで条件を組み合わせた研究では，はじめに能力フィードバックを与えることが有効であること，学習障害児を対象にした研究では努力フィードバックと思考内容を言語化することが有効であること等が報告されている。バンデューラ（1997）はこれら帰属フィードバック研究を概観し，能力帰属のエフィカシーに対する効果は安定しているが，努力帰属の効果は不安定であるとしている。このことは，先の帰属理論における帰属要因と期待変動との関係についての予測から理解されうることではある。すなわち固定的な要因である能力に帰属すれば，期待は過去経験によって大きく影響されるが，変動的な要因である努力に帰属すれば，次も努力を行使し得ると限らないから必ずしも成功経験が期待を高めるとはいえないだろうからである。

ドゥエックは学習性無力感の考え方を背景に，失敗を努力帰属することは能力帰属することに比較して，随伴性を認知することであるから動機づけを高め，失敗経験後も粘り強く課題に取り組むと主張したが（Dweck, 1975），一方学業場面での成績と帰属様式の関連を検討したいくつかの研究は，成績と失敗の努力不足への帰属は関連がないか，あるいはむしろ逆に成績の悪い児童の方が努力不足に帰属する傾向があることを報告した（たとえばMarsh, 1984）。こうした矛盾は，やはりバンデューラ（1977）による結果予期と効力予期の区別から理解できるのであって，成績の悪い児

童は，それを努力不足や学習のやり方のまずさに帰属させても，その努力をしたり効果的な学習をすることができないと感じているために学習行動と結びつかず結果として成績が低下していると考えることができる。先に紹介したスキナーらの研究結果は，こうした考え方に沿っているといえる。本邦でも中学の国語学習で，「得意である」「いい成績がとれる」といった全体的な期待としてのセルフ・エフィカシーと原因帰属，自己調整的な学習方略の関係を検討した伊藤（1996）は，失敗の努力不足帰属に学習方略の使用が伴って初めてセルフ・エフィカシーにつながると示唆している。

3. 達成不安

　達成場面，とくにテスト場面における不安は，課題無関連な思考などの認知的干渉によって複雑な課題の遂行を妨害すると考えられる（Sarason & Sarason, 1990）。バンデューラは，一般にエフィカシーは不安の重要な予測因であると主張しているので，達成場面においてもエフィカシーと達成不安との関連が予想される。たとえば大学生の数学不安に関する研究（Betz & Hackett, 1983）では，数学エフィカシーと数学不安との間に中程度の負の相関を報告しており，また2年間の縦断的な研究において，エフィカシー関連概念が不安に影響するという報告もある（Meece et al., 1990）。この研究では，1年めの数学の能力知覚および2年めの数学でどのくらいうまくやれるかという期待の，2種のエフィカシー関連概念が用いられているが，期待－価値モデルに従って，これら2種のエフィカシー関連変数が，数学の重要性評価（価値）とともに2年めの数学不安を予測し，1年めの実際の成績は，不安を予測しなかったとしている。すなわち実際の成績ではなくエフィカシー関連変数が達成不安を予測しえたと考えられる。

　一方，達成動機づけ研究の領域では，アトキンソンが失敗回避動機としてテスト不安を位置づけたが，達成不安をより安定した特性的なものと考えれば，達成不安傾向が，個々の具体的な課題でのエフィカシーに影響すると考えられよう。たとえばカワシマとカンバラ（Kawashima & Kambara, 1997）は，大学生の実際の授業におけるコンピュータ学習を対象にした短期縦断的研究において，学習開始時点でのコンピュータ操作に対する不安が，一般的な効力期待としての効力感を介して，授業期間内にくり返し測定された課題特殊的なエフィカシーに影響し，さらにそれが個々の遂行を規定することを示唆している。そこでいわゆる特性不安と状態不安の区別（Spielberger, 1972）を受け入れるとすると，特性不安→エフィカシー→状態不安→遂行と

いう連鎖モデルを考えることができよう。ディアスら（Diaz et al., 2001）はこのようなモデルを検証している。エフィカシーに関しては遂行成績，感情のコントロール，思考のコントロールの3種が測定されているが，このうち思考のコントロールに関するエフィカシーが，テスト場面での肯定的思考の割合という変数を介して状態不安に影響することが示されている。成績に関しては，入学前の適性検査結果のみによって説明され状態不安の影響はみられなかったが，弁論の成績を従属変数とした場合，状態不安からの影響が認められ，上記の連鎖モデルが確認されている。

4. 内発的動機づけ

　いくつかの実験的研究が，興味をもって行なっている活動に対して，外的に報酬を与えることがかえって活動への内発的な動機づけを低下させる場合のあることを見いだしたが，デシ（Deci, 1975）の認知的評価理論によれば，外的に与えられる報酬を自らの行動を統制するためのものだと認知する場合には，行動が報酬によって引き起こされていると感じ，内発的な動機づけが低下するが，一方報酬が自らのコンピテンスに関する情報をもたらすものだと認知されれば，動機づけに促進的に働くと考えられる。バンデューラはこうした統制的 - 情報的という二分論に基づく説明は事後的なものにすぎないと批判している。また内発的動機づけ論者が主張する外的報酬の動機づけに対する阻害効果は，報酬のもつ促進効果として比較して必ずしも安定して得られているわけではなく，さまざまな要因によって起こり得ると彼は主張しており，たとえば報酬の対比効果や飽和をあげている（Bandura, 1986）。報酬の肯定的な効果については，デシのいう有能感をエフィカシーにおきかえれば両者の主張はある程度類似している。すなわち報酬がエフィカシーの情報源として機能すれば，動機づけに対して促進的であると考えられる。しかしながら，デシは有能感を求める基本的な欲求が存在すると主張するが，バンデューラはこのような動機を仮定することには否定的である。有能であることは，それ自体有益であるのであって，また何が有能かは，文化やその人のおかれた状況によってさまざまであり，非常に一般的な有能さへの欲求を想定することはできないし，その必要もないというのがバンデューラの主張である。

　一般に「内発的」に動機づけられている活動とは，明白な外的報酬がないにもかかわらず維持されている活動と考えられる。バンデューラの立場からすれば，こうした自律的な活動は，「内発的」な動機によって維持されているのではなく，エフィカシー

や自己反応がその中心的役割を担っているような自己制御的メカニズムによって維持されていると考えられる。バンデューラとシャンク（Bandura & Schunck, 1981）はこのようなメカニズムによって「内発的」興味が育てられることを示唆している。ここでは遠い1つの目標が与えられる条件とその目標をいくつかの下位目標に分割して与えられる条件が設定されたが，近接した下位目標がくり返し与えられる条件で，エフィカシーも課題の興味も高かった。近接した下位目標を与えられることで，目標を達成できそうだという期待も高まり，実際に目標を達成することから生まれる肯定的な自己反応としての満足感が，いわば自己報酬として働き，興味を増大させ，課題への取り組みを維持させていると考えられる。自己評価の機会がある方が，ない場合に比較してエフィカシーが高まるという研究結果（Schunk & Ertmer, 1999）は，このような考えを支持するものであるといえる。

　バンデューラの社会的－認知論の立場では，内発的な学習活動は，自己制御システムによる自律的学習と考えられるのであり，こうした自己制御学習（Self-regulated learning；自己調整学習と訳されることが多い）の考え方は，主にジンマーマンによって展開されている（Zimmerman, 1989, 1998）。たとえば英才児と通常の子どもを比較した研究（Zimmerman & Martinez-Pons, 1990）では，前者はより高いエフィカシーを示し，自己制御的学習方略の使用も多いこと，またエフィカシーに対しては，ノートを見直す等の学習方略が関連していることが報告されている。また内発的動機論者は外発的な活動がしだいに内発的なものとなる内化の過程を外的制御，取り入れ，同一化，といった段階で区別してとらえようとしているが，近年ジンマーマンも自己制御的学習の発達の観点からいくつかの水準を区別している（Zimmerman & Kitsantas, 1997）。

5. 目標理論

　達成場面においてどのような目標をもっているかは動機づけを規定する重要な要素であり，一般に適度に挑戦的で明確な目標をもつことが動機づけに有効であると考えられている。エフィカシーとの関連についても，たとえば遂行結果のフィードバックとともに明確な目標を与えることがエフィカシーを高めること，初期の目標に沿った形で期待が形成されること，遠い長期的な目標に比べて近接目標が，また他者が設定する目標に比較して目標を自己設定することがエフィカシーを高めること，逆にエフィカシーの高低が目標設定に影響することなどが報告されている（Bandura, 1997）。

こうした研究は，どのような水準の目標を設定するかという主に目標の量的側面を問題にしているが，一方達成場面において何を目標にするのかという，より質的な問題，目標志向性も問題とされるようになってきている。研究者によって細部に違いはあるが，非常におおまかに分類すれば，自らの能力の高さを示すことを目標とする場合と，学ぶことを通して自らの能力を高めることを目標とする場合である。ニコルスの用語では，前者が自我関与，後者が課題関与と呼ばれる（Nicholls, 1984）。彼は子どもの努力概念と能力概念の発達的検討を行ない，年少の子どもでは，努力と能力は補償的にはとらえられず，両者は未分化であるとしたが，成人においても常に努力と能力が相補的にとらえられるわけではなく，高い努力が能力の低さを意味しない状況もあるのであり，その違いは達成目標の違いにあるとした。すなわち自我関与状況においては，自らの能力の高さを示す必要があるため，多大の努力の行使は能力の低さを意味するが，課題関与状況においては努力の行使によって能力が増大する可能性があるため，こうした割引は起こらないという。一方ドゥエックは2種の達成目標をそれぞれ遂行目標，学習目標とよぶが，こうした目標のとらえ方の違いの背後には，能力についての考え方の違い（暗黙の知能観）があるとする（Dweck, 1990）。すなわち知能は固定的で自分でコントロールできないと考える実体論をもてば遂行目標が，また知能は柔軟で自らの力によって増大し得るという増大論をもてば，学習目標が導かれるという。

　このような達成目標の違いは，エフィカシーとどのように関連するであろうか。エフィカシーの最も主要な源泉は当然ながら過去の成功や失敗経験であろう。ワイナーの帰属理論的な観点に立てば，成功や失敗を同じように能力に帰属したとしてもそれを固定的なものと考えれば，エフィカシーは経験の影響によって変化しやすく，能力を努力に近いものとして増大し得るものと考えれば，エフィカシーは失敗経験の影響を受けにくいであろう。学習目標状況においては，失敗はいわば新しい学習にとっての情報を与えてくれるのであり，能力を増大していくための1つの過程であって無能力を意味しないのであるから，失敗したからといってエフィカシーは低下しないと考えられる。このような意味で学習目標状況はよりエフィカシーにとって促進的であろう。

　ウッドとバンデューラ（Wood & Bandura, 1989）は，経営シミュレーション使った実験的研究において，「意思決定は基礎的認知能力を反映する」といわれる実体論条件においてはエフィカシーが低下していくのに対して，「意思決定スキルは練習によって発達する。新しいスキルの獲得においては初めから欠点のない遂行ができるわけではない」といわれる増大論的条件ではエフィカシーはわずかに上昇し，同時に分

析的な方略の使用も高まることを示している。現実のコンピュータ学習において，実験的に目標操作を行なった研究でも，過程目標条件（＝学習目標）において，産出目標条件（＝遂行目標）に比較し，エフィカシーは有意に高く，自己制御的学習方略についてのコンピテンスも高く，同時にこうした学習方略の使用頻度も高かったという（Schunk & Ertmer, 1999）。実際の生徒の授業場面を対象にした鎌原ら（1999）では，生徒のもつ課題志向性（＝学習目標）が，一般的な効力感を介して間接的に，また直接的に生徒の学習行動と関連していることが示されている。学習目標的な状況においては，エフィカシーがより高まり，学習の際により有効で自律的な学習方略が実際に用いられることが示唆される。

さらにエイムズとアーチャー（Ames & Archer, 1988）は，教師がどのような達成目標をもつかがクラスの雰囲気を形成し，それが子どもの認知や動機づけに影響すると考えている。このような考え方にたって教師のもつ目標の児童の認知と児童の統制感および学習行動を調査した縦断的研究では，マスタリー目標（＝学習目標）が，学年当初に高くさらに向上したクラスの児童では，「勉強すれば成績が上がる，自信がつく」という意味での統制感が高まり，学習行動も高いこと，逆にパフォーマンス目標（遂行目標）が初めから高くさらに向上した群の児童では，統制感も学習行動も低いことが報告されている（小方ら，1999）。

6. 期待概念としてのエフィカシー

バンデューラは結果予期と区別して効力予期の重要性を指摘したが，両者の区別はそれほど明確ではない。この区別をとり入れたと思える前述のスキナーのモデルに対して，目的が結果を意味しているのであれば，このモデルには遂行がなく，目的が遂行を意味するのであれば，結果がないとバデューラは批判している。彼は，彼に対する多くの批判者は遂行を結果と誤解しているとくり返し述べ，両者の区別の例として，A（優）の成績をとることは，遂行の完遂であって結果ではないと主張している（Bandura, 1995, 1997）。彼によれば結果とは，成績Aをとることによってもたらされる賞賛や満足という自己反応である。したがって成績Aをとることができるという期待は，結果予期ではなくエフィカシーだということになる。しかしながら一般には成績Aをとることは，行動そのものではなくそれによってもたらされる1つの事態であるから「結果」と考えるのがふつうである（Maddux, 1995）。仮にバンデューラの遂行と結果の区別を受け入れ，成績Aをとることを「遂行」とよんでもよいが，

そうするとエフィカシーと従来からの期待とはなんら異ならないことになる（Eastman & Marziller, 1984）。アトキンソンにしろロッターにしろ，あるいはワイナーにしろ達成領域で問題になっていた「期待」は，課題を達成すること，よい成績をとることがどの程度できそうかという主観的評価であったからである。「期待」が静的な主観的見込みであり，エフィカシーがより動的に自らがなし得るというニュアンスがある点で異なっているとすれば，「結果」を自分がコントロールし得るという主観的評価である perceived control（統制感）といわれているものと，エフィカシーは実質的に異ならないということになろう。

　課題達成への期待が，動機づけ，行動の持続に影響することは以前から研究されており，ロッター，ワイナーらは，そうした期待が必ずしも過去の成功失敗経験によって単純に決定されないこと，期待を形成する他の要因に着目したのだといえよう。しかしながら Locus of Control の尺度や帰属様式の尺度が開発されるとそうした特性と遂行や成績などとの関連についての相関研究が多くなり，期待を測定しそれをモデルの中に組み込んだ研究があまり行なわれなくなったが，そうした状況において，達成動機づけ研究の枠組みでは，エフィカシーが期待概念として再び取り上げられるようになってきたと考えることもできよう。

　結果予期との区別は別として，エフィカシーが，従来の期待や統制感概念と異なる点はむしろその測定方法，概念の文脈依存性の強調にあると思われる。すなわち従来の実験的研究での期待の測定にみられるような，たんに次の課題に成功し得る主観的な見込みを単一の項目で評価させるのでもなく，また Locus of Control や帰属様式あるいはハーターの有能感尺度（Harter, 1982）のように状況を超えた一般的な性格特性として測定するのでもなく，階層的に構成された個々の具体的な課題の達成可能性の評価の総体として，全体の課題の達成可能性を評価しようとする点にその独自性があるといえる。バンデューラはエフィカシーが文脈，状況要因と切り放された特性ではないと述べ，一般的な統制感あるいは一般的な効力感が，単純にエフィカシーを生み出すと考えるのは誤解であるとしており，エフィカシーの測定に関しては，ある活動領域においてさまざまな水準の種々の活動に対して特定化された可能性判断として測定されるべきであると述べている（Bandura, 1997）。よい成績をおさめるのに必要と思われる個々の困難度の異なった課題についての達成可能性の査定として，あるいはそのために必要な種々の学習方略の遂行可能性の査定としてエフィカシーを考えれば，全体によい成績をおさめうるという従来から問題にされてきた期待と区別して，その手段的な遂行の可能性としてのエフィカシーをとらえることができよう。

　最後に，エフィカシーと全体的な期待を区別した最近の研究を紹介しておくことに

する（Chemers et al., 2001）。この研究では大学1年の新入生を対象に1年間の縦断的研究において，エフィカシーと成績および適応について検討している。エフィカシーは，学業達成に適切なさまざまな個々のスキル，たとえば課題のスケジューリング，ノート取り，論文作成などに対する自信を反映したもの（ただし一般的な学業能力も含む）として測定される。一方学業達成の全体的な期待は，成績やよい評価に対する期待として測定され，将来の結果に焦点を当てているという。学業成績に着目してみると，エフィカシーは，達成期待に対して直接に，あるいは学業達成場面での要求・圧力に自分は対処できるという認知を介して間接に影響し，達成期待は，高校時代の成績を統制した上での大学の実際の成績に影響していたという。学業達成と関連している具体的な学習スキルに関するエフィカシーが，全体的な期待を高め，実際の成績に促進的であることが示されているといえよう。

●引用文献●

Abramson, L. Y., Seligman, M. E. P., & Teasdale, J. 1978 Learned helplessness in humans : Critique and reformation. *Journal of Abnormal Psychology*, **87**,49-74.
Ames, C., & Archer, J. 1988 Achievement goals in the classroom : Student learning starategies and motivation process. *Journal of Educaitonal Psychology*, **80**,260-267.
Atkinson, J. W. 1982 Old and new conceptions of how expected consequences influence action. In N. T. Feather (ed.), *Expectations and actions*. Hillsdale : Lawrence Erlbaum Associates.
Bandura, A. 1977 Self efficacy : Toward a unifying theory of behavior change. *Psychological Review*, **84**,191-215.
Bandura, A. 1986 *Socail foundations of thought and action : A social cognitive theory*. Englewood Cliffs, N.J. : Prentice-Hall.
Bandura, A. 1995 On recycling conceptual ecumenism. In J. E. Maddux(ed.), *Self-efficacy, adaptation, and adjustment : Theory, research, and application*. New York : Plenum Press.
Bandura, A. 1997 *Self-efficacy : The exercise of control*. New York : W. H. Freeman and Company.
Bandura, A., & Schunk, D. H. 1981 Cultivating competence, self-efficacy and intrinsic interest through proximal self-motivation. *Journal of Personality and Social Psychology*, **41**,586-598.
Betz, N. E., & Hackett, G. 1983 The relationship of mathematics self-efficacy expectations to the selection of science-based college majors. *Journal of Vocational Behavior*, **23**,329-345.
Brady, J. V. 1958 Ulcers in "executive" monkeys. *Scientific American*, **199**,95-100.
Chemers, M. M., Hu, L., & Garcia, B. F. 2001 Academic self-efficacy and first-year college student performance and adjustment. *Journal of Educaitonal Psychology*, **93**,55-64.
Deci, E. L 1975 *Intrinsic motivation*. New York : Plenum Press.
Diaz, R. J., Glass, C. R., Arnkoff, D. B., & Tanofsky-Kraff, M. 2001 Cogniton, anxiety, and prediction of performance in 1 st-year law students. *Journal of Educaitonal Psychology*, **93**,420-429.
Dweck, C. S. 1975 The role of expectations and attributions in the alleviation of learned helplessness. *Journal of Personality & Social Psychology*, **31**,674-685.
Dweck, C. S. 1990 Self-theories and goals : Their role in motivation, personality and development. In R. Dienstbier (ed.), *Nebraska symposium on motivaiton Vol.36*. Lincoln : University of Nebraska Press.
Eastman, C., & Marziller, J. S. 1984 Theoretical and methodological difficulties in Bandura's self efficacy theory. *Cognitive Therapy and Research*, **8**,213-230.
Harter, S. 1982 The perceived competence scale for children. *Child Development*, **53**,87-97.
穂坂智俊　1989　算数場面における自信，好意度と原因帰属の影響過程についての一研究 教育心理学研究, **37**,259-263.

伊藤崇達　1996　学業達成場面における自己効力感，原因帰属，学習方略の関係 教育心理学研究，**44**,340-349.
鎌原雅彦・竹綱誠一郎・重森雅嘉　1999　中学生の学業達成場面における統制感，学習行動と学業成績の関係 帝京大学文学部心理学科紀要，**5**,19-28.
鎌原雅彦・山地弘起・奈須正裕・村上裕恵・鹿毛雅治　1987　学習への動機づけの認知的規定因に関する考察 東京大学教育学部紀要，**27**,117-142.
Kawashima, R., & Kambara, M. 1997 *The effects of goal orientation, computer anxiety, perceived control and self-efficacy on performance in computer class*. Paper presented at the meeting of Fifth European Congress of Psychology.
Maddux, J. E. 1995 Looking for common ground : A comment on Kirsh and Bandura. In J. E. Maddux(ed.), *Self-efficacy, adaptation, and adjustment : Theory, research, and application*. New York : Plenum Press.
Marsh, H. W. 1984 Relations among dimensions of self attribution, dimensions of self-concept, and academic achievements. *Journal of Educaitonal Psychology*, **76**,1291-1308.
Meece, J. L., Wigfield, A., & Eccles, J. S. 1990 Predictions of math anxiety and its influence on young adikescents' course enrollment intentions and performance in mathematics. *Journal of Educaitonal Psychology*, **82**,60-70.
Nicholls, J. G. 1984 Achievement motivation : Conceptions of ability, subjective experience, task choice, and performance. *Psychological Review*, **91**,328-346.
小方涼子・竹綱誠一郎・鎌原雅彦・高木尋子・高梨実　1999　学級雰囲気が児童の統制感と学習行動に及ぼす影響 帝京大学文学部心理学科紀要，**5**,1-18.
Rotter, J. B., Chance, J. E., & Phares, E. J. 1972 *Applications of a social learning theory of personality*. New York : Holt, Rinehart and Winston.
Sarason, I. G., & Sarason, B. R. 1990 Test anxiety. In H. Leitenberg(ed.), *Handbook of social and evaluation anxiety*. New York : Plenum Press.
Schunk, D. H. 1989 Self-efficacy and cognitive skill learning. In C. Ames & R. Ames(eds.), *Research on motivation in education. Vol.3*. San Diego : Academic Press.
Schunk, D. H. 1995 Self-efficacy and education and instruction. In J. E. Maddux(ed.), *Self-efficacy, adaptation, and adjustment : Theory, research, and application*. New York : Plenum Press.
Schunk, D. H., & Ertmer, P. A. 1999 Self-regulatory processes during computer skill acquisition : Goal and self-evaluative goals. *Journal of Educaitonal Psychology*, **91**,251-260.
Seligman, M. E. P. 1975 *Helplessness : On depression, developement, & death*. San Francisco : W. H. Freeman.
Skinner, E. A. 1992 Perceived control : Motivtion, coping, and development. In C. R. Schwarzer(ed.), *Self-efficacy : Thought control of action*. Taylor & Francis.
Skinner, E. A., Welborn, J. G., & Connell, J. P. 1990 What it takes to do well in school and whether I've got it : The role of perceived control in children's engagement and school achievement. *Journal of Educaitonal Psychology*, **82**,22-32.
Spielberger, C. 1972 Anxiety as an emotional state. In C. Spielberger(ed.), *Anxiety : Current trends in theory and research*. Vol.1. New York : Academic Press. pp.23-49.
Tsuda, A., & Hirai, H. 1975 Effects of the amount of required coping response tasks on gastrointestinal lesions in rats. *Japanese Psychological Research*, **17**,119-132.
Weiner, B., Heckhausen, H., Meyer, W. U., & Cook, R. E. 1972 Causal ascription and achievement motivation. *Journal of Personality and Social Psychology*, **21**,239-248.
Weiss, J. M. 1968 Effects of coping response on stress. *Journal of Comparative and Physiological Psychology*, **65**,251-260.
Weisz, J. R., & Stipek, D. J. 1982 Competence, contingency, and the development of perceived control. *Human Development*, **25**,250-281.
Wood, R. E., & Bandura, A. 1989 Impact of conceptions of ability on self-regulatory mechanism and complex decision making. *Journal of Personality and Social Psychology*, **56**,407-415.
Zimmerman, B. J. 1989 A social cognitive view of self-regulated academic learning. *Journal of Educaitonal Psychology*, **81**,329-339.
Zimmerman, B. J. 1998 Developing self-fulfilling cycles of academic regulation : An analysis of exemplary instructional models. In D. H. Schunk, & B. J. Zimmerman(eds.), *Self-regulated learning : From teaching to self-reflective practice*. New York : The Guilford Press.
Zimmerman, B. J., & Kitsantas, A. 1997 Developmental phases in self-regulation : Shifting from process to outcome goals. *Journal of Educaitonal Psychology*, **89**,29-36.

Zimmerman, B. J., & Martinez-Pons, M. 1990 Students differences in self-regulated learning: relating grade, sex, and giftedness to self-efficacy and strategy use. *Journal of Educaitonal Psychology*, **82**,51 – 59.

5章 セルフ・エフィカシーの評価

1. セルフ・エフィカシーの評価について

　社会的学習理論（Bandura, 1977）においては，自己の行動の遂行可能性の認知，すなわち，ある結果を生み出すために必要な行動をどの程度うまく行なうことができるかという個人の確信を「セルフ・エフィカシー」と呼んでいる。特に臨床心理学においては，短期的あるいは長期的に個人の行動を予測し，ネガティブな情動反応を抑制する要因として，個人がセルフ・エフィカシーをどの程度身につけているのかを認知する（perceive）ことが重要である。また，エフィカシーの認知の低さは，不安，アパシー，失望など，さまざまな悪影響をもたらすことが知られている（Bandura, 1995）。したがって，セルフ・エフィカシーの評価を考える際には，自己の行動に対する遂行可能性に関する主観的な評価の定性化，定量化を行なっていくことになる。

　セルフ・エフィカシーは，基本的にはある具体的な行動に対する課題特異的（task-specific）な期待を問う概念であり，この点においていわゆる「自信」や能力の自己認知，知覚されたコンピテンス（有能感）と大きく異なる（奈須，1995）。そしてこの課題特異的な側面が，セルフ・エフィカシーが行動遂行に影響を及ぼす第1の水準である。したがって，この水準のセルフ・エフィカシーは当面の行動選択に直接的な影響を及ぼすと考えられる。これまでの臨床心理学におけるセルフ・エフィカシーに関する研究においては，セルフ・エフィカシーの行動変容に及ぼす効果は，そのほとんどがこの水準について検討が加えられてきた（坂野ら，1988など）。

　ところが，バンデューラ（Bandura, 1977）は，セルフ・エフィカシーは2つの水準で人間の行動に影響を及ぼすと指摘している。すなわち，セルフ・エフィカシーはもう1つ異なった側面において，個人や行動に対して長期的に影響を及ぼすことが知られている（坂野・東條，1993）。このように，セルフ・エフィカシーがある特定の行動遂行に対して長期的な影響を及ぼしたり，より一般的な側面の個人の行動傾向に影響を及ぼすという点がセルフ・エフィカシーの行動変容に及ぼす影響の第2の水

準である。そして，セルフ・エフィカシーの一般性の次元を考えていくことで，セルフ・エフィカシーの般化可能性を考えることが可能になる。さらには，一種の般化期待概念への拡張性をも残していると解釈できる（奈須，1995）。また，セルフ・エフィカシーの般化については，課題の重要度の認知の影響が大きいことが報告されている（蓑内，1993）。

以上のことから，セルフ・エフィカシーの評価は以下の2つの観点から行なう必要がある。それらは，①当面問題とされている特定の行動に対するセルフ・エフィカシーの程度を測定する，②個人が一般的にセルフ・エフィカシーをどの程度高くあるいは低く認知する傾向にあるかという一般的なセルフ・エフィカシーの程度を測定する，という2つの側面である。そして，これら2つの観点からの評価を総合することによって，個人の行動変容に対して，より適切な予測が可能になるのである。

2. 課題特異的セルフ・エフィカシーの測定

当面問題とされている特定の行動に対する課題特異的なセルフ・エフィカシーは，期待を測定する他の概念のように単純に高低を問題にするだけではなく，行動の水準（level），行動の強度（strength），行動の一般性（generality）の3次元でとらえる点において特徴的である。これらの3次元は以下のようにまとめることができる。

①水準（level）：ある特定の行動（課題）を構成するさまざまな下位次元の行動（課題）を容易なものから困難なものへと主観的あるいは客観的な困難度にしたがって配列する。そしてその時，「自分にはここまでできる」という個人の感じる対処もしくは解決可能性のことは「水準」とよばれる。たとえば，不登校児にとっての登校行動を考える際には，「3時間目からお母さんと登校する」ことに比べて，「登校班でお母さんと一緒に登校する」ことや「登校班で下級生の面倒をみながら学校へ行く」ことは，より高いセルフ・エフィカシーの水準であることがわかる（前田・坂野，1987）。

②強度（strength）：上述したような各水準の行動を，それぞれどのくらい確実に遂行できるかという確信の強さ（主観的確率）は，セルフ・エフィカシーの「強度」とよばれる。先の例でいえば，「3時間目からお母さんと登校する」という目標であれば100％に近い確率でできそうであるのに対して，「登校班でお母さんと一緒に登校する」という目標に対しては70％くらい，さらに「登校班で下級生の面倒をみながら学校へ行く」ことは50％くらいの確率でしかやれそうにないと

いうように，異なった水準の行動それぞれに対して，「自分としてはこの程度でき
る」という自信の程度が測定されることになる。

③一般性（generality）：ある限定された状況における特定の行動に対するセルフ
・エフィカシーが，どの程度より一般的な場面や行動に般化するかという可能性
は，セルフ・エフィカシーの「一般性」とよばれる。先の例でいえば，当該の子
どもの登校行動に対するセルフ・エフィカシーが，「休み時間に同じクラスの友
人と遊ぶ」という行動や「休日に同年齢の子どもが多く集まるイベントに出かけ
る」という行動などに対するセルフ・エフィカシーにどの程度にまで般化される
かということが問題とされる。

臨床心理学において，課題特異的なセルフ・エフィカシーを測定しようとする場合
には，以上のような3つの次元の中でも，水準と強度が問題とされることが多い（坂
野・東條，1993）。これは，教育や臨床の場面では，水準と強度の両者は，クライエ
ントに対する介入の内容と多くの関連性をもっているからである。たとえば，行動療
法の系統的脱感作法における不安階層表の行動項目とその行動に対するセルフ・エ
フィカシーの水準と強度は，直接対応させながら測定することが可能である。先の不
登校児の例でいえば，当面問題とされる標的行動が「登校行動」であるならば，この
行動を形作るために，より水準の低い「3時間目からお母さんと登校する」などの下
位の行動を目標とし，治療を重ねるに従い，当該の下位行動の強度が高くなったら，
次の水準の下位行動を目標にするといったように対応づけることが可能である。

一方，一般性の次元は，先述したセルフ・エフィカシーが行動変容に影響を及ぼす
第2の水準（セルフ・エフィカシーの長期的影響）と深く関連性をもっているために，
臨床心理学における課題特異的な行動に対するセルフ・エフィカシーの測定からは除
外されることが多い（坂野・東條，1993）。

このように従来の臨床場面におけるセルフ・エフィカシーに関する研究においては，
標的行動に対する階層的な不安あるいは嫌悪度，行動遂行の難易度評定などと対応
して作成された評定方法が用いられてきた。たとえばある具体的な水準の行動に対して
「まったくできないと思う」を0点，「確実にできると思う」を10点として具体的な点
数で評定させる形がオーソドックスなセルフ・エフィカシーの測定方法である（この
場合は0～10の11段階を想定しているが，7.5点などのように必ずしも整数値を用い
なくてもよい）。また，テスト場面などにおいては，「100点満点のテストにおいて何
点取ることができるか」などといったように，セルフ・エフィカシーの水準を目標到
達の難易度（70点，90点など）と対応させて測定する場合もある。

3. 一般的セルフ・エフィカシーの測定

　先に述べた課題特異的セルフ・エフィカシーの「一般性」の次元は，各場面間におけるセルフ・エフィカシーの共変動関係を問題にする概念である。すなわち，ある特定の状況におけるセルフ・エフィカシーが，異なった状況においても同じ程度の高さにあるかどうかが問題とされる。具体的には，セルフ・エフィカシーの水準の次元や強度の次元を測定するのに用いた場面とは別の場面を用いて，同様の手続きで求めた水準の次元あるいは強度の次元のセルフ・エフィカシーが指標となる。そして，概念的には，このような手続きをくり返していくことによって，より広い意味での「一般的セルフ・エフィカシー」に近づいていくことになる。したがって，一般的セルフ・エフィカシーの測定を考える際には，ある特定の人々にのみ経験されるような場面に対する質問をするのではなく，より多くの人々が共通に経験しているような場面に対する質問をすることになる。

　このような観点から，個人が一般的にセルフ・エフィカシーをどの程度高くあるいは低く認知する傾向にあるかという，一般的なセルフ・エフィカシーの強さを測定するために「一般性セルフ・エフィカシー尺度（坂野・東條，1986）」が作成されている。この一般性セルフ・エフィカシーは，個人がいかに多くの努力を払おうとするか，あるいは嫌悪的な状況にいかに長く耐えることができるかを決定する要因になっていることが知られている。東條（1983）は，セルフ・エフィカシーと統制の位置（locus of control）との関連性を検討するなかで，一般に内的統制型の人はセルフ・エフィカシーを高く認知する傾向にあり，外的統制型の人はその逆の傾向にあることを明らかにしているが，この結果はセルフ・エフィカシーを高くあるいは低く認知する傾向は，いわゆるパーソナリティ特性のように人の行動を規定するものであることを示唆している（坂野・東條，1986）。また，一般的なセルフ・エフィカシーの高低が個人の行動全般にわたって影響する可能性があることも示されている。

　GSESは，セルフ・エフィカシーが高く認知されたときの行動特徴が含まれる質問項目が合計16項目準備されている。すなわち，「社会的状況のなかで，困難な状況に遭遇してもそれを克服しようと努力する傾向が強い」「何事につけても積極的に努力しようとする態度をとる」「自ら積極的に課題に取り組もうとする」「最終的な成功を期待する度合いが大きい」「葛藤状況で長期的に耐えることができる」「自己防衛的な行動が減少する」「予期的な情動反応（たとえば予期不安など）の喚起が緩和される」などの行動特徴を記述した項目から構成されている。そしてこれらの項目には，個人

の特定の先行経験の相違が判断に影響を及ぼさないようにとの配慮が加えられている。回答者は，これら16項目に対して，「はい」または「いいえ」の2件法で回答を行ない，高得点を得たものほどセルフ・エフィカシーが高いと判断される。なお，得られる得点の範囲は0～16点である。

GSES の信頼性は，再検査法，折半法，内的整合性による検討が行なわれており，いずれも尺度として満足できる水準にあることが示されている。また，妥当性に関しても，内容的妥当性，併存的妥当性，因子的妥当性，臨床的妥当性，構成概念妥当性などが検討されており，いずれも尺度として満足できる水準にあることが示されている。特に，因子的妥当性を検討する中で，GSES は，「行動の積極性」「失敗に対する不安」「能力の社会的位置づけ」という3因子構造であることが示されている（表5-1）。

❶表 5-1　GSES の因子分析結果（坂野・東條，1986）

No.	項目		負荷量
第1因子　行動の積極性（7項目）			
8	ひっこみじあんなほうだと思う。	R	.71
15	積極的に活動するのは，苦手なほうである。	R	.60
13	どんなことでも積極的にこなすほうである。		.51
6	何かを決めるとき，迷わずに決定するほうである。		.34
10	結果の見通しがつかない仕事でも，積極的にとりくんでゆくほうだと思う。		.34
5	人と比べて心配性なほうである。	R	.32
1	何か仕事をするときは，自信を持ってやるほうである。		.30
第2因子　失敗に対する不安（5項目）			
4	仕事を終えた後，失敗したと感じることのほうが多い。	R	.59
11	どうやったらよいか決心がつかずに仕事にとりかかれないことがよくある。	R	.58
7	何かをするとき，うまくゆかないのではないかと不安になることが多い。	R	.56
2	過去に犯した失敗や嫌な経験を思いだして，暗い気持ちになることがよくある。	R	.48
14	小さな失敗でも人よりずっと気にするほうである。	R	.37
第3因子　能力の社会的位置づけ（4項目）			
3	友人より優れた能力がある。		.65
12	友人よりも特に優れた知識を持っている分野がある。		.63
9	人より記憶力がよいほうである。		.40
16	世の中に貢献できる力があると思う。		.33

上記表中，R は反転項目であることを示す。
また，質問は以下のようなものであった。
　以下に16個の項目があります。各項目を読んで，今のあなたにあてはまるかどうかを判断してください。そして右の応答欄の中から，あてはまる場合には『Yes』，あてはまらない場合には『No』を○で囲んでください。Yes, No どちらにもあてはまらないと思われる場合でも，より自分に近いと思う方に必ず○をつけてください。どちらが正しい答えということはありませんから，あまり深く考えずにありのままの姿を答えてください。

「行動の積極性」因子に関しては，認知されたセルフ・エフィカシーが高いほど行動遂行に費やす努力（積極性）が増大するという傾向としてまとめられている。また「失敗に対する不安」因子に関しては，セルフ・エフィカシーの水準が低いときには失敗に対する不安が高まり，過去に行なった自己の失敗経験にこだわり，暗い気持ちになる傾向としてまとめられている。そして，「能力の社会的位置づけ」因子に関しては，セルフ・エフィカシーが高い場合には，個人は一般的で社会的な場面において自己の遂行を高く評価する傾向としてまとめられている。このように GSES は，セルフ・エフィカシーを高く認知しているときの行動特徴を広く網羅しており，一般的セルフ・エフィカシーを測定する際に有用な尺度であるといえる（表5-2）。

一方，項目反応理論にしたがって，同時最尤法を用いた項目パラメタの推定によって GSES の各項目（16項目）識別力を検討した報告（嶋田ら，1994）においても，「行動の積極性」と「失敗に対する不安」に含まれる項目群は，個々の項目が高い識別力を有することが明らかにされている。ところが，「能力の社会的位置づけ」に含まれる項目群はそれぞれの項目の識別力がそれほど高くないことが報告されている。すなわち，この因子に含まれる項目群は「友人より優れた能力がある」「友人よりも特に優れた知識を持っている分野がある」などの項目に代表されるように，自己の行動の遂行に対する評価を質問しているというよりは，むしろ，客観的な事実に近い質問をしている（と回答者に受け取られている）のではないかと指摘されている。特に「人より記憶力がよいほうである」の項目はその典型例であると指摘されている。しかしながら，GSES は，このような問題点を抱えながらも，臨床心理学において少ない項目で回答者の一般性次元のセルフ・エフィカシーを包括的に測定することが可能であることから，有用な尺度であるといえる。

●表5-2　GSES の標準データと評価（坂野，1989）

	N	平均	SD	低い	やや低い	普通	やや高い	高い
成　人	276	9.59	3.89					
男　性	127	10.13	3.78	0-4	5-8	9-11	12-15	16
女　性	149	9.12	3.93	0-3	4-7	8-10	11-14	15-16
学　生	278	6.58	3.37	0-1	2-4	5-8	9-11	12-16
合　計	554	8.10	3.90					

上記表中，評価に関する5段階は GSES16項目の合計得点による。

4. さまざまな一般的セルフ・エフィカシー尺度

　一般性次元のセルフ・エフィカシーを測定するという観点から尺度構成を行なった研究は，諸外国においてもいくつか見受けられる。たとえば，イエルサルムら(Jerusalem et al., 1986) は，バンデューラのセルフ・エフィカシー理論に基づき，10項目（ドイツ語）から構成される一般的セルフ・エフィカシー尺度を作成している。項目の中には，「どんなことが起こっても私はたいていうまくそれに対応できる」「自分自身の対処能力を信頼しているので，困難なことに直面しても，私は落ち着いていられる」などが含まれており，高い信頼性や妥当性を有していることも示されている。

　一方，わが国においては，GSESがオリジナルに作成された最初の一般的セルフ・エフィカシーを測定する尺度であり，このような観点から尺度構成を行なった研究は他にほとんど見受けられない。そして，このGSESが先駆けとなり，その派生版尺度ともいえる形でいくつかの尺度作成の試みが行なわれてきた。小学生用セルフ・エフィカシー尺度（嶋田，1998），中学生セルフ・エフィカシー尺度（嶋田，1998），老人用セルフ・エフィカシー尺度（前田・山口，1997）などがこれにあたり，それぞれ一般的セルフ・エフィカシーの測定という観点を踏まえながら，特定の対象に絞ったセルフ・エフィカシーの測定を試みている。その一方，シェラーら（Sherer et al., 1982）の尺度を邦訳して，10代～90代までの広い範囲の適用可能性を検討した報告もある（成田ら，1995）。

　諸外国においては子どものセルフ・エフィカシーの研究は数多く行なわれているが（たとえば，Schunk et al., 1985； Herbert, 1991など），わが国においては，桜井と桜井（1990）が子どもの領域別セルフ・エフィカシー尺度を作成している。このセルフ・エフィカシー尺度は，子ども用抑うつ測定尺度や，子ども用絶望感尺度との間に負の相関関係が見いだされたことなどで妥当性が確認されている。嶋田（1998）は，この尺度を中心に尺度の再検討を行ない，質問項目の想定場面をより一般的にすることで小中学生用の一般性次元のセルフ・エフィカシー尺度を作成している。この尺度は，小学生用，中学生用ともに12項目から構成されており，児童生徒の評定に基づいた因子分析を行なった結果，これらの項目群は1因子構造であることが明らかにされている。尺度に含まれる項目の内容は，「学校の成績はいくら努力してもよくならないと思う（逆転項目）」「がんばれば，おとなになったら楽しくなると思う」「その気になれば，学校の授業の内容はたいていわかるようになると思う」などである。

　一方，小田ら（1995b）は，GSESとほぼ同様の手続きを経て，シェラーらによっ

て作成されたセルフ・エフィカシー尺度（成人用）の一般的セルフ・エフィカシー因子（邦訳：桜井，1987）なども参考にしながら，「行動の積極性（やりたくないことでも一生懸命やる，はじめはできなかったことでもできるまで挑戦する，など）」「失敗に対する不安の低さ（他の人と比べて心配することが多い，失敗したことや嫌なことを思い出して暗い気持ちになることがよくある，など：各々逆転項目）」「能力の社会的位置づけ（クラスのために役に立てる力があると思う，何かをやろうとする時自信をもってやるなど）」というGSESと同様とみなすことのできる3因子構造の一般性セルフ・エフィカシー尺度を作成している。そして，児童の社会的場面，すなわち「学業達成」「運動」「友人関係」に関する態度との関係を検討することによって，尺度の妥当性を確認している。さらに，これらの異なった過程を経て作成された2つのセルフ・エフィカシー尺度（嶋田，1998；小田ら，1995b）を組み合わせて用いている研究も見受けられる（蔵下，1997）。いずれの場合においても，児童生徒が学業，運動，友人関係といった具体的な場面においてセルフ・エフィカシーを高めることによって，一般性セルフ・エフィカシーを向上させることが可能になり，それこそが生活全般の行動の遂行度の高さにつながるという臨床心理学的視点を有している。

　また，老人用セルフ・エフィカシー尺度では，ほぼGSESと同様の手続きを経て作成されているものの，因子分析の結果，GSESで見いだされた3因子に加えて，「体力・記憶力の維持」「社会的活動への意欲」など，老人の生活スタイルに独特な因子も見いだされている。また，セルフ・エフィカシーと老人の抑うつ傾向を検討することによって，高い臨床的妥当性を有することも示されている（前田・山口，1997）。

　ところで，このような視点をもって作成された一般性セルフ・エフィカシー尺度の臨床的有用性を高めるために，セルフ・エフィカシーそのものの測定と同時に，その情報源を測定しようとする試みも行なわれている（小田ら，1995a）。一般に，セルフ・エフィカシーは自然発生的に生じるのではなく，①遂行行動の達成（自分で実際に行なってみること），②代理的経験（他者の行為を観察すること），③言語的説得（自己教示や他者からの説得的な暗示），④情動的喚起（生理的な反応の変化を体験してみること）という4つの情報源を通じて，個人が自ら作り出していくものであると考えられている（中澤ら，1988）。

　そして，それぞれの情報源がどの程度自分自身に対して影響を与えているかを測定することによって，セルフ・エフィカシーの程度に個人差が生じる理由を検討している。臨床心理学においては，いかにセルフ・エフィカシーを上昇させるかが問題とされることが多いが，これに際し，セルフ・エフィカシーの情報源の測定は，個人のなかで相対的に不足していると思われる情報源を活用していくなど，介入方法の立案に

有効な資料になると考えられる。したがって，このような臨床心理学で必要とされる広い視点を持ってセルフ・エフィカシーを評価することは非常に意義がある。

5. 信頼性と妥当性，および測定上の問題

　セルフ・エフィカシーの測定に際し，特に一般的セルフ・エフィカシー尺度の場合には，心理的尺度としての備えるべき基本的条件を満たしているかどうか，すなわち，信頼性，妥当性を有しているかどうかが他の心理的尺度と同様に問題とされる。一般に，信頼性に関しては，再テスト法，折半法や内的整合性による方法を用いて信頼性が検討されていることが望ましい。また，妥当性に関しては，基準関連（予測的，併存的）妥当性，内容的（因子的）妥当性，構成概念妥当性などが多方面から検討されていることが望ましい。

　なかでも臨床心理学におけるセルフ・エフィカシー尺度の最も重要な側面は，おそらく予測的（臨床的）妥当性であると考えられる。なぜならば，臨床心理学におけるセルフ・エフィカシーの測定は，回答者のこれからの短期的行動，あるいは長期的行動の予測を目的とすることが多いからである。これまでに本章で取り上げた尺度は，先述した信頼性，妥当性に関する諸側面の確認が広く行なわれている。

　ところで，一般的セルフ・エフィカシーの高さとは，個人がさまざまな場面において，自己の行動の遂行可能性について，どのような見通しをもって行動を生起させているかの目安となる変数である（坂野・東條，1986）。この一般性セルフ・エフィカシーを測定する意義は，何らかの特別な訓練や経験を積んだ行動遂行場面以外では，行動の遂行可能性に対する見通しは，個人のなかでは比較的安定していると考えられるため，一般性セルフ・エフィカシーが治療的見地のみならず，健康の維持増進を考える上でも重要な役割を果たすと考えられることにある。したがって，多くの人がより日常的に経験する項目を網羅するという基本に基づいた上で，それぞれの回答者に応じた適応型テストを作成し，尺度を充実させることを考えることも有効である。

　セルフ・エフィカシーは，活動の場面の選択に影響するのみならず，どの程度努力するかという側面にも影響を与える。また同時に，困難に直面した際，どのくらい耐えうるかを規定することも知られている。さらに，学業場面におけるセルフ・エフィカシーとは，指示された教育内容を達成していくための行動を統合し，実行する能力を，個人的に判断する程度のことである。このような点を考慮すると，臨床心理学において注目される観点は，セルフ・エフィカシーの高い者と低い者との比較といった

横断的な変化というよりはむしろ，さまざまな要因によって，個人内でどのような変化がみられるのかといった縦断的な変化である。したがって，セルフ・エフィカシーの評価を考える際にも縦断的な変化を中心に考えていくことが多い。

6. まとめ

　臨床心理学においては，適切な行動をクライエントに獲得させる場合，その行動の遂行レベルが低い時には，その行動に対する課題特異的なセルフ・エフィカシーのみが低いのか，あるいはクライエントの一般的なセルフ・エフィカシーが低いのかを明確に区別していく必要がある。なぜならば，それによって介入の方策が当然異なってくるからである。したがって，臨床場面で一般的セルフ・エフィカシー尺度を使用する際には，尺度自体を単独で用いるのではなく，当面問題とされる特定の行動に対するセルフ・エフィカシー尺度と組み合わせて用いることによって，介入に必要な資料を得るようにするのがよい。すなわち，課題特異的なエフィカシーを高めるための介入を行なう際には，一般的なエフィカシーの高低をも考慮する必要がある(三宅, 2000)。さらには，先に述べたようにセルフ・エフィカシーの4つの情報源の影響力を同時に測定していくことによって，臨床的介入の手がかりを増やすことが可能である。

　また，一般的セルフ・エフィカシーが高い個人は困難な状況において，以下のようになる。

①問題解決行動に積極的に取り組み，自分の意志，努力によって将来に展望をもつという時間的展望に優れる。

②自分にかかわる出来事は自分でコントロールしているという統制感をもつため，自分の行動は努力や自己決定の結果であるという意識が高く，何に対しても努力しようという態度がみられる。

③ストレッサーに直面した時に生じるストレス反応（不安，怒りなどの心理的な反応，および腹痛，不眠などの身体的な反応）を軽減するような適切なコーピング（対処行動：問題解決のための計画を立てる，情報を収集するなど）を採用する。したがって，一般的セルフ・エフィカシーは，個人が生活していく状況の中で，困難な状況にどの程度耐えられるのかに関連する要因であり，広い意味での精神的健康と密接な関係があるといえる。これらのことから，セルフ・エフィカシーに関する測定ばかりではなく，セルフ・エフィカシーに関連する行動的特徴の諸要因の測定を同時に行なっていくことで，個人のより総合的な資料の入手が可能

となる．これによって，臨床場面において個人を多角的に評価していくことが可能になると考えられる．

●引用文献●

Bandura, A.　1977　Self-efficacy:Toward a unifying theory of behavior change. *Psychological Review*, **84**,191-215.
Bandura, A.　(Ed.)　1995　*Self-efficacy in changing societies*. New York : Cambridge University Press.
Herbert, M.　1991　*Clinical child psychology : Social learning, development and behaviour*. New York : John Wiley & Sons.
Jerusalem, M., & Schwarzer, R.　1986　Selbstwirksamkeit. In R. Schwarzer(Ed.), *Skalen zur Befindlichkeit und Persönlichkeit*. Berlin : Freie Universität, Institut für Psychologie.　15-28.
蔵下智子　1997　自己効力感とストレスに関する研究　日本カウンセリング学会第30回大会発表論文集, 160-161.
前田基成・坂野雄二　1987　登校拒否の治療過程におけるSELF-EFFICACYの役割の検討　筑波大学臨床心理学論集, **3**,45-58.
前田基成・山口正二　1997　老年期の抑うつ傾向とセルフ・エフィカシーに関する研究　東京電気大学理工学部紀要, **19**（2）,67-72.
蓑内豊　1993　課題の重要度の認知が自己効力の般化に及ぼす影響　教育心理学研究, **41**,57-63.
三宅幹子　2000　特性的自己効力感が課題固有の自己効力感の変容に与える影響：課題成績のフィードバックの操作を用いて　教育心理学研究, **48**,42-51.
中澤潤・大野木裕明・伊藤秀樹・坂野雄二・鎌原雅彦　1988　社会的学習理論から社会的認知理論へ：Bandura理論の新展開をめぐる最近の動向　心理学評論, **31**,229-251.
成田健一・下仲順子・中里克治・河合千恵子・佐藤眞一・長田由紀子　1995　特性的自己効力感尺度の検討：生涯発達利用の可能性を探る　教育心理学研究, **43**,306-314.
奈須正裕　1995　自己効力　宮本美沙子・奈須正裕（編）　達成動機の理論と展開：続・達成動機の心理学　金子書房　pp.115-131.
小田美穂子・嶋田洋徳・森　治子・三浦正江・坂野雄二　1995a　高校生における数学のセルフ・エフィカシー情報源の測定　日本心理学会第59回大会発表論文集, 413.
小田美穂子・嶋田洋徳・坂野雄二　1995b　児童における一般性セルフ・エフィカシーの測定（1）：ストレス反応との関連を中心として　日本行動療法学会第21回大会発表論文集, 122-123.
坂野雄二・前田基成・東條光彦　1988　獲得された無力感の解消に及ぼすSelf-efficacyの効果　行動療法研究, **12**, 73-82.
坂野雄二・東條光彦　1986　一般性セルフ・エフィカシー尺度作成の試み　行動療法研究, **12**,73-82.
坂野雄二・東條光彦　1993　セルフ・エフィカシー尺度　上里一郎（監）　心理アセスメントハンドブック　西村書店　pp.478-489.
桜井茂男　1987　自己効力感が学業成績に及ぼす影響　教育心理, **35**,140-145.
桜井茂男・桜井登世子　1990　児童用領域別効力感尺度作成の試み　奈良教育大学研究紀要, **13**,131-138.
Schunk, D. H., & Gunn, T. P.　1985　Modeled importance of task strategies and achievement beliefs : Effect on self-efficacy and skill development. *Journal of Early Adolescence*, **5**,247-258.
Sherer, M., Maddux, J., Mercandante, B., Prentice-Dunn, S., Jacobs, B., & Rogers, W.　1982　The Self-efficacy Scale : Construction and validation. *Psychological Reports*, **51**,663-671.
嶋田洋徳　1998　小中学生の心理的ストレスと学校不適応に関する研究　風間書房
嶋田洋徳・浅井邦二・坂野雄二・上里一郎　1994　一般性自己効力感尺度（GSES）の項目反応理論による妥当性の検討　ヒューマンサイエンスリサーチ, **3**,77-90.
東條光彦　1983　パーソナリティ特性とself-efficacyの関連性に関する一考察　千葉大学教育学部卒業論文

第 II 部
セルフ・エフィカシーの実際を探る

6章 不安のマネジメント

1. 不安とは

　「将来のことを不安に思う」「会議でうまく話せるか不安だ」など，不安は，私たちの生活において最も日常的に経験される情緒的反応の1つである。一般的に不安は「自己存在を脅かす可能性のある破局や危険を漠然と予想することに伴う不快な気分」と定義されているが（中島ら，1999），私たちが不安を感じているときには，その症状は3つの側面に現われることが知られている（佐藤・坂野，1997）。その第1は，不安感や緊張感，とまどいや混乱など，私たちが主観的に感じている気分の変化のことであり，主観的・言語的反応成分と考えられている。第2は，心臓がドキドキする，手に汗をかく，身体が硬直するなど，身体に現われる変化のことであり，生理的・身体的反応成分と考えられている。そして第3は，動作がぎこちなくなる，落ち着きがなくなる，不安な場面や対象（人や物）を避けるなど，行動面に現われる変化のことであり，行動的・運動的反応成分と考えられている。

　このように，不安は心身にさまざまな変化を生じさせるものであるが，私たちは，これらの不安反応に対してどのように対処したらよいかを経験的によく知っており，不安が生じたからといってすぐに日常生活に不適応が生じるわけではない。しかし，不安がその人の対処能力を超えるような強烈なものである場合や，不安を引き起こすストレス状況が長期化する場合などでは，さまざまな情緒的・行動的障害が生じることがある。たとえば，表6－1は不安を主症状とする障害（不安障害）の特徴を示したものであるが，不安障害には「身体の急激な変化（パニック的な反応）への不安による障害」「対人的な不安による障害」「外傷的な出来事の経験後に生じる強い不安による障害」「漠然とした全般的な不安による障害」などさまざまなものがある。また，これらの障害に悩む人には，①不安が生じるような場所や状況に過敏であり，不安になる前からいろいろなことを予測し，予測することで自ら不安を作り出している，②不安に伴って心気亢進，息苦しさ，冷や汗などの過剰な情動的覚醒が生じる，③不安

❶表6-1　不安障害の特徴 (DSM-IV：APA, 1994)

広場恐怖を伴わないパニック障害
　予期しないパニック発作が反復すること，およびそれを持続的に心配することを特徴とする。

広場恐怖を伴うパニック障害
　予期しないパニック発作が反復すること，および広場恐怖の両方で特徴づけられる。

パニック障害の既往歴のない広場恐怖
　パニック発作の既往歴のない広場恐怖とパニック様症状の存在を特徴とする。

> **パニック発作**：強い不安，恐怖，または脅威が突然始まり，破滅が目の前に迫ってきている感じを伴うはっきりと他と区別できる期間である。この発作中，息切れ，動悸，胸痛または胸部不快感，喉に物が詰まるまたは窒息する感じ，"気が狂うこと"またはコントロールを失うことに対する恐怖が存在する。
> **広場恐怖**：逃げることが困難かもしれない（または恥ずかしくなってしまうかもしれない），またはパニック発作やパニック様症状が起きたときに助けが得られないかもしれない場所や状況に対する不安または回避である。

特定の恐怖症
　特定の恐怖対象または状況への暴露によって引き起こされた臨床的に著しい不安として特徴づけられ，しばしば回避行動が生じる。

社会恐怖
　ある種の社会的状況または何らかの行為を行なう状況への暴露によって引き起こされた臨床的に著しい不安を特徴とし，しばしば回避行動が生じる。

強迫性障害
　（著しい不安または苦痛を生じさせる）強迫観念および・または（不安を中和するために行なわれる）強迫行為を特徴とする。

外傷後ストレス障害
　極度に外傷的な出来事の再体験と，それに伴う覚醒亢進症状と外傷と関連した刺激の回避を特徴とする。

急性ストレス障害
　極度に外傷的な体験の直後に起こり，外傷後ストレス障害の症状に類似した症状を特徴とする。

全般性不安障害
　少なくとも6か月続いている持続的で過剰な不安と心配を特徴とする。

に関連する破局的な考え方（「些細な体調の変化は，致死的なパニック発作の前兆ではないか」「人前で無様な失敗をしたら，私は立ち直れない」など）がある，④不安な場面を避ける行動（回避行動）が過剰に習慣化されている，などの症状がある程度共通して認められる。そして多くの場合，これら症状の複合的な影響によって，買い物や家事，仕事や外出などに不都合を感じたり，人間関係に困難を感じるなどの生活上の障害が生じてしまうのである。

　以上のように，不安は日常的に見られる情緒的変化である一方，重篤化すると，さまざまな生活上の障害が生じる可能性がある。また，不安障害とまでは至らなくとも，

不安に伴う生活上の困難を感じている人が多く見られることも事実である。これらのことから，不安をマネジメントしていくことは，私たちの心身の健康を維持・増進していく上ではたいへん重要といえるであろう。

2. 不安とセルフ・エフィカシー

(1) 不安の形成と維持のメカニズム

　私たちが経験する不安に関する問題の大部分は，これまでに経験した生活上の出来事を通して「身に付いた（学習された）」ものであると考えることができる。なぜなら，不安を生じさせる状況や事物の多くは，最初から不安の対象だったわけではなく，苦痛な出来事の経験や怖い体験，あるいは不安を引き起こすような映像を見ることや他者の話を聞くなどの経験の後に不安対象として認識されるようになっているからである。それでは，不安はどのように形成され，維持されるのであろうか。

　「車の運転中にある交差点でたまたま何度か人とぶつかりそうになったことがあると，その交差点を通る度に何となくドキドキする」ということを経験したことはないだろうか。このように，ある状況において不安や不安に関連する身体変化をくり返し経験すると，その状況（刺激）とその時生じた反応との間には，ある一定の結びつきが生じる（古典的条件づけの原理）。しかし，私たちの日常生活において，「人とぶつかりそうになる」という経験はそう何度も続くわけではないので，その後「何も起こらない」という経験をくり返すうちに，刺激と反応との結びつきは自然に消えていく。ところが，その時の不安が非常に強烈なものであったり，身体症状がとても苦痛なものであったりすると，私たちはその場所や状況を意識的に避けるようになる（回避行動）。そして，その場を避けると一次的な安堵感が得られるので，回避行動はしだいに習慣化されていく（オペラント条件づけの原理）。しかし，回避行動が習慣化されると，「何も起こらない」ということをくり返し経験することができなくなるので，特定の刺激と不安反応との結びつきは解消されず，不安は維持・増悪することになるのである。つまり，不安の形成と維持のメカニズムは，ある刺激（状況）と不安反応とが何らかの経験によって結びつくことによって形成され，その状況を避ける行動が習慣化されることによって維持されるのである。

　また，最近の研究では，不安の維持・増悪には，私たちの予測や判断といった考え方（認知）も強く関与していることが指摘されるようになった。たとえば，図6-1はパニック障害の認知モデルを示したものである。このモデルでは，不安に伴って生

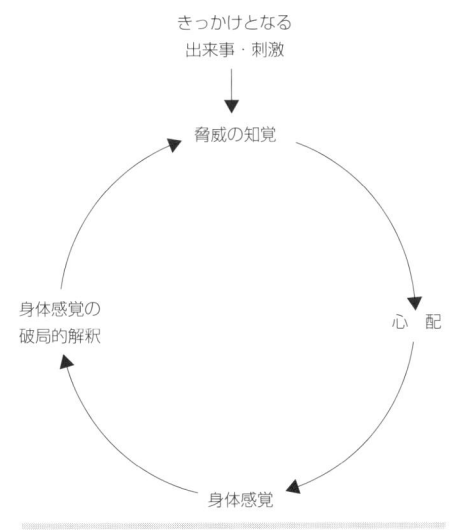

○図6-1　不安の認知モデル（Clark, 1986）

じる些細な身体変化を，「破局的な結末の前兆なのではないか」「不安や身体症状が増悪したら，自分ではコントロールすることができないのではないか」などと誤って解釈することが，さらに不安症状をエスカレートさせ，高まった不安症状がさらなる破局的な認知を引き起こすというパニック障害患者にみられる典型的な悪循環が示されている。これをみると，不安の維持・増悪には，刺激と反応の結びつきや回避行動の習慣化の影響だけでなく，不安に関連する刺激や身体感覚に対する誤った予測や解釈が大きな影響を及ぼしていることがわかる。

（2） 不安のコントロールとセルフ・エフィカシー

不安障害患者には「不安をコントロールできない」という考え方が多くみられることからもわかるように，不安の維持・増悪には，不安制御に関するセルフ・エフィカシーの低さが重要な役割を果たしている。たとえば，バンデューラ（Bandura, 1988）によれば，不安は，遂行行動に関するセルフ・エフィカシーが低いことだけではなく，不安に関する考え方をコントロールできないという不安制御に関するセルフ・エフィカシーの低さにも起因していることが指摘されている。同じくバンデューラ（1997）は，不安障害患者において回避行動が強固に維持されるのは，予期不安や破局的結果への恐れからではなく，不安場面に対処することへのセルフ・エフィカシーが低いからであるということも指摘している。また，ウィリアムスら（Williams et al., 1984,

1985）によれば，不安障害患者に対して，不安制御に関するセルフ・エフィカシーの向上をねらいとした介入を行なった結果，その効果は，不安治療における主要な技法とされる系統的脱感作法やエクスポージャー法を単独で行なった場合よりも優れていたことが示されている。さらに，鈴木（2001）は，心臓発作に対する過度の不安を訴える不整脈患者に対して，発作不安への対処スキルのレパートリーを増やすとともに，不安制御に関するセルフ・エフィカシー向上をねらいとした介入を行なったところ，行動範囲の拡大と不安の軽減に有効であったことを報告している（図6-2）。

以上のことからも明らかなように，不安のマネジメントにおいては，単に不安症状を緩和するだけでなく，不安制御に関するセルフ・エフィカシーを向上させることが重要であるといえるであろう。

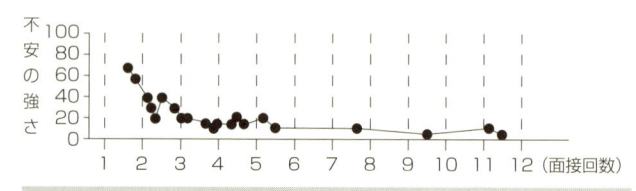

○図6-2　発作への不安の変化（鈴木，2001）

3. セルフ・エフィカシーを高める方法

不安のマネジメントにおいては，不安反応の3側面（主観的・言語的反応成分，生理的・身体的反応成分，行動的・運動的反応成分）を考慮しながら，それぞれの症状をコントロールすることに関するセルフ・エフィカシーを高めることが重要である。言い換えるならば，「不安を生じさせない」ことを目標とするのではなく，「不安が生じても自分でコントロールできる」という自信を高めることを目標とするのである。

（1）対処レパートリーを増やし，回避行動を抑制する

不安の形成と維持のメカニズムの項で述べたように，不安の維持・増悪には，習慣化された回避行動が重要な役割を果たしている。不安を軽減するためには，まず，この回避行動を抑制することが必要である。回避行動が習慣化される1つの原因として，不安への対処スキルが不足していることがあげられる。したがって，対処スキルのレパートリーを増やすとともに，不安制御に関するセルフ・エフィカシーを高めること

が必要である。具体的には，以下の手順で行なう。
①どのような場面で，どのような不安が生じているかを記録する。
②うまく対処できているのはどのような場面であるか，対処できずに不安が高まってしまうのはどのような場面かを整理する。
③うまく対処できている場面について，その理由を考え，他の場面でも対処スキルを活用できないか考える。
④うまく対処できない場面については，新たにどのような対処スキルが必要かを考える（対処スキルの拡充）。
⑤それぞれの不安場面において，どのような対処スキルが有効であるかを整理する。
⑥実際の不安場面で対処スキルを実行してみる。
⑦対処スキルの有効性について評価してみる。改善すべき点があれば検討し，次回に役立てる。
⑧くり返し現実場面で実行し，成功体験を重ね，対処スキルの有効性を確認していく（不安制御に関するセルフ・エフィカシーの向上）。

　また，この手順を効率的に進めていくには，いくつかの工夫が必要である。まず，対処スキルのレパートリーを増やしていく際，新しいスキルは，最初のうちはうまく実行できないことが多いので，ロールプレイなどを用いてトレーニングを行ない，現実場面で行なう前にあらかじめスキル実行に関するセルフ・エフィカシーを高めておく（遂行行動の達成）。また，現実場面での練習は，やさしい場面から段階的に取り組むようにする。そして，具体的な練習場面が決まったら，その状況の展開をある程度予測し，どのようなタイミングで対処スキルを実行することが効果的であるかをあらかじめ話し合うとともに，他の人がどのようなタイミングで実行しているかをモデリングするなどの方法を用いてスキル実行に際しての環境の手がかりを明確にしておく（代理的経験）。さらに，対処スキルのトレーニング場面や現実場面での練習においては，取り組む姿勢に積極的な賞賛を与えることや，対処スキルが適切に実行できていることへの言語的フィードバックをくり返し与えることも重要である（言語的説得）。

（2）　情動的覚醒の緩和

　対処スキルのレパートリーが増え，セルフ・エフィカシーが向上しても，不安場面における身体症状（情動的覚醒）が非常に強いときには，なかなか実行できないことがある。したがって，対処スキルへの介入と並行して，情動的覚醒の緩和をねらいとしたリラクセーションを取り入れることが効果的である。リラクセーション・トレー

ニングを行なうことにより，不安場面における身体症状のコントロールに関するセルフ・エフィカシーを高めることができる。具体的な方法としては，漸進的筋弛緩法や自律訓練法，呼吸法などが多く活用されている。手順としては，まず，家庭などでの日々の練習に重点をおき，ある程度上達してきた後に，現実場面に活用していく。

(3) 破局的認知の修正

「もしあの状況におかれたら，混乱してどうすることもできなくなってしまうだろう」というような破局的な認知を強くもつことは，現実場面の誤った評価を助長し，過度の不安を引き起こすとともに，対処スキルの実行を抑制してしまう。このようなことから，不安制御に関するセルフ・エフィカシーを向上していくためには，破局的な認知を修正していくことも重要である。破局的認知は，「状況の展開に関する誤った予測をすること」と「回避行動が習慣化されているために，予測が誤りであることを確認できないこと」によって維持されている。したがって，認知の修正は，まずは対処レパートリーの拡充と情動的覚醒の緩和練習を行なった後に，現実場面での成功経験を積み重ねることを通して行なわれる。具体的には，現実場面での練習の後に，「自分が予測していた展開」と「現実の展開」との間にはどのような違いがあったかをよく話し合うとともに，自分の考え方の過剰な部分や偏った部分はどこかを確認する。そして，現実場面に即した予測をするとしたらどのように考えることができるかを話し合うとともに，その予測が適切であったかを現実場面での経験を通して確認していくという手続きをくり返し行なっていくのである。つまり，破局的認知の修正とは，現実場面での経験を重ねるなかで，「回避行動を行なわなくても，予測していたような破局的な結果には至らないのだ」ということをくり返し認識させ，それまでの自分の予測がいかに現実的な展開からズレていたかを確認することによって，クライエント自身が，状況に即した適切な予測や判断を行なえるようにうながしていく方法なのである。

4. 症例

●患者および主訴

患者はC子，17歳，女子，高校3年生。主訴は，授業中にお腹がゴロゴロと鳴るのではないか，おならが出てしまうのではないかと不安で，学校に行けないことがあるということである。

●現病歴および現症

　中学校3年生の2学期から，腹痛と下痢のため学校を欠席する，遅刻するということがしばしばみられた。近医に受診しながら，高校受験は乗りきり，何とか第一希望の高校に入学したが，高校入学後，2年生になってから腹部のガス症状が気になり始めた。2年生の2学期の中ごろには，腹がゴロゴロと鳴る腹鳴の症状が現われ始め，休み時間に排便したときに，下痢とともに大きな放屁音がして，恥ずかしい思いをしたこともあった。それ以来，1日2回くらいの下痢，腹部のガス症状が続き，放屁したらどうしようという不安は徐々に強くなった。3学期には腹部膨満感，腹鳴，放屁不安のため，授業に集中できず，早退したり登校できない日がみられるようになった。高校3年生になり心療内科の病院を紹介されて受診，過敏性腸症候群と診断され，面接治療を含めた心身医学的治療が開始された。

　面接開始時のようすは以下のようであった。腹がゴロゴロと鳴るのではないか，放屁するのではないかと不安をもち，1週間のうち欠席が1〜2日，遅刻か早退が2〜3日，正常に登校，学習できるのは1〜2日程度である。また，登校できても周囲の級友が自分の腹が鳴る音を聞いて，変に思っているのではないか，自分のことを臭いと思っているのではないかと心配になり，友人と離れていることが多い。進学希望で学業の遅れを非常に心配しているので，できるだけ欠席はしたくないと思っている。

●心理社会的背景

〈性格〉：本人の陳述によると，おとなしい，自信がない，心配性であるとのことである。性格検査の結果は，Y-G性格検査でE'型，CMIでIII領域だった。内向的で，やや神経症傾向があることがうかがわれる。

〈学校〉：学業成績は上位。学校は進学校で，2年生のときから課外授業がある。本人はまじめな性格で，予習をきちんとしていかないと気がすまないタイプである。友人はいるが，症状のことをとても相談できないという。女性の担任教師には，学校で下痢をするということを話しており，担任教師も他の教師に理解を求めるなど協力的である。

〈家庭〉：家庭内の人間関係は良好で，とくに問題はないと思われる。

●治療方針およびセルフ・エフィカシーを高める方法

　C子の学校に行けないという状態は，授業中に腹鳴，放屁が生じるのではないかという不安によって，正常に登校し授業を受けるという行動に対するセルフ・エフィカシーを低く認知している状態といえる。したがって，医師による薬物療法のほか，面接治療においてはセルフ・エフィカシーを高める操作を行なった。すなわち，セルフ・エフィカシー認知の情報源となっていると思われる「お腹がゴロゴロ鳴るかもしれ

ない」「おならが出るかもしれない」といった不安反応，およびその根拠となっている身体症状を緩和するために，次のような治療的介入を実施した。

〈生活習慣の自己記録〉：腸管の機能異常の要因の1つとして，不規則な生活習慣があることを説明し，1日3回の食事の時刻を毎日一定にすること，暴飲暴食をしないこと，間食や夜食をしないこと，および食生活以外でも規則正しい生活を送ることの指導を行なった。その際，毎日の食事時刻，起床・就床時刻を自己記録し，面接時に持参することとした。

〈自律訓練法〉：腹部温感公式を除く標準練習を習得するまで，毎日自宅で自律訓練法を行なった。また，四肢重温感公式まで習得した段階で以下の脱感作を導入したが，その後も自律訓練法は額部冷涼感公式まで練習を進めた。

〈脱感作〉：自律訓練法を四肢重温感公式まで習得したら，問題となっている学校場面について脱感作を行なった。脱感作は週1回の面接場面で実施し，その際イメージを想起しやすくするために，あらかじめC子に教室場面を録音させ，それを脱感作のときにテープレコーダーで提示した。また，家庭での自律訓練においても，その教室場面の録音を聞きながら行なうこととした。

〈言語的説得〉：自分が思っているほど腹鳴や放屁の症状は他人は気づいていないということを言語的に説明した。その際，聴診器によって自らの腸管の音を聞かせ，「聴診器を使ってこの程度である」ということを確認させた。

● 治療計画

治療は第Ⅰ期～第Ⅲ期の3段階に分けられた（表6-2）。各段階における手続きの概要は以下のとおりである。

表6-2　各治療段階における手続き

段階	薬物療法	心理治療的介入	行動遂行場面
第Ⅰ期	あり	なし	あり
第Ⅱ期	あり	あり	なし（夏休み）
第Ⅲ期	あり	あり	あり

第Ⅰ期はベースライン測定の段階で，セルフ・エフィカシーを高める心理治療的な介入は何も加えられなかった。第Ⅱ期，第Ⅲ期は治療セッションで，セルフ・エフィカシーを高める治療的介入が加えられた。

第Ⅱ期は1学期の学期末および夏休みの期間にあたり，登校行動を遂行する場面がなく，行動遂行に関する情報がセルフ・エフィカシーの変動に及ぼすことはない。第Ⅲ期は夏休み明けから開始され，できるだけ正常な登校・学習行動をすることを目標

とした。

●セルフ・エフィカシーおよび行動遂行の評価

　図6-3のような用紙を冊子にしてA子にもたせ，毎朝，登校前のセルフ・エフィカシーを7段階で評定することとした。また，登校行動がどの程度遂行されたかについて図6-4のような用紙を冊子にしてA子にもたせ，遂行度をA子自身が記録した。

```
1 ― 絶対に，全部授業を受けられないだろう
2 ― たぶん，全部授業を受けられないだろう
3 ― もしかすると，全部授業を受けられないかもしれない
4 ― どちらともいえない
5 ― もしかすると，全部授業を受けられるかもしれない
6 ― たぶん，全部授業を受けられるだろう
7 ― 絶対に，全部授業を受けられるだろう
```

```
　　　　　月　　　日
0点　登校せず，自宅にいた
1点　遅刻して，午後から登校した
2点　午前中だけ授業を受け，午後から早退した
3点　遅刻して，午前中に登校した
4点　普通に全部授業を受けた

　　　　　（今日の得点に○印をつけること）
```

⬆図6-3　セルフ・エフィカシーの測定用紙　　⬆図6-4　行動遂行の記録用紙

●治療経過

　図6-5はセルフ・エフィカシーおよび行動遂行の1週間ごとの平均値の推移を示したのである。グラフからも明らかなように，セルフ・エフィカシーが高められることによって，登校・学習行動が望ましい方向に変化していくことがわかる。各治療段階での状況は次のとおりである。

〈第Ⅰ期〉：ベースライン測定のため，セルフ・エフィカシーを高める治療的介入はなんら行なわず，来談時には学校のようすを聞くなどの情報を収集したり，性格検査が行なわれた。

〈第Ⅱ期〉：自律訓練は四肢重温感公式まで習得し，脱感作が導入された。学校が夏休みなので精神的には楽であり，腹鳴，放屁不安の症状は学校にいるときほど感じないこと，聴診器で自分のお腹の音を聞いて「この程度だったのか」と安心したとのことなどで，セルフ・エフィカシーも徐々に高くなっていった。第Ⅱ期では，夏休みで生活のリズムが不規則になりがちであるので，規則的な生活を心がけることをとくに強く助言・指導した。

〈第Ⅲ期〉：夏休み明けの最初は腹鳴，放屁の不安があったが，学校ではとくに大きな問題はなく，欠席せず，順調に登校できている。また，2学期の中ごろから登校し

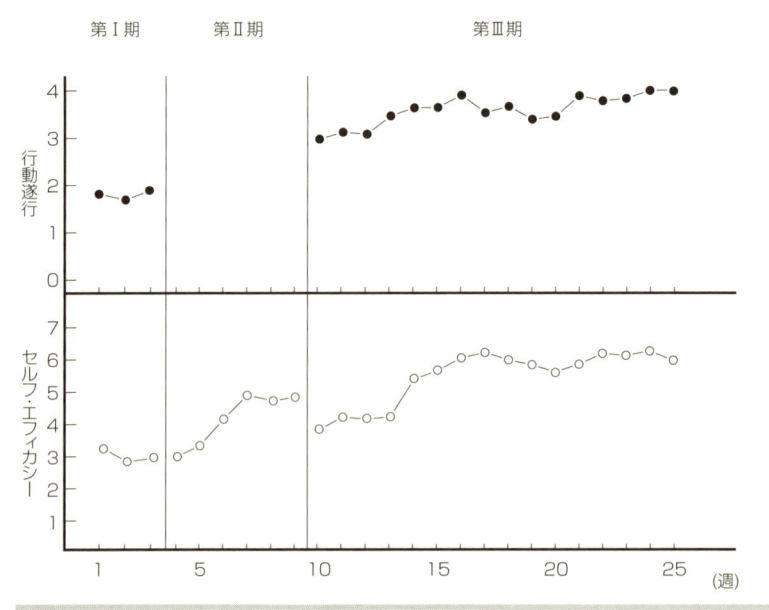

●図6-5　セルフ・エフィカシーと行動遂行の推移

てしまえば早退することはなくなった。11月，進路の決定にあたり親や担任教師と相談して，1年間は浪人覚悟で，今は基礎学力を充実させようということになり，気分的にも焦りは少なくなった。冬休み明けは，登校する機会も少ないが，遅刻もなくなりほぼ正常に登校できている。セルフ・エフィカシーは，2学期の最初は第Ⅱ期の後半よりやや低下したが，欠席，早退がなくなるにつれて徐々に高くなっていった。なお，進路は第1希望の大学は不合格だったが，第2希望の大学に合格し，進学した。大学では教室が大きいので，高校のときより気分的に楽で，とくに問題はないとのことである。

● 考察

前田ら（1987）は系統的脱感作法を適用した視線恐怖反応の治療過程を検討し，同じ認知的変数であっても，SUDに比較してセルフ・エフィカシーの方が，行動的変数により密接に対応した変動を示すことを認めている。同様のことは不安を主因とする登校拒否（前田・坂野，1987），チック（東條・前田，1988）などについても認められている。認知されたセルフ・エフィカシーと行動遂行が対応する変動を示し，かつセルフ・エフィカシーの変化が行動の変容に先行するということは，セルフ・エフィカシーが行動の予測因となり得ることを示し，さらにセルフ・エフィカシーを高

めるような治療的介入をすれば，行動の変容が可能であることを示唆させる（中澤ら，1988）。

　この点について，前田（1991）はセルフ・エフィカシーを高める治療的操作の期間は当該行動の遂行を禁止する治療計画を用いて，換言すれば，行動遂行に関する情報がセルフ・エフィカシーに与える影響を最小限にとどめ，セルフ・エフィカシーの変化の方が先で，行動の変容の方があとであるということを示す結果を得ている。本症例も基本的には前田（1991）の方法に準じた治療計画治療計画を用いた。そして，第Ⅱ期においてセルフ・エフィカシーが高まったことにより，第Ⅲ期では行動変容が第Ⅰ期と比べ行動の遂行度が格段に高められている。すなわち，生理的状態の知覚という情報源だけでセルフ・エフィカシーを変容することができるということをあらためて確認できたといえる。ただ，第Ⅲ期の最初は第Ⅱ期の後半よりもセルフ・エフィカシーがやや低下したが，その後，行動遂行に対応する形でセルフ・エフィカシーが高められている。このことからも，セルフ・エフィカシーに最も強い情報源となるものは行動遂行であり，臨床的場面においてはまず行動遂行を促進させ，それをセルフ・エフィカシーの情報源としてフィードバックすることが重要であることを示しているといえる。

●引用文献●

American Psychiatric Association（APA）　1994　*Diagnostic and Statistical Manual of Mental Disorders*. 4th ed. Washington D.C.：American Psychiatric Association　高橋三郎・大野　裕・染矢俊幸（訳）1996 DSM-Ⅳ精神疾患の診断・統計マニュアル　医学書院

Bandura, A.　1988　Self-efficacy conception of anxiety. *Anxiety Research*, **1**, 77-98.

Bandura, A.　1997　*Self-efficacy : The exercise of control*. New York : Freeman & Company.

Clark, D. M.　1986　Cognitive approach to panic. *Behavior Research and Therapy*, **24**, 461-470.

前田基成　1991　児童の恐怖症の心理治療におけるセルフ・エフィカシーと行動変容に関する検討　教育相談研究，**29**, 31-35.

前田基成・坂野雄二　1987　登校拒否の治療過程における Self-efficacy の役割の検討　筑波大学臨床心理学論集，**3**, 45-58.

前田基成・坂野雄二・東條光彦　1987　系統的脱感作法による視線恐怖反応の消去に及ぼす Self-efficacy の役割　行動療法研究，**12**, 68-80.

中島義明・安藤清志・子安増生・繁桝算男・立花政夫・箱田裕司　1999　心理学事典　有斐閣

中澤　潤・大野木裕明・伊藤秀子・坂野雄二・鎌原雅彦　1988　社会的学習理論から社会的認知へ──Bandura 理論の新展開をめぐる最近の動向──　心理学評論，**31**, 229-251.

佐藤健二・坂野雄二　1997　不安の行動療法　不安抑うつ研究会（編）　不安症の時代　日本評論社

鈴木伸一　2001　不整脈（心室頻拍）患者の予期不安および広場恐怖に対する認知行動療法　行動療法研究，**27**, 25-32.

東條光彦・前田基成　1988　チックに対する認知的変容と症状改善── Self-efficacy を指標とした治療過程の検討　カウンセリング研究，**21**, 46-53.

Williams, S. L., Dooseman, G., & Kleifield, E.　1984　Comparative effectiveness of guided mastery and exposure treatments for intractable phobias. *Journal of Consulting and Clinical Psychology*, **52**, 505-518.

Williams, S. L., Turner, S. M., & Peer, D. F.　1985　Guided mastery and performance desensitization treatments for severe acrophobia. *Journal of Consulting and Clinical Psychology*, **53**, 237-247.

7章 抑うつ気分の解消

1. あるビジネスマンの憂うつ

（1） Aさん課長になる

　Aさん（来談時41歳）は，大学卒業後，ある大手機械メーカーに事務職として就職，経理畑を中心に仕事をしてきた。若手とよばれていたころは，与えられた仕事をきちんとこなし，まわりからは几帳面で真面目な社員といわれてきた。29歳のときに職場の後輩と結婚，やがて2女をもうけた。これまで2度ほど地方の支店勤務で単身赴任の経験があったが，その時いずれも，ひとりの生活に疲れを感じ，気分が憂うつになり，夜寝ることができず，仕事はきちんとこなさなければならないと感じながらも意欲がなくなり，出社することすらおっくうになることがあった。しかし全般的には仕事は順調で，主任，係長と昇進してきた。

　ある年の3月初めに上司によばれ，6月の定期移動で，ある地方大都市の経理課長として，その地域の経理の仕事のとりまとめ役となるポストに就任することを告げられた。Aさんの就こうとしているポストは，2，3年すれば本社の経理課長へとつながるものであり，現在の課内のメンバーはAさんの栄転を祝った。妻も同様であった。Aさん自身も，そのころ始まりかけていた不況の波を感じ，きちんと仕事をこなさなければと張り切っていた。ただ，また単身赴任が始まるかと思えば，憂うつな時代を思い出し，Aさんの心の中には若干の不安もあった。

（2） 憂うつな毎日の始まり

　新年度が始まり，6月に入って支店に赴任し，Aさんの新しい仕事が始まった。仕事を無事こなすためには，まずは人間関係をうまくやらなければと考え，Aさんはいろいろな人とできるだけ付き合う機会を多くもった。また，本社に次ぐ売り上げを誇る支店の経理の仕事をきちんとこなさなければならないという思いは強く感じられるものの，仕事は自分にとっては荷が重くも感じられた。あれこれ考えれば考える

ほど，自分は経理の仕事には向いていないのではないか，あるいは，自分はビジネスマンとしては失格だ，自分はダメな人間だといった考えが頭から離れなくなった。

やがて，気分が落ち込む日が続くようになった。身体もだるく，食欲もなくなってきた。朝起きるのもおっくうになり，同時に，夜はなかなか寝つくことができなくなった。職場に顔を出す気もなくなり，欠勤をくり返すようになった。心配した上司のすすめで職場の健康相談室を訪ねた。

(3) 治療を開始する

健康相談室を訪れたときのAさんのようすは，次のような抑うつ症状を示していた。

① ほとんど一日中憂うつな気分がする。
② 食欲が減退している。
③ 不眠状態がある。
④ 自分は何もできないダメな人間であるという感じが強い（低い自尊感情）。
⑤ 将来は真っ暗だという感じが強い。
⑥ 生活がまったくダメになったような気がする。

また，抑うつ状態の強さを判定するBDI（Beck Depression Inventory）の得点では，26点と中等度の抑うつ反応を示していた。同時に，不安の強さを調べるSTAI（State Trait Anxiety Inventory）の得点も，59点とやや高い傾向にあった。こうした状態は，DSM-Ⅳ（APA, 1994）では，「気分変調性障害（dysthymic disorder）」とよばれる状態にあてはまるものであった。

Aさんには，健康相談室に勤務する精神科医より抗うつ剤が処方された。同時に，抑うつ気分を解消するために認知行動療法が行なわれることになった。

2. 抑うつ気分と精神疾患

Aさんのように，気分が落ち込む，滅入ってしまう，憂うつでかなしい，喜怒哀楽の感情がわかないといった抑うつ気分を主症状とする精神疾患の代表が気分障害（mood disorders）である。これまでうつ病や抑うつ神経症と一般的によばれてきた症状は，診断基準の発展に伴って，現在，「気分障害」と総称されている（APA, 1994）。気分障害には，表7-1に示されたようなさまざまな障害が含まれているが，これらのなかでも，「大うつ病性障害（major depressive disorder）」と「気分変調性障

● 表 7-1　気分障害の分類（APA, 1994）

障害名	定義
大うつ病性障害	1回以上の大うつ病エピソード（抑うつ気分または興味の喪失が少なくとも2週間存在し，さらに少なくとももう4つの症状を伴うもの）
気分変調性障害	少なくとも2年間，抑うつ気分が存在する日の方が存在しない日よりも多く，さらに大うつ病エピソードの基準を満たさない抑うつ症状を伴う
特定不能のうつ病性障害	うつ病性の特徴を伴う疾患で，大うつ病性障害，気分変調性障害，抑うつ気分を伴う適応障害や不安と抑うつ気分の混合を伴う適応障害の基準を満たさない
双極Ⅰ型障害	大うつ病エピソードを伴う1回以上の躁病または混合性エピソードを持つ
双極Ⅱ型障害	1回またはそれ以上の大うつ病エピソードに，少なくとも1回以上の軽躁病エピソードを伴う
気分循環性障害	少なくとも2年間，躁病エピソードの基準を満たさない多数の軽躁性症状の期間と，大うつ病エピソードの基準を満たさない多数の抑うつ性症状の期間がある
特定不能の双極性障害	どの双極性障害の基準も満たさない双極性障害
一般身体疾患による気分障害	一般身体疾患の直接的な生理学的結果によると判断される顕著で持続的な気分の障害
物質誘発性気分障害	乱用している薬物，投薬，毒物への曝露等による身体への直接的な生理学的結果によると判断される顕著で持続的な気分の障害
特定不能の気分障害	どの気分障害の基準も満たさないもの

害」，および「特定不能のうつ病性障害（depressive disorder not otherwise specified）」は「うつ病性障害（depressive disorders）」とよばれ，いずれも強い抑うつ気分が中心症状となるものである。

また，表7-2は，うつ病患者が訴える症状の内容と行動の特徴をまとめたものである（樋口，1998）。そして，表7-2に示された患者の訴える内容や行動は，次の観点からまとめることができる。

①感情面の変化：抑うつ気分や悲哀感，不安感や焦燥感，身体の不調感，自己に対する過小評価，自責的で悲観的，絶望的な感情
②意欲・行動面の変化：意欲がわかず，無気力で非生産的，やる気の減退
③思考面の変化：思考が停滞し，決断力が低下する，罪責感にとらわれる
④身体症状：睡眠障害，疲労・倦怠感，食欲不振・体重減少，頭重・頭痛，性欲減退等

一方，うつ病性障害には含まれないものの，日常生活で経験する心理社会的ストレスに反応し，情緒面や行動面で著しい苦痛を経験し，生活上の支障をきたす症状に「適応障害（adjustment disorders）」がある。適応障害はいくつかのタイプに分けられる

●表7-2　うつ病の精神症状（樋口，1998）

症　状	患者の訴える内容や行動
抑うつ気分	気が沈む，滅入る，落ち込む，憂うつ，おもしろくない，喜怒哀楽の感情がわかない，感動がない，かなしい，ひとりでに涙が流れる
思考の抑制（制止）	考えが浮かばない，考えが進まない，決断力が低下，考えがまとまらない，頭の働きが鈍い返事に時間がかかる，話のテンポが遅い，内容が乏しい
微小妄想	取り返しのつかないことをした，過去の小さな過ちを悔やむ，自分を責める，まわりに申し訳ない，もう助からない，不治の病にかかっている，胃腸がすっかりだめになった，お金がない，貧乏で入院費も払えない
精神運動抑制	やる気が出ない，おっくう，気力がわかない
不安・焦燥	イライラする，落ち着かない，不安である

が，「抑うつ気分を伴う適応障害」と「不安と抑うつ気分の混合を伴う適応障害」は，いずれも抑うつ気分が症状の中心となるものである。

　うつ病性障害や適応障害のために抑うつ気分に悩まされる人はけっして少なくない。うつ病の有病率は5％程度であるといわれているが，この数値はけっして小さくないだろう。また，アメリカでは，うつ病のために生じた労働力の損失に基づく生産性の低下は，年間110億ドルにものぼると見積もられている（Craighead et al., 1984）。わが国においてこのような試算が行われたことはないが，同様のことがわが国にもあてはまることは想像に難くない。

3. 抑うつ気分とセルフ・エフィカシー

　それでは，こうした抑うつ気分を感じるとき，セルフ・エフィカシーはいったいどのような状態にあるのだろう。

　上に述べたように，一般的に，人が抑うつ状態に陥ったときには，自己を過小評価し，自分には能力がないと感じ，意欲がわかず無気力であるという傾向が強い。バンデューラ（Bandura, 1985）によれば，セルフ・エフィカシーが低く認知されているときには，人は無気力，無感動，無関心になり，あきらめが早く，失望し落胆するなどの行動特徴を示すという。また，カンファーとザイス（Kanfer & Zeiss, 1983）は，抑うつ状態にある者は，そうでない者に比べ，自己のセルフ・エフィカシーを低く認知する傾向にあることを報告している。

　一方，坂野と東條（1986）は，精神神経科に通院もしくは入院中で，うつ病，ある

いは抑うつ神経症と診断された成人17名の一般性セルフ・エフィカシーを一般成人の標準データと比較したところ，抑うつ群の一般性セルフ・エフィカシーは一般群に比べ有意に低いことを示している。また，坂野（1989）は，2人のうつ病患者を対象として，抑うつ症状の変化に伴う一般性セルフ・エフィカシーの得点がどのように変化するかを継時的に測定している。それによれば，入院中に低い一般性セルフ・エフィカシー得点を示していたうつ病患者は，入院期には一般性セルフ・エフィカシー得点に何ら変化を示していなかったが，病状の回復，および退院とともに得点の有意な上昇がみられたという（図7-1参照）。

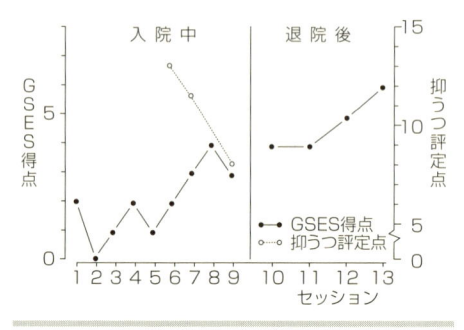

⬆図7-1　抑うつ症状と一般性セルフ・エフィカシーの変化（坂野，1989）

これらの結果は，いずれも，抑うつ状態は一般的にセルフ・エフィカシーが低く認知された状態であるということを示すものである。

4. どのようにセルフ・エフィカシーを評価するか

それではここで，Aさんに対して行なわれた認知行動療法について簡単に紹介するなかから，セルフ・エフィカシーに関する介入についてまとめてみよう。

（1）問題を整理する時期

認知行動療法のねらいが説明された後，Aさんの問題整理が開始された。Aさんの問題は，次のように整理することができる。
①憂うつで悲しい，気分が落ち込むといった情緒面の問題があること。
②何もやる気が起きない，興味を感じることがないといった「動機づけ」面での問

題があること。
③何をやるにもおっくうである，仕事が進まない，報告書が書けないといった行動面の問題があること。
④何かをやろうとしても注意が集中できない，考え方がまとまらないといった思考面の問題があること。
⑤自分は何もできないダメな人間である，将来は真っ暗であるといった認知面の問題があること。
⑥食欲がない，寝られない，疲れるといった身体面の問題があること。

　このように問題点を整理すると，Aさんの問題には，比較的解決が容易に思えるものと，そうでないものとがあることがわかる。そこで，比較的問題解決ができそうなところから始めようということになった。本人にとって比較的問題解決ができそうだと思われる課題に対しては，セルフ・エフィカシーも容易に高めることができると考えられたからである。

　また，治療が始められた時点でAさんがどのような生活を送っているのかを明らかにするために，毎日の生活記録を取ることとした（セルフ・モニタリング）。そのとき，たんに何をやったかだけではなく，どのような場面でどのように振る舞い，そして何を考えていたかを同時に記録するとともに，そのときにどのような気分の変化を感じていたかを点数化するようにした。

(2)　問題解決の方法を探る時期

　Aさんは自尊感情が低く，自分はダメな人間であるという考えを常に頭の中で反すうしていた。また，自分は何もできないという考えが活力の低下と無気力の源になるとともに，将来に対する絶望感を生み出していると思われた。そこで，それまで行なわれていた生活記録に加え，Aさんには毎日の生活の中でどのような満足のいくできごとがあるかを記録することが求められた（「満足のいくできごと記録表」の作成）。また，自分の長所を書き出すという作業も行なわれた。

　さらに，生活の活性化をねらって，夕方実家に電話をする，朝目覚めると新聞を読む，職場に出かけたときには3人の部下に必ず声をかけるといった行動課題を設定し（表7-3参照），一連の課題の中で，難易度の小さなものから順番にホームワークとして行なってみることにした。この時，実際にホームワークとして行なう前に，面接の中で，表7-3に示されたそれぞれの項目に対するセルフ・エフィカシーを10点満点で測定し，それが遂行可能であるかどうか，また，もし不可能であるとすれば，どのように工夫すると行なうことができるかなどの点について話し合いを行なった。

●表7-3　生活活性化のための行動課題一覧

マグニチュード	項目	セルフ・エフィカシー
1	帰宅時，本屋に立ち寄る	(　　)
2	夕方実家に電話をする	(　　)
3	夜9時にテレビニュースを見る	(　　)
4	カメラの手入れをする	(　　)
5	職場に出かけたときには3人の部下に必ず声をかける	(　　)
7	朝目覚めると新聞を読む	(　　)
8	朝食をとる	(　　)
10	職場で昼食を部下といっしょにとる	(　　)

　こうした課題を行ないながら，「自分はダメな人間である」「仕事は完璧に仕上げなければならない」，「今きちんとしなければ，将来はダメになってしまう」といったAさんの考え方の特徴について話し合った。習慣的に考えてしまうことがらをリストアップし，そうした考えを裏づけているとAさんが考えている「証拠」を検討するとともに，別の考え方があるかどうか，そして，いつもとちがった考えをとったときにどのような感情の変化が起きるかを確かめていった。このような試みは，たんに話し合いによるだけではなく，治療室の中でできごとをイメージしながら考え方の修正と感情の変化を体験するということによっても行なわれた（認知的再体制化）。

（3）　セルフ・エフィカシーを高める方法

　さて，Aさんに対するはたらきかけの中で，セルフ・エフィカシーの向上に関するキーポイントは次のようなところにあると考えられる。

①満足のいくできごとを確認する

　抑うつ感を感じる人に対して満足のいくできごとを確認させる作業は，認知行動療法においては一般的に用いられるものである（Beck et al., 1979）。というのも，抑うつ感の強い人は，自分の良いところに目を向けることなく自分の欠点にこだわったり，過去の自分の失敗を過度に一般化させることで自分はダメな人間だと決めつけたりすることが少なくないからである。

　「満足のいくできごと記録表」は，その記録内容を面接の話題として取り上げることで，患者が自分にも良いところがあるということに気づくチャンスを与えてくれるだけではない。満足のいくできごとは，患者にとって基本的に成功体験である。成功体験を確認することは，もし同じことをくり返すとすれば当該の行動に対するセルフ・エフィカシーを強くさせているはずである（Bandura, 1977）。最初のうちは満足のいくできごとなど何もないといっていたAさんであったが，やがて「書類づくり

がその日のうちに終わった」というように，些細なことではあるが，自分の生活の中にも良いできごとがあることに気づきはじめ，「自分はくたびれていてもきちんと仕事はできる人なんだ」と自分の長所も再発見することができるようになった。同時に，「書類をその日のうちに片づける」ことができるというセルフ・エフィカシーも強くなった。

②行動課題の設定

Aさんに対する行動課題の設定にあたっては，次の点が配慮された。

①とりあえず何ができるかを考える。
②具体的でより身近な行動目標を設定する。
③マグニチュードがスモールステップになるようにする。
④身の回りに適切なモデルのいそうな課題を設定する。
⑤以前に気軽にできていた，あるいは楽しくできていた小さな活動をさがす。

抑うつ感が強い場合，自分にとって不利なことがらは，たとえそれが些細なことであっても重大なことがらであると考えたり，できていることがらを，たいしたことではないと判断したり，また，すべてができなければ失敗であると考えたりといった考え方のスタイルに特徴がみられる（Beck et al., 1979）。そうした認知の特徴が，セルフ・エフィカシーを小さく見積もらせる原因ともなっている。したがって，セルフ・エフィカシーの情報源である「遂行行動の達成」（Bandura, 1977）をより確実なものとするためには，上にあげられたような5つの点に留意することがたいせつである。

③正の強化を受ける機会をふやす

連続した失敗経験は，容易に抑うつ感を強めるものである（Seligman, 1975）。抑うつ感を感じる患者を活性化させ，セルフ・エフィカシーを全般的に向上させるためには，治療者のみならず，患者の回りにいる人すべてが，患者の振る舞いに対して注目を与え，正のフィードバックを与えることがたいせつである。言い換えるならば，どんな些細なことであっても賞賛を忘れてはならない。

④再帰属を考える

失敗経験をもったとき，抑うつ感の強い人は，失敗の原因を自分の能力のなさや性格の悪さといった，自分の中にあり，しかも容易に変えることができない（と本人が考えている）要因に求める傾向がみられる。自分の能力のなさに失敗の原因を求めるとき，目の前の振る舞いに対するセルフ・エフィカシーが強くなることはむずかしい。したがって，セルフ・エフィカシーの向上をねらうには，たとえ失敗したとしても，その原因を客観的に理解し，失敗が必ずしも自分の中にある要因によって生じたのではなく，そうした場面は自分自身でコントロールできるということを理解することが

必要である。そのためにも，原因帰属のしかたを修正することはたいせつである。

5. セルフ・エフィカシーが高まると抑うつ気分はやわらぐか

(1) Aさん，抑うつ気分から解放されはじめる

認知的再体制化が進むなかで，Aさんは考え方と自分の感情や情緒，振る舞い方が関連していることを学んでいった。また，自分から動き出すことで生活に変化をつけることや，それによって自分の気分を変えることができること，考え方を口に出して確認し，「ちょっと待てよ，こんなことも考えられるぞ」とちがった考え方を意図的にとってみることで気分を変えることができることもできるようになった。

また，Aさんは，何かをやらなければならないときには，目標を完璧に達成しようとするのではなく，まず何ができるかを考え，小さなステップで目標達成に向けてできることをリストアップするという計画を立てることもできるようになった。これならできそうだというセルフ・エフィカシーを高くもちながらものごとに取り組み，毎日の生活の中で小さな満足を感じることがたいせつであるということも理解できるようになった。このような変化がみられるにつれて，Aさんの憂うつな感情も緩和されるようになった。

(2) セルフ・エフィカシーの向上と抑うつ気分の変化

さきに紹介された坂野（1989）の研究で明らかなように，一般性セルフ・エフィカシーと抑うつ気分の間には密接な関係がある。こうした関係は，一般性セルフ・エフィカシーに限るものではない。というのも，一般性セルフ・エフィカシーは，いわゆるtask-specificなセルフ・エフィカシーが般化したものであると考えられるからである。

日常生活におけるさまざまな活動に対するセルフ・エフィカシーを強く認知することが，一般性セルフ・エフィカシーの基盤となることを考えると，抑うつ気分を改善するためには，日常生活におけるさまざまな活動に対するセルフ・エフィカシーを強くすることが重要であるといえるだろう。

●引用文献●

American Psychiatric Association（APA） 1994 *Diagnostic and Statistical Manual of Mental Disorders*. 4th ed. Washington D.C.：American Psychiatric Association. 高橋三郎ほか（訳）1996 DSM-Ⅳ：精神疾患の診断・統計マニュアル 医学書院

Bandura, A. 1977 Self-efficacy : Toward a unifying theory of behavioral change. *Psychological Review*, **84**,191-215.
Bandura, A. 1985 自己効力（セルフ・エフィカシー）の探求　祐宗省三ほか（編著）　社会的学習理論の新展開　金子書房, pp.103-141.
Beck, A. T., Rush, A. J., Shaw, B. F., & Emery, G. 1979 *Cognitive therapy of depression*. New York : Guilford Press. 坂野雄二（監訳）1992 うつ病の認知療法　岩崎学術出版社
Craighead, W.E., Kennedy, R. E., Raczynski, J. M., & Dow, M. G. 1984 Affective disorders : Unipolar. In S. M. Turner & M. Hersen（Eds.）*Adult psychopathology and diagnosis*. New York : Wiley　pp.184-244.
樋口輝彦　1998　うつ病：私の出会った患者さん　日本評論社
Kanfer, R., & Zeiss, A. M. 1983 Depression, interpersonal standard setting, and judgements of self-efficacy. *Journal of Abnormal Psychology*, **92**,319-329.
坂野雄二　1989　一般性セルフ・エフィカシー尺度の妥当性の検討　早稲田大学人間科学研究, **2**,91-98.
坂野雄二・東條光彦　1986　一般性セルフ・エフィカシー尺度作成の試み　行動療法研究, **12**,73-82.
Seligman, M. E. P. 1975 *Helplessness : On depression, development and death*. 平井　久・木村　駿（監訳）1985 うつ病の行動学　誠信書房

8章 摂食障害とセルフ・エフィカシー

1. 摂食障害とは

　摂食障害（eating disorders）とは，食行動の異常によって特徴づけられる病態であり，そのなかには神経性無食欲症（anorexia nervosa），神経性大食症（bulimia nervosa）などが含まれる（APA, 1994）。神経性無食欲症は，摂食行動異常（食欲不振，不食，摂食制限）により，短期間に著しいやせにいたるが，治療を必要とする時期においても比較的元気で，活動的であり，病識がなく，医師の治療を拒むことが多い。身体症状として無月経，うぶ毛の密生，低体温，低血圧，徐脈，便秘などを認める。一方，神経性大食症は自己制御困難な摂食欲求を生じて，短時間に多量の食物を強迫的に摂取しては，そういった過食後に嘔吐や下剤の乱用，翌日の食事制限，不食などにより体重増加を防ぎ，体重は神経性無食欲症ほど減少せず正常範囲内で変動する。そして過食後には，無力感，抑うつ気分，自己卑下を伴うといった病態である（末松ら，1991）。なお，本邦における神経性無食欲症の発症率は0.22%，神経性大食症の場合は1.0%である（東・野間，1994）。

2. 摂食障害とセルフ・エフィカシー

　食行動の分野におけるセルフ・エフィカシー研究の多くは肥満に関するものであり，神経性無食欲症や神経性大食症などの摂食障害に関する研究は少ない。しかしながら，神経性大食症を対象とした研究において，本症患者はダイエットによって体重を維持することに対するセルフ・エフィカシーや食事のセルフ・コントロールに対するセルフ・エフィカシーが健常者よりも低いことが示されている（Mizes, 1988 ; Phelan, 1987）。
　また，ウィルソンら（Wilson et al., 1986）は神経性大食症に対して認知行動療法を

行なった結果，食事のセルフ・コントロールを維持することに対するセルフ・エフィカシーが有意に向上したことを報告している。さらに，1年後のフォローアップ時において過食・嘔吐の改善を維持した群と再発した群を比較した結果，治療前におけるセルフ・エフィカシーにおいては両群に差はなかったが，治療後のセルフ・エフィカシーにおいては改善維持群のほうが有意に高いことが示された。以上の結果から，ウィルソンらは治療前の食事のコントロールに対するセルフ・エフィカシーが治療への反応を予測するというよりは，治療によってセルフ・エフィカシーは高められるものであり，さらに治療後のセルフ・エフィカシーは治療予後の予測に有効であると結論づけている。

　シュナイダーら（Schneider et al., 1987）も神経性大食症を対象にしたセルフ・エフィカシーの検討を行なっている。彼らはウィルソンらのように食事のコントロールに対するセルフ・エフィカシーだけはなく，食事のセルフ・コントロールのためのテクニックの実行，自己の体重の受容，そして社交性といった広汎な側面に対するセルフ・エフィカシーを測定している。16週間にわたる集団認知行動療法を行なった結果，食事のコントロール，食事のセルフ・コントロールのためのテクニックの実行，そして社交性に対するセルフ・エフィカシーが上昇し，そして，以上のようなセルフ・エフィカシーの上昇は嘔吐の頻度の減少と関連していることを明らかにした。また，とくにネガティブな気分において過食がまんできる能力に対するセルフ・エフィカシーは後の過食の生じにくさを予測することを示している。以上のように本症患者の食事や体重をコントロールすることに対するセルフ・エフィカシーの低いことが示されているが，オレアリー（O'Leary, 1985）はこのような食事のコントロールに対するセルフ・エフィカシーの低さが効果的な体重のセルフ・コントロールに失敗する原因であると指摘し，もしそうならば健康的な食行動の促進と維持のためにそのようなセルフ・エフィカシーを高めることに治療のゴールをおくべきであると提言している。

　ところで，本症患者は「深い無力感を内心に抱いた脆い人格」であり，自己に関する有効感が低いことが指摘されている（Bruch, 1973）。多くはセルフ・エフィカシーではなく，セルフ・エスティームという概念によって検討されていることが多いが，ワグナーら（Wagner et al., 1987）は神経性無食欲症患者と健常群のさまざまな側面に対するセルフ・エフィカシーを比較した結果，神経性無食欲症患者は多くの側面において健常群よりもセルフ・エフィカシーを低く感じていることを示している。とくに神経性無食欲症患者は食事に関する側面だけではなく，対人関係など社会的な場面におけるセルフ・エフィカシーを健常者よりも低く評価していることを明らかにし，摂食障害患者における無効力感の多面性を指摘している。また，レハマンとロディン

(Lehman & Rodin, 1989) は，神経性大食症患者，ダイエットをしている健常者，ダイエットをしていない健常者の一般性セルフ・エフィカシーを比較した結果，神経性大食症患者の一般性セルフ・エフィカシーが他の2群よりも低いことを明らかにし，セルフ・エフィカシーの低さがさまざまな場面における対処能力に対する自己評価を低めているのではないかと推測している。さらに，摂食障害の治療において，このように食事に関するセルフ・エフィカシーだけではなく，主張性，適切な自己表現など生活における多面的な側面に対するセルフ・エフィカシーを向上させ，それらをとおして自己有効感を高める必要があることが指摘されている (Garner & Bemis, 1985)。

すなわち，摂食障害におけるセルフ・エフィカシーの役割として，①食事のコントロールやセルフ・コントロールのテクニックに対するセルフ・エフィカシーが高まることによって症状が軽減する，②治療後の食事のコントロールに対するセルフ・エフィカシーの高さは再発率の低さを予防する，③食事に関するセルフ・エフィカシーだけではなく，社会的な場面など多面的な側面に対するセルフ・エフィカシーを向上させることによって自己有効感が高まり症状が改善する，といった点が期待されるといえよう。

3. セルフ・エフィカシーの評価と測定

摂食障害の治療研究において用いられているセルフ・エフィカシーを測定する測度には以下のようなものがある。

(1) Eating Self-Efficacy Scale (Glynn & Ruderman, 1986)

ダイエットをしている人がセルフ・コントロールに失敗しやすい25場面を設定し，その各場面における「食べたい」という衝動に抵抗できるという自信の程度を1〜7点で評定するものである。これらの場面は大きくセルフ・コントロールを失いやすいポジティブ，ネガティブな気分（例：不安を感じているとき，いらいらしているとき）と社会的場面（例：家族といっしょに食事をするとき）といった2つの場面から構成されている。なお，本尺度の信頼性と妥当性は確認されている。

(2) Self-Efficacy Questionnaire (Schneider et al., 1987)

本尺度は神経性大食症の回復に必要な行動に対するセルフ・エフィカシーを測定するために開発されたものであり，①過食の衝動に抵抗する能力，②回避している食べ

物を含む，さまざまな食べ物を食べるときに過食をがまんすることのできる能力，③過食以外の活動（お風呂に入るなど）を用いることで過食に対する衝動を置き換えることのできる能力（代替行動を活用する能力），④さまざまな気分において過食をがまんすることのできる能力，⑤環境調整のテクニックを使うことのできる能力（食べる場所を決めるなど），⑥体型や大きめの服が必要であることを受け入れる能力，⑦人間関係を築いたり，主張的になるために必要な社会的能力，といった広汎な側面に対するセルフ・エフィカシーを測定している。

(3) Eating Disorders Self-Efficacy Scale (Wagner et al., 1987)

バンデューラら（Bandura et al., 1977）のモデルに基づいて作成された尺度であり，摂食障害患者が困難を感じる社交性，摂食，嘔吐なしの摂食，自立といった4場面についてのセルフ・エフィカシーを測定する。各下位尺度の項目は簡単なものからむずかしいものへと並べられており，各項目に対してまずそれらを行なうことができるかをチェックし，さらに，それらを実行することに対する自信度を10（たぶんできない）〜100（絶対にできる）で評定する（表8-1）。

●表8-1　Eating Disorders Self-Efficacy Scale の項目例（Wagner et al, 1987）

第2部　食べることに関する質問		
ソースのかかったスパゲッティが1皿出されたとします。そして，その他にもたくさんの食べ物が目の前に並んでいます。 あなたは以下の項目のようなことができると思いますか。できると思った場合には○をつけて下さい。また，それらを実行できるという「自信」がどのくらいありますか。10（たぶんできない）〜100（絶対にできる）で点数をつけて下さい。		
	実行できる	自信度
1．フォーク一巻きのスパゲッティを食べて，食べるのをやめることができる。	_____	_____ ％
2．半皿のスパゲッティを食べて，食べるのをやめることができる。	_____	_____ ％
3．1皿のスパゲッティを食べて，食べるのをやめることができる。	_____	_____ ％
4．1皿のスパゲッティと半カップのアイスを食べて，食べるのをやめることができる。	_____	_____ ％
5．1皿のスパゲッティと1カップのアイスを食べて，食べるのをやめることができる。	_____	_____ ％

(4) Bulimic Thought Questionnaire (Phelan, 1987)

神経性大食症に関連した自己陳述を測定するために作成された尺度である。本尺度はセルフ・スキーマ，セルフ・エフィカシー，信念という3つの下位尺度から構成されている。セルフ・エフィカシーに関する項目として「私は体重をコントロールする

ことができる」「私は食べるのをやめることができる」といったものがあり，各項目に対して1（まったくない）～5（いつもある）で評定し，各項目ごとの得点を比較検討に用いる。

(5) その他のアセスメント法

入院行動療法におけるセルフ・エフィカシーのアセスメント方法については，次の「症例」において詳しく述べる。ところで，摂食障害の治療では第一段階として食事に対するセルフ・コントロールを確立することが不可欠であるが（青木，1984），そのために患者自身が食事のセルフ・コントロールを確立するための課題を実生活において実行していくことが必要である（Fairburn, 1985）。その多くは宿題という形式をとるが，宿題を患者に実行してもらうためにセルフ・エフィカシーを査定することが重要である。なぜならば，食事の問題を中心としたさまざまなものに対して全般的に無力感を感じている患者が多く，治療の初期は成功体験を重ねることで自己有効感を高めていく必要があるからであり，そのためには患者が80％くらいの確立で実行できる課題を設定することが不可欠であるからである。そこで，宿題を課すときには各課題に対するセルフ・エフィカシーを100点満点（0：まったくできない～100：絶対にできる）でたずね，課題の設定が適切であるかを確認してから，患者と同意のうえで課題を決定する。

4. 症例報告

●症例1

〈患者および現病歴〉：14歳，女性，中学2年生。身長158m，体重37kg（標準体重に対して69.7％）。小学校6年生のときに158cm，体重65kgであったが，中学1年のころからダイエットを開始し，50kgまで減少した。中学2年になってからは食事を抜かすようになり，家族との食事を避けるようになった。食事をほとんどとらずに1日数時間歩きまわるという過活動がみられるようになり，月経も停止し，8月には体重が37kgになった。そのころから過食が始まり，ほぼ毎日過食をしては食事を抜かしたり，過活動になるといった状態が続いていた。

〈主訴〉：過食をしたり，食事を食べることができなかったりと食事をコントロールすることができない。

〈治療方針〉：「3食をきちんと食べることができるようになり，いろいろとやりたい

ことができるくらいに体重，体力を回復すること」を目的とし，具体的には2000kcalの常食を摂取できることを目標として入院治療に導入した。入院，2週間後から食事摂取を目的としたオペラント条件づけ法による行動療法を開始した。入院治療のなかで患者の行動に制限を加え，1000kcalの低カロリー食から始め，患者が3日間食事を残さず食べきることができ，さらに患者自身が「カロリーをあげても食べることができる」という見通しをもったときに患者のセルフ・エフィカシーに合わせて食事のカロリー量を増加させていった。そして，摂取カロリーが増加するごとに報酬として行動制限を緩和した。

また，対人関係における不安を訴え，さらに自分の希望や思っていることを看護師，医師，母親に伝えることができないということが観察されたことから，主張行動を獲得させることを目的としてスキル訓練を実施した。まず，入院生活のなかで実際にあった対人関係における困難な場面を取り上げ，ロールプレイを行ない，次に主張場面を課題とした宿題（たとえば，母親にもってきてもらいたいものを頼む）を出した。なお，入院期間中は患児との週2回の面接と母親との2週に1回の面接を実施した。

〈セルフ・エフィカシーを高める方法〉：
1）治療に関する情報の提供　患者と家族に対して本症とその治療方針についての情報を提供し，疑問に答えることなどをとおして心理教育的アプローチを行なった。本症例では，摂食障害の症状ややせの影響，治療の目的・目標，治療の進め方，治療の結果に得られること，などについて説明したパンフレットを作成し，患児と家族に渡した。パンフレットを作成する際に，本症例が中学2年生であるということから中学生にも理解のできる平易なことばでかつ簡潔に，そしてイラストなどを入れて患児が理解しやすいよう留意した。
2）フィードバック　食事記録表に毎日，食事の量と時間について自分でどのくらい食べることができたかを「○△×」で評定させ，「できた」ことを自己強化できるようにした。また，1日3食をすべて食べることができたときには，治療者が患児の好きなシールを強化子として食事記録表に貼った（図8-1）。

なお，カロリーアップを決める際にも食事記録のセルフ・エフィカシーの得点を患児と見ながら，患児自身が「200kcalをあげても食べることができる」という見通しをもったときにのみカロリーをあげるようにし，その決断も患児自身にさせるようにした。

〈セルフ・エフィカシーの評価〉：
1）食事についての評価　朝食，昼食，夕食，間食の食事時間と摂食量についてそれぞれ食べることができた程度を「○△×」で評価し，さらに寝る前に「今日のカロ

リーを食べることができる自信がどのくらいあるか」を10点満点で記入させた（図8-1）。

2）宿題についての評価　社会的スキル向上を目的として，主張場面を題材とした宿題を出した。課題を設定するたびに毎回各課題に対するセルフ・エフィカシーを0（できない）〜100（できる）の100点満点で評定してもらい，70点に満たないときはどのようにすればセルフ・エフィカシーが上がるかを相談し，対策を考えたり，ロールプレイを実施したりした。

〈治療経過〉：入院治療開始時の患児の「自宅で3食を食べること」と「過食をしないこと」に対するセルフ・エフィカシーは100点満点中0点であった。しかしながら，3か月の入院生活で200kcalずつ摂取カロリーを上げていったところ，2000kcalの常食を30分以内で食べることができるようになり，体重も40kgまで増加し，退院となった。なお，退院時の「自宅で3食を食べること」と「過食をしないこと」に対するセルフ・エフィカシーは80〜90点であった。また，目標の1つであった主張性も身につ

		10/10 金	10/11 土	10/12 日	10/13 月	10/14 火	10/15 水	10/16 木	10/17 金	10/18 土	10/19 日	10/20 月
朝食	時間											
	量											
昼食	時間											
	量											
夕食	時間											
	量											
過食の気持ち												
今の食事（カロリー）		1000										
自信度												

時間について：○30分以内に食べた，△：35分以内に食べた，×：40分以上かかった
量について：○全部食べたとき，△少し残したとき，×まったく食べられなかったとき
過食の気持ち：過食をしたいと思った気持ちの強さを10点満点（0:全くない〜10:とても食べたい）でつけます。
自信度：食事を全部,残さずに食べることができるという自信の程度を10点満点（0:自信がない〜10:自信がある）でつけます。

❶図8-1　症例1で用いた食事記録表

き，両親に自分の気持ちや希望を伝えることができるようになり，学校での適応や友人関係も改善した。退院後も3食を自宅で食べることができており，過食も消失し，経過は良好である。

● 症例2

〈患者および現病歴〉：23歳，女性，専門学校2年生。160cm，40kg（標準体重に対して74%）。初診時には過食・嘔吐をほぼ毎日2回以上行なっており，月経も9か月前から停止していた。両親と姉（27歳）と同居。

〈主訴〉：過食・嘔吐をやめたい。食べることややせることについて考えることをやめたい。

〈治療方針〉：体重増加と過食・嘔吐を防止することを目的として，まず3食を規則正しく食べることを目標とし，週1回の外来面接を行なった。フェアバーン（Fairburn, 1985）の認知行動療法に基づき，まず3食を規則正しく食べることを目標としながら，食事のセルフ・モニタリングと過食・嘔吐のなかった日にカレンダーに○をつけるという自己強化法を実施した。それと並行して代替行動の指導を行なった。1日3食を食べることができるようになってきたころから，回避していた食べ物や食事時間に対するエクスポージャーを行ない，摂食に関する恐怖を緩和していった。また，食事に関する問題と並行して，日常生活における対処能力を向上させるために問題解決訓練を行なった。

〈セルフ・エフィカシーを高める方法〉：

1) モデルの提示　まず，食事内容にはこだわらず，1日3食を食べることを目標としたところ，肥満恐怖や「普通の人がどのくらい食べるのかわからない」ために，摂食に対して強い不安を示した。そこで，患者に姉や友人がどのように食べているかを観察してくることを宿題として課し，また治療者も健康な大学生3名に食事記録を1週間つけてもらい，その結果を患者に提示し，モデルを示した。また，食べ方の練習をすることを目的として治療者といっしょに食事をする食事セッションを数回設けた。

2) フィードバック　症例1のように段階的食事摂取を中心とした宿題を課した。ところで，本症患者は完全主義傾向が強く，自分ができたことよりも，失敗したことに注目する傾向がある（Garner & Bemis, 1985）。本症例の場合にも同様の傾向が見受けられた。そこで，食事記録をもとに治療者が3食を食べることができた成果を図表に示し，詳しくフィードバックした（図8-2，図8-3）。このように視覚的に明らかになる形でフィードバックすることによって，成果のでている部分のあることや実行できている部分のあることを情報として伝え，成果のでていることを誉めた。そ

	日付	2月28日	3月1日	3月2日	3月3日	3月4日	3月5日	3月6日	3月7日	3月8日	3月9日	3月10日	3月11日	3月12日
	曜日	金	土	日	月	火	水	木	金	土	日	月	火	水
食事	朝食	●	●	×	●	×	●	×	●	●	●	●	●	●
	間食1	○								○				
	昼食	△	●	×	●	×	●	●	×	●	●	●	●	●
	間食2	○		○		○			○				○	
	夕食	△	●	●	●	●	●	●	●	△	●	●	●	●
過食	午前			→×		→×		→×						
	午後				→×				→×		×			→×
	夜		×		×					×		×		
出来事			夕方・バイト	夜・カラオケに行く	夕方・バイト				学校でお別れ会	夕方・バイト			学校	夕方・バイト

●:食事摂取, ○:間食摂取, 空白:食べていない, ×:食事がそのまま過食・嘔吐につながったもの,
→×:食事から過食・嘔吐へ移行したもの

図8-2　症例2における過食と摂食についてのフィードバック

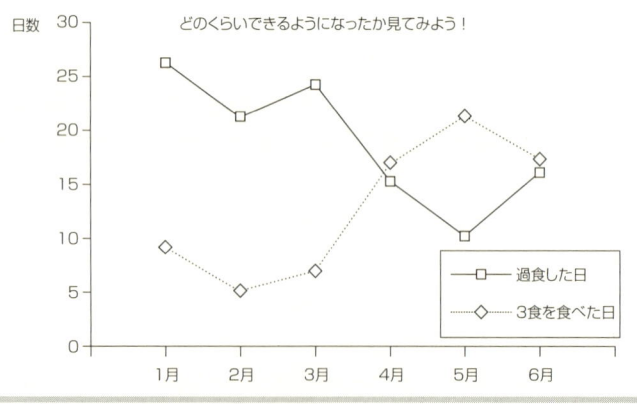

図8-3　症例2におけるフィードバックの例

して，徐々にこちらからのフィードバックを減らし，患者が「自分のできたこと」を自己報告していく形に移行し，自己強化できるように指導していった。

〈セルフ・エフィカシーの評価〉：毎週，目標行動を決定し，宿題として課題を出した。課題を決定する際に，各課題に対して「実行できる自信がどのくらいあるか」について100点満点で評定してもらった。たとえば，回避していた食べ物のエクスポージャーを行なう際には，表8-2のように回避している食べ物をノートにリストアップしてきたものをセルフ・エフィカシーの低いものから高いものへと並べて，面接ごとにそれらについてセルフ・エフィカシーを100点満点（0：食べることができない〜100：食べることができる）で評価してもらった。

〈治療経過〉：1日3食を食べることができるようになり，また，食事内容に対するこだわりが緩和してきたものの，過食は週数回続いている。しかしながら，嘔吐はほぼ消失した。体重も44kgまで増加してきている。現在も治療継続中である。

表8-2　回避している食べ物を摂食することに対するセルフ・エフィカシー表

食べ物	自信度	食べ物	自信度
ヨーグルトジュース	100	牛乳	100
ガム	50	ハヤシライス	50
あめ	50	マーボウ豆腐	50
かまぼこ	50	カレーライス	50
ハンバーグ	50	和風以外のスパゲティ	50
ピラフ（オムライス）	60		
ジャムパン	20	チャーハン	20
バームクーヘン	20	バター	20
餃子	20	マヨネーズ	20
からあげ	20	ドレッシング	20
ドーナツ	10	ハム	10
ポッキー	10	チーズ	10
ラーメン	10		
板チョコ	0	ドリア	0
きのこの山	0	トンカツ	0
竹の子の里	0	フライ	0
ピザ	0		

5. 考察

　近年，摂食障害に対して認知行動療法が有効であることが示されているが（Whitbread & Mcgown, 1994），その治療を進めるにあたって治療者は，患者自身が改善

を求める問題をできるだけ患者の視点，立場に立って整理，明確化することが求められている（Garner & Bemis, 1985）。すなわち，治療者は患者の考えだけでなく，患者や患者を取り巻く環境がそのときにもっている能力に合わせて，できるところから，できるように一歩ずつ治療を進めなければならない（佐々木・熊野，1996）。このような方針で治療を進めていく際にセルフ・エフィカシーという概念は指標として役立つと思われる。その理由として，①患者の状態（どのようなことに患者が困難や不安を感じているのかなど）を治療者が客観的に理解することができる，②患者自身が自分の状態を理解し，問題を整理しやすくなる，といったことがあげられよう。

ところで，これまで肥満や喫煙といったセルフ・コントロールの獲得が必要な臨床場面においてセルフ・エフィカシーの有効性が示されている（O'Leary, 1985）。摂食障害はセルフ・コントロールの破綻した結果であると指摘されているが（青木，1984），セルフ・コントロールを確立し，維持するという側面においても，セルフ・エフィカシーをたんなる指標としてだけではなく，治療の成果に影響を与える要因として治療に取り入れ，操作を試みることは有益であると思われる。

これまでの諸研究から，遂行行動の達成感をもつことや，望ましいモデルを観察することなどをとおしてセルフ・エフィカシーの向上を操作することが可能であることが示されている（坂野，1995）。それらはいずれも摂食障害におけるセルフ・エフィカシーの操作においても有効であると思われるが，本症患者には完璧主義傾向が強く，自分のできていることに気づかず，達成感を感じにくいといった特徴があることから（Garner & Bemis, 1985），治療初期においては他者強化（とくに治療者からの強化）が不可欠であると思われる。しかしながら，本症患者は他者からの評価に敏感であり（Garner & Bemis, 1985），過剰適応的に反応するようになるという危険性がある。そのため，そういった点に留意しながら，いかに他者強化から自己強化に徐々に切り替えていくかが治療におけるキーポイントであると思われる。

摂食障害は心理・社会・生物的な多面的な疾患であり（末松ら，1991），一概に食事のコントロールに対するセルフ・エフィカシーを高めればよいといったものではない。また，本症患者は無力感が強く，全般的に多面的な側面に対してセルフ・エフィカシーが低いという特徴がある（Wagner et al., 1987）。そういった疾患におけるセルフ・エフィカシーの役割というのは，喫煙のコントロールといった行動変容そのものを重視する症例に対する場合よりも，より多面的な役割を担っている可能性がある。

摂食障害においてセルフ・エフィカシーの研究は始まったばかりである。今後さらに，摂食障害の治療におけるセルフ・エフィカシーの役割について検討していくことが期待される。

●引用文献●

American Psychiatric Association (APA) 1994 *Diagnostic and Statistical Manual of Mental Disorders*. 4th ed. Washington D.C.: American Psychiatric Association 高橋三郎・大野　裕・染矢俊幸（訳）　1995　DSM－Ⅳ精神疾患の診断・統計マニュアル　医学書院

青木宏之　1984　神経性食欲不振症におけるセルフコントロールの破綻と回復について　行動療法研究，**10**, 58－65.

東　淑江・野間俊一　1994　京都府立高校生における摂食障害の実態調査　厚生省特定疾患神経性食欲不振症調査研究班平成5年度研究報告書，55－58.

Bandura, A., Adams, N., & Beyer, J.　1977　Cognitive processes mediating behavior change. *Journal of Personality and Social Psychology*, **35**, 125－139.

Bruch, H.　1973　*Eating disorders-Obesity, anorexia nervosa and the person within*. New York: Basic Book.

Fairburn, C.　1985　Cognitive-behavioral treatment for bulimia. In D. M. Garner, & P. E. Garfinkel (Eds.), *Handbook of psychotherapy for anorexia nervosa and bulimia*. New York: Guilford Press, pp.160－192.

Garner, D. M., & Bemis, K. M.　1985　Cognitive therapy for anorexia nervosa. In D. M. Garner, & P. E. Garfinkel (Eds.), *Handbook of psychotherapy for anorexia nervosa and bulimia*. New York: Guilford Press, pp.107－146.

Glynn, S.M., & Ruderman, A. J.　1986　The development and validation of an Eating Self-Efficacy Scale. *Cognitive Therapy and Research*, **10**, 403－420.

Lehman, A. K., & Rodin, J.　1989　Styles of self-nurturance and disordered eating. *Journal of Consulting and Clinical Psychology*, **57**, 117－122.

Mizes, J. S.　1988　Personality characterisitics of bulimic and non-eating-disordered female controls: A cognitive behavioral perspective. *International Journal of Eating Disorders*, **7**, 541－550.

O'Leary, A.　1985　Self-efficacy and health. *Behaviour Reseach and Therapy*, **23**, 437－451.

Phelan, O. W.　1987　Cognitive correlates of bulimia: The Bulimic Thoughts Questionnaire. *International Journal of Eating Disorders*, **6**, 593－607.

坂野雄二　1995　認知行動療法　日本評論社

佐々木　直・熊野宏昭　1996　摂食障害の認知行動療法　大野　裕・小谷津孝明（編）　認知療法ハンドブック（下巻）　星和書店　pp.115－140.

Schneider, J. A., O'Leary, A., & Agras, W. S.　1987　The role of perceived self-efficacy in recovery from bulimia: A preliminary examination. *Behavior Research and Therapy*, **25**, 429－432.

末松弘行・河野友信・玉井　一・馬場謙一（編）　1991　神経性過食症：その病態と治療　医学書院

Wagner, S., Halimi, K. A., & Maguire, T. V.　1987　The sense of personal ineffectiveness in patients with eating disorders: One construct or several? *International Journal of Eating Disorders*, **6**, 495－505.

Whitbread, J., & Mcgown, A.　1994　The treatment of bulimia nervosa what is effective/A meta-analysis. *Indian Journal of Clinical Psychology*, **21**, 32－44.

Wilson, G. T., Rossiter, W., Kleifield, E. I., & Lindholm, L.　1986　Cognitive-behavioral treatment of bulimia nervosa: A controlled evaluation. *Behavior Research and Therapy*, **24**, 277－288.

9章 ストレス管理

1. 日常生活とストレス

　私たちの日常生活は，仕事や家事の忙しさ，複雑な人間関係，騒音や悪臭といったさまざまなストレスに囲まれている。快適で健康的な生活を維持していくためには，日常生活のストレスを予測し，軽減していくことが重要である。しかしながら，同じような環境で，同じようなできごとを経験したとしても，そのときに感じるストレスの程度は，人によって大きく異なることをわれわれは経験的によく知っている。たとえば，初対面の人と話をするような場面において，「なかよくなれるといいな」と思い，気さくに話すことができる人もいれば，「いやな印象を与えたらどうしよう」と思い，ひどく緊張して口ごもってしまう人もいる。このように，ある場面でわれわれが感じるストレスの程度は，できごとのもつ性質だけでなく，その人の考え方やふるまいといった個人内の要因によって大きく影響されているのである（Lazarus & Folkman, 1984）。

　それでは，ストレスによって生じる心身の変化には，われわれのどのような考え方が影響を及ぼしているのだろうか。坂野（1995）によれば，ストレスフルなできごとに遭遇したときに，その人がどのようにふるまうか（対処行動：coping），そして，その人にどのような心身の変化（ストレス反応）が生じるかというストレス過程の個人差には，予期や判断，価値観や信念といったその人のさまざまな考え方の特徴が影響を及ぼしているという。そして，そのなかでもとくにストレスと密接に関連しているのは，セルフ・エフィカシーであるといわれている（嶋田, 1996）。

2. ストレスとセルフ・エフィカシー

　バンデューラ（Bandura, 1977）によれば，セルフ・エフィカシーが高いときには，

積極的で効果的な行動が実行され，情緒的に安定した状態を保つことができるといわれている。

それでは，セルフ・エフィカシーは，われわれのストレス状態にどのような影響を及ぼしているのだろうか。たとえば，図9-1は，セルフ・エフィカシーの変化パターンが，ストレスへのとらえ方（認知的評価：cognitive appraisal）や対処行動，および心理的ストレス状態にどのような影響を及ぼすかを示したものである。図を見ると，セルフ・エフィカシーが上昇した人は，ストレスに対するコントロール感が増大し，あきらめ対処を実行する頻度が減少し，抑うつ感や不安感が改善している。このことから，セルフ・エフィカシーを高めることは，ストレスへの統制感を高め，不適切なふるまいを抑制し心理的ストレスを改善するのに有効であるということができるであろう。

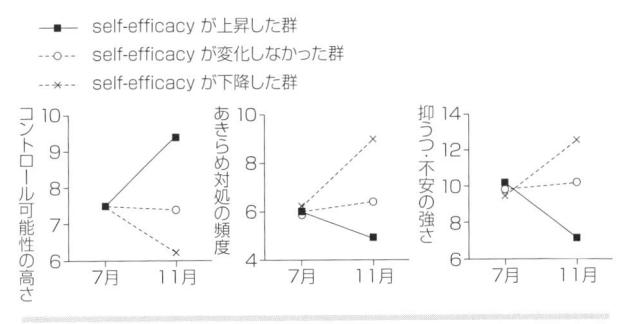

◆図9-1　セルフ・エフィカシーの変化による認知的評価，対処行動，心理的ストレス反応の変化（嶋田，1996）

さらに，この他にも，セルフ・エフィカシーの高さがストレスに及ぼす効果としては，以下のことなどが報告されている。

①困難なストレス場面に対しても，脅威度を高く評価せずに挑戦しようとする態度が多くみられる（Jerusalem & Schwarzer, 1992）。
②積極的で問題解決的な対処が多く実行される（陳他，1999）。
③パフォーマンスが向上する（東條・坂野，1989）。
④心理的な苦痛が緩和される（鈴木ら，1999；平井ら，2001）。
⑤心拍やアドレナリン，ノルアドレナリンといったストレス性の生理反応が抑制される（大河内・坂野，1985；Bandura et al., 1985）。
⑥免疫機能が良好な状態が保たれる（Wiedenfeld et al., 1990）。

3. セルフ・エフィカシーを高める方法

(1) 学校ストレスとセルフ・エフィカシー

　学校におけるストレスは，学習意欲の低下，いじめ，不登校といったさまざまな問題を引き起こす要因となる。そして，これらの問題を解決していくためには，子どもたちのストレスへの対処能力を高めるとともに，人間関係を調整するための対人スキルを向上させていくことが大きな課題となる。さきにも述べたように，セルフ・エフィカシーを高めることには，積極的な行動をうながし，情緒的な安定をもたらす効果がある。したがって，学校ストレスへの対処行動や対人スキルへのセルフ・エフィカシーを高めることは，子どもたちのストレス症状緩和や不適応の改善を効果的に進めていくためにとても大切なことである。それでは，学校場面では具体的にどのような介入を行なうとよいのだろうか。

　嶋田（1996）は，対人スキルに乏しく，抑うつ感の強い中学生に対して，以下のような介入を行ない，友人とのつき合いに対するセルフ・エフィカシーを向上させたところ，学校に対する統制感が高まり，回避的な態度が減少し，抑うつ感や身体的愁訴が改善されたことを報告している。

①グループ作業における対象児の役割分担を決め，友人関係における成功経験を積ませる。
②比較的仲のよい生徒から励ましを与える。
③まわりの友人は対象児を嫌っているわけではないことを伝える。

　また，前田と坂野（1987）は，登校時に気分の変調，吐き気などの身体的不調が起こるのではないかという強い不安から不登校になった小学生の症例に対して，以下のような介入を行なうことで登校に対するセルフ・エフィカシーを向上させたところ，身体的な愁訴が改善され，問題なく登校できるようになったことを報告している。

①登校時刻を段階的に早めていくような細かい目標設定をする。
②登校できたときには，ご褒美にシールを与え，それを集めさせ，一定量のシールがたまるとプレゼントと交換する。
③登校時の母親の付き添いを，励ましを与えながらながら徐々に減らしていく。

　以上のように，それぞれの症例において用いられたセルフ・エフィカシーを高めるための手続きには,「目標を細分化すること」「行動の実行に対してポジティブなフィードバックや言語的なサポートを与えること」「模範となるモデルを提示すること」などの共通点があることがわかる。これらは，バンデューラ（Bandura, 1977）が指摘

したセルフ・エフィカシーを高めるための情報源（行動遂行の達成，代理的経験，言語的説得，情動的喚起）に準拠したものである。つまり，学校場面において対処行動や対人スキルへのセルフ・エフィカシーを高めるためには，これらの情報源を適宜提示し，適切な行動が出現しやすい手がかりを与えることが必要である。そして，対象となる子どもが低学年であるほど，その手がかりは具体的である必要があると考えられる。つまり，親，先生，友人のかかわり方などの環境調整を行ないながら，行動が出現しやすい状況を整え，適切な行動に対してポジティブなフィードバックを与えていくことが大切である。

（2） 職場のストレスとセルフ・エフィカシー

　仕事の負担，職場の人間関係，仕事への満足度の低下などをきっかけとして引き起こされる職場のストレスは，不安や落ち込み，イライラといった情緒的問題や，孤立や意欲の低下，無断欠勤・遅刻といった認知・行動的問題，さらには高血圧や消化性潰瘍といったストレス関連症状を引き起こす。これら心身の不調や会社への不適応状態を改善するためには，仕事や人間関係へのとらえ方を改善し，ストレス解消法や対処法を身につけていくことが重要である。ところが，職場において，不適応やストレスの原因となっていると思われる外的な環境要因（仕事の内容や人間関係など）は，直接的にはたらきかけて変容していくことが困難な場合が多い。したがって，職場におけるストレス管理は，その人の考え方やふるまいを変容していくことに焦点がおかれる。

　それでは，職場のストレスにはセルフ・エフィカシーはどのように関与しているのだろうか。鈴木ら（1998）によれば，職場のストレスを改善するには，ストレッサーの特徴を十分に考慮し，その場面に合った対処行動を実行していく必要があるという。したがって，職場のストレスを軽減するためには，当該の問題を解決していくために必要とされる対処行動を明らかにし，その行動へのセルフ・エフィカシーを向上させていくことが重要である。しかしながら，職場のストレスには，複数の問題が複雑に関与している場合が少なくない。たとえば，困難な仕事を苦手な上司と進めなければならないなどがよい例である。そこで，特定の対処行動に対するセルフ・エフィカシーを高めると同時に，職場における全般的なセルフ・エフィカシーを高めていくことも必要であるといえるであろう（バンデューラは，前者を場面特異的セルフ・エフィカシー，後者を一般性セルフ・エフィカシーとよんだ）。つまり，職場における一般性セルフ・エフィカシーと対処行動へのセルフ・エフィカシーのそれぞれが，ストレス状態にどのような影響を及ぼしているかを理解することが，職場のストレス管理を効

第Ⅱ部　セルフ・エフィカシーの実際を探る

果的に行なうことにつながるのである。

　図9-2は，職場における一般性セルフ・エフィカシーと対処行動へのセルフ・エフィカシーが，職場の無力感にどのような影響を及ぼしているかを示したものである。図9-2を見ると，一般性セルフ・エフィカシーは，各ストレス場面における無力感に直接的な影響を及ぼすとともに，対処行動へのセルフ・エフィカシーにも影響を及

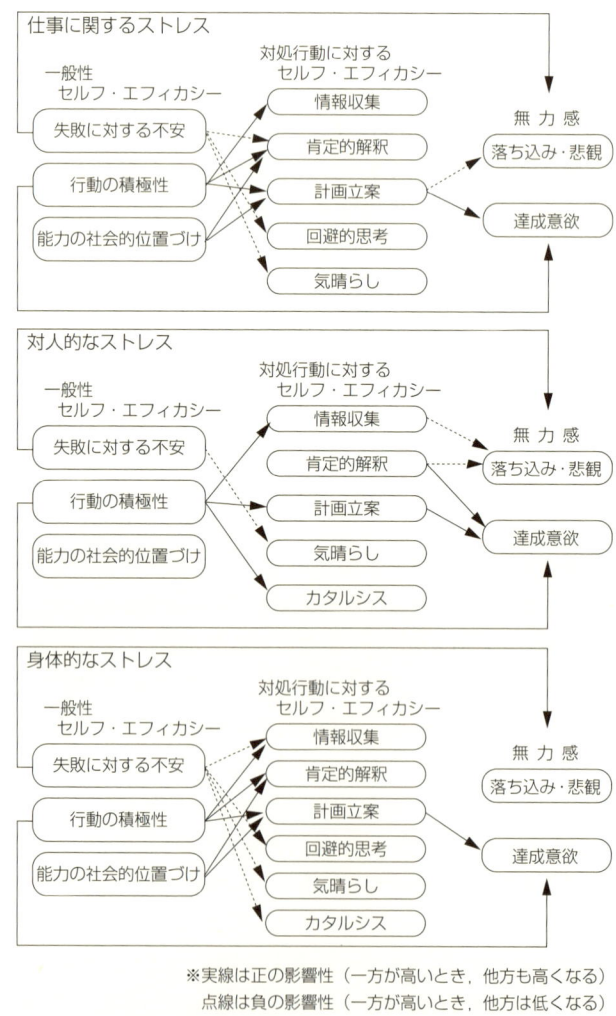

※実線は正の影響性（一方が高いとき，他方も高くなる）
点線は負の影響性（一方が高いとき，他方は低くなる）

❶図9-2　各ストレス場面におけるセルフ・エフィカシーの効果（陳ら，1999）

ぼしていることがわかる。また，仕事に関するストレッサーや身体的ストレッサーに対しては，計画を立てて問題を解決していく対処行動へのセルフ・エフィカシーを強くもつことが無力感の低減に有効であるが，対人的なストレッサーの場合には，計画を立てて問題を解決していくとともに，情報を収集したり，ものごとを肯定的にとらえるなど複数の対処行動へのセルフ・エフィカシーを強くもつことが無力感の低減に有効であることがわかる。これらの結果は，職場の無力感を軽減するためには，当該のストレス場面に適した対処行動へのセルフ・エフィカシーを高めると同時に，一般性セルフ・エフィカシーを高めていくことが必要であることを示している。

以上のことから，職場のストレス管理において，セルフ・エフィカシーを効果的に向上させるためには，セルフ・エフィカシーを高める4つの情報源を活用していくことに加え，以下のようなことが必要であると考えられる。

①直面するストレッサーの性質や職場環境の性質を考慮し，その状況において有効な対処行動を整理すること。
②整理された対処行動のなかで，容易なものから実行していき，成功経験を重ね，対処行動へのセルフ・エフィカシーを高めるとともに，対処行動のレパートリーを増やしていくこと。
③当該の問題に関連する対処行動だけでなく，その他の対処行動や対人スキルを身につけていくことによって，職場における一般性セルフ・エフィカシーを高めていくこと。

（3） 慢性疾患に伴う心身のストレスとセルフ・エフィカシー

生活習慣病や重度の心疾患，あるいは悪性腫瘍などの慢性疾患は，身体的苦痛や症状悪化への不安，あるいは生活技能の低下といったさまざまな心理社会的な問題を引き起こす。また，これらの身体症状や心理社会的問題は，患者の日常生活を大きく制限し，クオリティ・オブ・ライフ（quality of life：QOL）の低下をもたらす（笠貫，1997）。たとえば，鈴木ら（1997a）によれば，予期せぬ発作にたびたび襲われるような不整脈を有する患者は，発作への不安や外出恐怖などを強く訴え，生活に対する自信を失っている状態にある。そして，発作への不安などのストレスが心臓活動を不安定にし，さらに発作が生じやすい状態になるという悪循環を形成しているのだという。したがって，慢性疾患患者の予後改善や日常生活への適応を考える際には，日常生活に対する自信を高め，ストレスを軽減していく必要があるといえるであろう。

それでは，セルフ・エフィカシーは，慢性疾患患者のストレスにどのような影響を及ぼしているのだろうか。鈴木ら（1999）によれば，心不全患者のストレス状態とセ

ルフ・エフィカシーとの関連を検討すると，心不全の病態（重度／軽度）の違いから比較した場合には，両者に大きな違いは認められないが，心理的ストレス状態を患者のセルフ・エフィカシーの違い（高群／低群）から比較すると，両者に差異が認められ，セルフ・エフィカシーが高い患者のストレス状態は，低い患者に比べて，顕著に低いことが報告されている（図9-3）。また，平井ら（2001）によれば，悪性腫瘍患者において，病気の進行に伴う心理的変化（不安や絶望感，怒りや悲しみなど）とセルフ・エフィカシーとの関連を検討すると，気分調整へのセルフ・エフィカシーが高い人は，そうでない人に比べて，実際のうつ状態や不安症状が低いことが報告されている。これらの結果は，慢性疾患患者の心理的ストレス状態は，生活行動への統制感や気持ちのコントロールへの自信の強さ，あるいは，前向きに取り組もうとする姿勢などといったセルフ・エフィカシーの程度によって大きく緩和されることを示している。

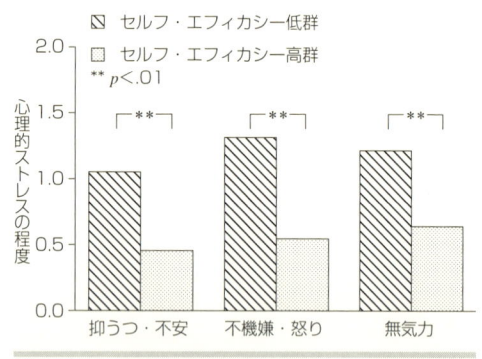

◐図9-3 心不全患者のセルフ・エフィカシーの強さから見た心理的ストレス状態（鈴木ら，1999）

以上のことから考えると，慢性疾患患者の身体的苦痛や症状悪化への不安を緩和していくには，生活を過剰に制限するのではなく，実行可能な行動を自分の心身の状態をうまく調整しながら行なっていくことを通して，その行動に対するセルフ・エフィカシーを高めることが必要であると考えられる。具体的には，以下のようなことがポイントとなる。

①生活のなかで実行可能な行動を整理し，できることから実行していくこと。
②患者どうしのネットワークなどによる情報交換を行ないながら，生活のなかでの工夫点を話し合い，励まし合うこと。
③医師や看護師が，患者の病態の許す範囲内で積極的な行動を推奨し，心身の活性

化をうながすようなかかわり方をすること。
④患者自身がその日の体調や気分と活動状態を記録しながら，自分の体調や気分に合わせた活動スケジュールを立てていくこと。

4. 症　例

〈症例〉：25歳，女性，会社員
〈主訴〉：腹痛，吐き気，頭痛，全般的な自信喪失感，対人場面における不安・緊張
〈既往歴〉：特記すべきことなし
〈家族歴〉：両親と本人の3人家族。両親は東京近郊に家を新築して引っ越し，本人は現在1人住まいである。
〈現病歴〉：入社4年目になるが，2年前にそれまで面倒をみてくれていた上司が転勤になった。このころより，仕事に対して重圧感，負担感，自信のなさを感じるようになった。また，職場では毎朝交代で3分間スピーチを行なっている。人前で話すのが苦手なので，以前から非常に苦痛に感じていた。半年前，スピーチが嫌で会社を休んでしまったことをきっかけとして，先輩女子社員に嫌がらせを受けるようになった。その後も何度か自分がスピーチ当番のときには会社を休んだり，取引先に書類を届けるからと嘘をついてスピーチを回避していた。ところが，3か月前にその嘘が会社にわかってしまった。その後先輩女子社員の嫌がらせはエスカレートし，口をきいてもらえないことも多くなった。このころより，出社しようとすると腹痛，吐き気，頭痛などの身体症状が現われるようになり，会社を休むことが多くなった。会社の診療所の紹介で都内大学病院にて検査を受けたが，とくに異常なしということで受診となり，予備面接のあと，認知行動療法に導入した。
〈治療方針〉：身体症状に対する苦痛，出社に対する強い不安があることから，会社に2か月の休職届けを提出し，週1回の面接を実施した。初診〜第4回目の面接をのなかで，「人とうまく話すことができない，緊張しておどおどしてしまう」，「人が自分のことをどう思っているのか，いつも気になってしまう」，「1か月前から1人住まいを始めたが，きちんと家事ができない，何をやっても，1人ではダメなんだ」などの訴えがあった。そして，これらの面接の内容から，次のように問題点を整理した。すなわち，情緒面として，不安，抑うつ感，自信のなさ，行動面として，対人的な場面からの回避，コミュニケーションスキルの不足，認知面として，自己に対する否定的な考え方，他者評価に対する過剰な不安などの点である。そこで，行動面と認知面の

改善をとおして情緒面の安定を図ることを目的として，会社での苦手な場面を題材にしたロールプレイを行ない，職場における対人的スキルへのセルフ・エフィカシーを向上させることにした。

〈診断〉：DSM-IV により，社会不安障害を背景とする会社不適応と診断された。心理検査では CMI は III 領域（身体的自覚症状5点，精神的自覚症状19点），BDI は24点であった。

〈治療経過〉：ホームワークによって作成された会社での苦手な場面のリストにしたがって，9つの場面（上司との会話，取引先との電話，先輩社員への頼み事の場面など）について，ロールプレイを3セッション（第6回～8回面接）にわたって実施した。ロールプレイは，細かな状況を聴取した後，以下の手続きで行なわれた。

①治療者が相手役となって，いつものようにふるまってもらう。
②そのときに浮かんだ否定的な考え方，気分を聞く。
③ふるまいについて工夫できる点はないか，否定的な考え方に相反する他の考え方はないかを話し合う。
④役割を交代して，話し合った工夫点や改善点をふまえて，治療者が実際に行なってみる。
⑤治療者のふるまいについての感想を聞くとともに，その状況における適切性を評価する。
⑥再度役割を交代して，患者自ら工夫しながらやってみる。
⑦最初に浮かんだ考え方や気分がどのように変わったかを聞く。

ロールプレイの題材となった場面では，当初「相手はどんなことを言うのか不安だ」「自分のことを怒っているのではないか」「緊張しておどおどしてしまう」などの認知・行動的症状が多く観察されたが，ロールプレイを重ねるにしたがって，「話す内容を整理してから話す」「相手の状況を見て話しかける」「どのように話すかリハーサルする」「気がかりなことは最初に切り出す」などの工夫点を見つけ，実行できるようになった。そして，徐々に「何とか話せそうだ」「いつも完璧でなくてもいいんだ」「最初は緊張するが，話し出せば大丈夫だ」といった望ましい考え方ができるようになってきた。そして，第9回面接になると，対人場面における自信もしだいに高まり，身体症状も安定するようになってきた。患者は，休職期間が翌週切れることに対して，会社で本当にうまくやれるか等の不安を残していたが，あまり休職期間を長くするとかえって職場復帰が困難になることや，身につけたスキルを実際の場面で実行してみることの重要性を治療者が指摘したところ，次の週から出社するにいたった。図9-4は出社に対するセルフ・エフィカシーを100点満点で評定したものを示したものである

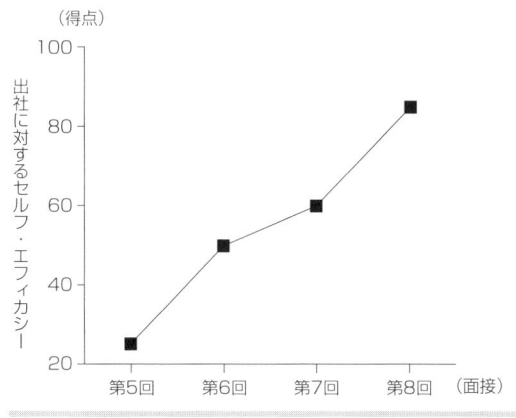

◐図 9-4　出社に対するセルフ・エフィカシーの変化（鈴木ら，1997b）

が，ロールプレイを重ねるごとに向上している。以上のことから，ロールプレイを用いた認知・行動的介入によって，セルフ・エフィカシーに変化がみられたことがわかる。

〈考察〉：この症例は，対人的な不安，緊張，全般的な自信のなさ，および身体症状を伴うという会社不適応のケースであった。また，これらの症状にはコミュニケーションスキルの不足，自己に対する否定的な認知，他者評価不安が大きく関与していたと考えられる。本症例では，これらの問題点に関して，ロールプレイを用いた新しいスキルの獲得や，状況に即した適切な考え方のトレーニングを行なった。その結果，会社に対するセルフ・エフィカシーが向上するとともに，依存的な考え方や，問題を避ける傾向，自己に対する否定的な考え方に改善がみられた。このような認知的変化は，次のような介入効果によるものであると考えることができる。

① 工夫点を探したり，治療者の行動をモデリングすることによって，望ましいコミュニケーションスキルを獲得することができたこと。

② 自己および治療者の行動の適切性を評価することによって，状況を客観的に観察することができるようになり，状況に即した考え方を身につけることができたこと。

③ 成功経験を重ねることによって，自己に対する否定的な認知が低減したこと。

このように，対人的な場面で喚起される認知が改善され，具体的な対処法を身につけることによって，出社に対するセルフ・エフィカシーが向上し，対人的な不安が低減したと理解することができる。

※この症例は，鈴木ら（1997b）に掲載されたものである。

表9-1　セルフ・エフィカシーの測定法の例

①一般性セルフ・エフィカシー
以下にあげる項目を読んで，今のあなたにあてはまるかどうかを判断して下さい。あてはまる場合は「YES」，あてはまらない場合は「NO」を○で囲んで下さい。

失敗に対する不安（項目例）
　・何かをするとき，失敗するのではないかと不安になることが多い
　・小さな失敗でも人よりずっと気にするほうである
行動の積極性（項目例）
　・どんなことでも積極的にこなすほうである
　・結果の見通しのつかない仕事でも，積極的に取り組んでいくほうだと思う
能力の社会的位置づけ（項目例）
　・友人よりも特に優れた知識をもっている分野がある
　・世の中に貢献できる力があると思う

②場面特異的セルフ・エフィカシー（対処行動へのセルフ・エフィカシー）
あなたが困難な場面に遭遇したり，ストレスを感じたとき，それを解決したり，不快な気持ちを和らげるために，以下に示すそれぞれの行動や考え方をどの程度自信をもって行うことができると思いますか。あてはまると思う数字を○で囲んで下さい。

> 常に自信がある　　：3　　やや自信がある：2
> あまり自信がない：1　　自信がない　　：0

情報収集（項目例）
　・詳しい人から自分に必要な情報を収集する　　0　1　2　3
計画立案（項目例）
　・原因を検討しどのようにしていくべきか考える　0　1　2　3
放棄・諦め（項目例）
　・対処できない問題と考え諦める　　　　　　　0　1　2　3
肯定的解釈（項目例）
　・悪い面ばかりでなく，良い面を見つけていく　　0　1　2　3
回避的思考（項目例）
　・そのことをあまり考えないようにする　　　　0　1　2　3
気晴らし（項目例）
　・友達とお酒を飲んだり，好物を食べたりする　　0　1　2　3
カタルシス（項目例）
　・話を聞いてもらって冷静さを取り戻す　　　　0　1　2　3

③出社に対するセルフ・エフィカシー
今の時点で，会社にどの程度行くことができそうだと思いますか？　十分に自信があるを100％，全く自信がないを0％としたとき，今の自信の程度は，何％ですか。

　　　　　　　　　　　　　　　　　　　　　　会社に行く自身は（　　　）％

●引用文献●

Bandura, A. 1977 Self-efficacy: Toward a unifying theory of behavioral change. *Psychological Review*, **84**,191-215.

Bandura, A., Taylor, C. B., Williams, S. L., Mefford, I. N., & Barchas, J. D. 1985 Catecholamine secretion as a function of perceived coping self-efficacy. *Journal of Consulting and Clinical Psychology*, **53**,406-414.

陳　峻文・鈴木伸一・奈良元寿・坂野雄二　1999　職場における無力感に関する研究：職場の無力感とセルフ・エフィカシーとの関連について　産業精神保健, **7**,45-60.

平井　啓・鈴木要子・恒藤　暁・池本昌之・茅根義和・川辺圭一・柏木哲夫　2001　末期癌患者のセルフ・エフィカシー尺度開発の試み　心身医学, **41**,19-27.

Jerusalem, M. & Schwarzer, R. 1992 Self-efficacy as a resource factor in stress appraisal processes. In R. Schwarzer (Ed.) *Self-Efficacy-Thought control of action-*. Washington: Hemisphere, pp.195-213.

笠貫　宏　1997　心不全と「こころ」の問題　平盛勝彦（監）心不全を考えてみよう　東京：日本アクセル・シュプリンガー出版　pp.36-42.

Lazarus, R. S., & Folkman, S. 1984 *Stress,appraisal,and coping*. New York: Springer.

前田基成・坂野雄二　1987　登校拒否児の治療過程におけるSELF-EFFICACYの役割の検討　筑波大学臨床心理学論集, **3**,45-58.

大河内浩人・坂野雄二　1985　状態不安喚起に及ぼす対処行動の影響　千葉大学教育学部紀要（第1部）, **34**,55-67.

坂野雄二　1995　認知行動療法　日本評論社

嶋田洋徳　1996　中学生におけるセルフ・エフィカシーの心理的ストレス軽減効果　ヒューマンサイエンスリサーチ, **5**,55-68.

鈴木伸一・笠貫　宏・大西　哲　1997a　発作性および慢性心房細動患者における基礎疾患の有無からみたQOLおよび発作不安の検討　第51回循環器心身医学研究会会合記録, 9-11.

鈴木伸一・熊野宏昭・坂野雄二　1997b　心身症の認知行動療法－症例を中心に－　心身医療, **9**,1260-1267.

鈴木伸一・陳　峻文・奈良元寿・坂野雄二　1998　職場のストレスに及ぼす認知的評価および対処の効果　産業精神保健, **6**,149-162.

鈴木伸一・笠貫　宏・坂野雄二　1999　心不全患者のQOLおよび心理的ストレスに及ぼすセルフ・エフィカシーの効果　心身医学, **39**,259-265.

東條光彦・坂野雄二　1989　self-efficacyと結果予期が課題遂行に及ぼす影響　千葉大学教育学部研究紀要, **35**,13-21.

Wiedenfield, S. A., O'Leary, A., Bandura, A., Brown, S., Levine, S., & Raska, K. 1990 Impact of perceived self-efficacy in coping with stressor on components of the immune system. *Journal of Personality and Social Psychology*, **59**,1082-1094.

10章 糖尿病患者の自己管理

1. 糖尿病患者と自己管理

　糖尿病のなかでも，とくにインスリン非依存型糖尿病の大部分は，過食や肥満，運動不足，日常のライフスタイルなどがその要因といわれており，糖尿病の治療には，ライフスタイルの改善が必要不可欠である。しながながら，患者の不適切なライフスタイルの変容を促進する１つの要因として，患者自身の自己管理があげられる（三村ら，1990）。とくに糖尿病は診断されたその時点から合併症が現われるまでの患者自身の自己管理やその実践によって，身体的変化や症状の進行が異なってくる。つまり，早期診断されても，その後の自己管理が悪ければ，合併症が起こりやすくなる。したがって，糖尿病患者にとって自己管理は，治療に重要な意味をもち，患者の自覚症状に応じて適切な医学的治療を行なうと同時に，診断時から患者の自己管理とそれを支える適切な指導が必要である。
　ここでは，実際に患者の自己管理の能力を高めるためのはたらきかけ（指導）がどのように行動変容につながっていくかを，セルフ・エフィカシーの概念からみることにする。

2. 治療に対する自己管理とセルフ・エフィカシー

　セルフ・エフィカシーは，遂行行動の達成，代理的経験，言語的説得，情動の喚起といった４つの情報源をとおして個人が作り出していくものであると考えられている。これらの４つの情報源は糖尿病患者の治療行動自己管理に応用するとさまざまな指導法を見つけだすことができる。言い換えると，患者の自己管理を向上させる指導を行なう際，これらの情報源は重要な影響要因となる（図10-1）。たとえば，「自分にはできそうもない」と思われることを，他の患者が実践するところをみるという代理的

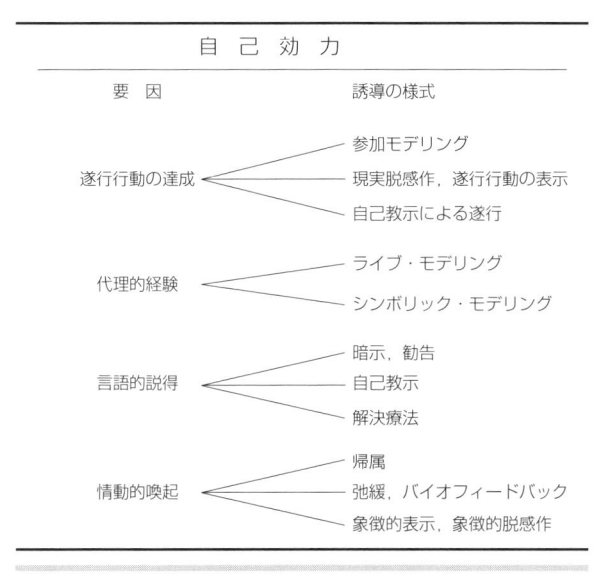

```
━━━━━━━━━━━━━━━━━━━━━━━━━━━━━━━━━━━━━━━━━━
                   自 己 効 力
━━━━━━━━━━━━━━━━━━━━━━━━━━━━━━━━━━━━━━━━━━
       要 因              誘導の様式

                     ┌── 参加モデリング
      遂行行動の達成 ───┼── 現実脱感作，遂行行動の表示
                     └── 自己教示による遂行

                     ┌── ライブ・モデリング
      代理的経験 ──────┤
                     └── シンボリック・モデリング

                     ┌── 暗示，勧告
      言語的説得 ──────┼── 自己教示
                     └── 解決療法

                     ┌── 帰属
      情動的喚起 ──────┼── 弛緩，バイオフィードバック
                     └── 象徴的表示，象徴的脱感作
━━━━━━━━━━━━━━━━━━━━━━━━━━━━━━━━━━━━━━━━━━
```

図10-1　自己効力の誘導の様式と主要な情報源（奈須，1995）

経験をモデリングすることによって，自分にも「できそうだ」という見通しが立ち，セルフ・エフィカシーの向上につながる。また，患者自身が自己管理に必要な行動が達成できたという成功体験や遂行行動の達成によって，「やればできる」というセルフ・エフィカシーが強くはたらくきっかけとなる。さらに，患者の「遂行行動の達成」「代理的経験」に対して，計画的な指導とフィードバックをくり返すことによって，治療に対する動機づけをさらに高めることができる。

つまり，患者自身がいかに多くの努力を自己管理に払おうとするか，あるいは自己管理が困難な場面にいかに長く耐えることができるかということに直接影響を及ぼすのがセルフ・エフィカシー，つまりその人の認知のはたらきである。このことは，セルフ・エフィカシーを高くもっている患者が，治療に対する自己管理をより効果的に行ない，糖尿病コントロール（HbA1c，血糖値など）も良好であるという報告からも明らかである（Grossman et al., 1987；金ら，1996）。

以上のことから，セルフ・エフィカシーの情報源に影響する要因をどのように患者から引き出し，自分の努力でコントロールできるように援助するのかがこれからの課題となる。

3. セルフ・エフィカシーの臨床的意義

　糖尿病外来を受診する患者に多くみられるタイプは，治療しようとする意欲は高いが，自己管理がうまくできない患者である。疾患に対する知識は十分にあると考えられるが，実際の自己管理の実践場面に直面した際，「自分はうまくできそうもない」と考えてしまい，初期の段階からやる気をなくしてしまう患者である。次には，治療に対する動機づけが高まっても，期待するような結果が得られなかった場合，治療に対する動機づけが下がり，やる気をなくしてすぐに元にもどってしまう患者である。一般的にこれらの患者は，ある一定の状況を克服しようとするより，「やってもできない」「自分には能力がない」と決めつけてしまう傾向がみられる。また，自分なりに努力しても期待するような結果が得られずに治療に対する意欲を失ってしまう患者も多くみられ，これらの患者の共通点は，「あきらめが早い」ということである。これらの行動は問題に対する認知のゆがみが障害になり，正確に状況を把握することが困難であることから生じると考えられる。このように，治療に対する意欲を失ってしまう理由は患者によってさまざまであるが，いずれのタイプもやる気をなくして自己管理に失敗する傾向が強いことがあげられる。

　ホフステーター（Hofstetter et al., 1990）は，治療過程で認知の問題を積極的に取り入れ，患者がもっている考え方に注目することが，結果的には治療効果を高めることにつながると報告している。また，個人のセルフ・エフィカシーの強さを見極めることによって，その人の感情の強さや不安の強さ，行動の活発さなどを予測することができるといわれている（坂野，1995）。

　このように，ある場面で患者自身の努力によって，行動目標の達成による成功体験が得られた場合には，動機づけはさらに向上する。また，同じ疾患をもっていても，個人の考え方によっては，その病型や現われる症状とその治療効果は異なるため，患者がもっている能力を引き出し，患者の考え方や信念という認知的な側面へのはたらきかけを通じて，治療への動機づけを高めることができる。

4. セルフ・エフィカシーを高める方法とその進め方

　セルフ・エフィカシーは，患者個人に与えられた課題の選択に大きく影響される。とくに，得られた達成感が自分の努力によるものであると評価されたときにセルフ・

エフィカシーは一層高くなる（金ら，1996）。また，一定期間中，くり返しフィードバックされる場合には，与えられた課題を達成するための意欲がさらに増進する。つまり，患者の問題解決能力を引き出し，それにあわせて指導することによって，持続的にセルフ・エフィカシーを向上させることができる。

　また，疾患の治療過程において，セルフ・エフィカシーを高めることによって，不適切な行動の変容を促進し，それに対処する能力を向上させることが可能である（Kok et al., 1991；Altmaier et al., 1993）。しかし，提供する援助のしかたや治療法がうまくいかなかったりすると，必ずしも期待するような結果は得られない。臨床場面でこれらを実践するためには，治療者と患者がお互いにセルフ・エフィカシーを高める意義やその方法を理解し，バランスよく実践することが必要である。正しい医学的治療法の選択とともに，不適切な行動の変容を行なうことにより，症状の改善がより促進されると考えられる。

　さて，セルフ・エフィカシーを向上するためには，患者の行動や考え方がどの段階にあるのか，その変化を知る必要がある。それぞれの段階によって，患者が必要としている援助が異なるからである。たとえば，表10-1で示したように，石井（1995）は，行動変化の開始から獲得までを5段階に分類し，準備期までは，認知的手段にはたらきかけることが有効であり，準備期以後には行動的手段にはたらきかけることが有効であると報告している。つまり，それぞれの段階による行動変化の特徴を把握することによって，どのように指導すればよいかがわかると同時に，その時どきに患者にとって必要な適切な援助ができると考えられる。また，治療に対する動機づけを高めるタイミングを見極め，学習指導を行なうことが，その後の健康行動の持続に大きく影響を及ぼすと考えられる。

●表10-1　行動変化への準備段階（石井，1995）

段階	定義
1）PRECONTEMPLATION（前熟考期）	病識がない，問題を否認している
2）CONTEMPLATION（熟考期）	変化の必要性を考え出している
3）PREPARATION（準備期）	患者なりに行動変化を起こしている
4）ACTION（行動期）	適切な行動を始めているが6か月以内
5）MAINTENANCE（維持期）	6か月以上適切な行動を続けている

　ハウスら（House et al., 1986）は，食事療法がうまくコントロールできない要因の1つとして，治療者と患者の間に考え方のズレを指摘している。たとえば，患者側は，

失敗した原因が家族や仕事などの生活環境からくると考える一方，治療者側は，治療に対する意欲が乏しい患者自身が原因であると考える。治療者と患者の間の考え方のズレによって，治療に混乱が生じ，自己管理がうまくできなくなる可能性が高い。

以上のことを含めて，糖尿病患者の自己管理能力を向上させるには，治療の初期段階から患者個人の情報をさまざまな側面から収集する必要があり，情報収集の方法とその進め方について次のような方法が用いられている。

（1） 情報収集の方法について

情報収集は患者のニーズを明らかにし，現在求める援助は何かを把握するためにも重要である。これらは，患者の問題点を引き出して，それを解決する方向に向かうように援助する基盤となるからである。また，どのような方法で情報を得るのかということも重要である。たとえば，患者個人の食行動について効果的な情報を得るためには，表10-2に示したように，それぞれの段階にそって，情報を収集することが望ましい。そのためには，あらかじめ情報収集の枠組みを用意しておく必要がある。

次に示す4つの方法から患者の状況や自己管理の能力にあわせて目的別に情報収集ができる。

●表10-2　食行動情報収集の各段階

第 1 段 階		第 2 段 階	第 3 段 階
食生活に対する全体的な情報	→食習慣などの日常生活に関する情報	情報システムづくり →指導法の工夫	食事療法に対するコンプライアンスの悪さの要因を見つける
食生活 ・食事時間 ・欠食 ・間食 ・好き嫌い ・家族の構成 ・誰が調理をするか ・栄養状態の把握	食行動タイプの分類 ・主食スタイル ・アルコールスタイル ・間食スタイル ・運動不足スタイル ・過食スタイル ・偏食スタイル ・美食スタイル	1．個人面接や記録の情報から社会的背景と学習理解能力を把握 2．患者個人のコントロール能力にあわせた指導法の工夫 （例）・指導法の分類 　　　　　（能力別，段階別） 　　　・個人指導・集団指導	・外食が多い ・間食 ・不規則な生活 ・アルコール ・面倒くさいと思っている ・ストレス ・患者の食事療法の理解度の把握 ・自分の食行動について十分に理解しているか

①日常生活でイメージすることばの変化による情報収集

問題行動と関連があると考えられる具体的なことば（たとえば，食べる，がまんする，続けるなど）をキーワードとしてあげ，何をイメージするかを文章にしてもらう。日常生活でイメージすることばに含まれている感情の表現に注目することによって，治療に対する考え方や，その状況に関する情報を得ることができる。

この方法により，①患者の隠れている考え方の変化の過程を患者とともに観察でき，②患者との話し合いのきっかけとなり，治療に対する動機づけを高めるタイミングをとらえることができる。

　この方法は，①治療者との考え方のズレがあると考えられる患者，②いつも，仕事などで忙しくて食事記録ができない，あるいは記録を続けられない患者，③治療に対する自己管理を面倒であると考える患者，④コミュニケーションがうまくとれない患者などに用いられる。

②自己報告式の自由記録による情報収集

　日常生活を日記方式で記録する。この方法のメリットとしては，患者自身が気づいてない問題行動を気づかせることができ，それに対して適切な援助を行なうことができる。また，記録に基づいて適切なフィードバックができる。しかし，行動変化をまったく起こす気がない患者には，期待するような結果が得られないことも考えられる。

　この方法は，①治療に対する動機づけが高まっている患者，②自己管理の失敗経験をくり返す患者，③糖尿病以外に何らかの合併症をもっている患者などに用いられる。

③面接による情報収集

　患者との面接によって現在の悩みや感情の変化，疾患に対する態度などの認知的反応パターンを把握することができる。この方法は，患者との信頼関係を高めることができるが，決められた外来診療時間に患者の期待する満足感を与えることができない場合もある。限られた時間に効果的な面接を行なうためには，短期間で解決するものは何か，あるいは，長期間時間をかけて解決するものは何かを把握しながら，その時の状況にあわせて面接を進めることが重要である。たとえば，「どのようなことで困りますか」「がまんしていること，心配していることはありませんか」など，患者が自分の感情を表現できるような質問の内容や形式を用い，工夫された面接を進めることが重要である。

　この方法は，記録することが苦手な患者を含め，①生活でイメージすることばの変化による情報収集と，②自己報告式の自由記録による情報収集などに，一般的に用いられる。

④質問形式のアンケートによる情報収集

　いくつかの質問形式のアンケート法を用い，患者が治療に対する自己管理をどのようにとらえているのかについて情報を得る。この方法は，比較的簡単に用いることができる。しかし，患者が意識的に回答を歪曲させる可能性があるので使用する質問紙の特徴と目的を明確し，収集しようとする情報の内容やその目的にあわせて質問紙項目を選んで行なうことが重要である。この方法は，①治療に対する全体的な評価が必

要なとき，②患者の課題遂行能力の評価が必要なときに用いられる。

（2） 患者が必要とする情報の把握

セルフ・エフィカシーを高める要因を見つけるためには，まず，患者が最も必要とすることは何か，あるいは援助してもらいたいことは何かを把握することが重要である。また，それぞれの方法で得た情報から，①援助すること，②援助を求めること，③解決すべき問題点，④援助を求めている問題点，⑤援助の必要性など，援助の前段階で必要な情報を把握しておく準備が必要である。また，患者を取り巻く環境を全体的に把握することが間接的にセルフ・エフィカシーの強化につながっていく。

（3） 学習体験

患者の問題解決能力を引き出すためには，まず，治療者が患者の個人情報に基づいて行動目標の設定を行ない，さらに，患者本人が行動目標設定の学習体験を行なうこ

●表10-3　行動目標にそった段階的指導（例：早食いの習慣がある患者）

行動目標	早食いはやめ，30回以上噛みながらゆっくり食べる。
第1段階	10回以上噛みながら食べてみましょう。
	3日ぐらい続けるようにホームワークを出して記録させ，うまくできたら次の段階に進む。うまくいかない時には十分に話し合い，日常生活で実行可能な目標（たとえば，朝が忙しい患者には，夕食時のみ実施する）を設定して無理なく進めるようにする。
第2段階	15回以上噛むように意識しながら食べてみましょう。
	3日ぐらい続ける。この時，決めた目標が実行できたら，目標達成に対する成功体験を感じさせる。また，やる気が出るように励ます。
	20回まで，もうちょっとやってみませんか。
	患者の意志を確認する。患者が実行するのはむずかしいと感じている場合は，無理をせず，患者自身ができる範囲でしばらく続けるように指導する。また，うまくできない理由を明らかにし，患者と解決方法をさぐってみる。
	もう少し頑張ってみますか。
	前向きな意志がみられた時には，これまで継続できたことに対してねぎらいのことばをかけ励ます。そして，次の段階に進む目標を立てる。
第3段階	20回以上噛みながらゆっくり食べましょう。
	1週間続ける。この段階でもう一度，正しい知識の確認をしながら話し合う（なぜ30回噛む必要があるのか）。ここで決めた目標を実行できないときは，1つ前の段階に戻り目標づくりをやり直す。あるいは，実際に目標を達成できない点について話し合い，うまくできる方法を捜してみる（たとえば，スープのようなものばかりではなく，噛む数を多くするための固めの料理など）。うまくできたら次に進む。患者のできた目標行動に対して賞賛する。
第4段階	25回以上噛みながらゆっくり食べましょう。
	患者のようすや実行能力を観察しながら，次の段階に進んでいく。

とが重要である。なぜなら，治療者による直接的な指導期間が終わった後も自己管理の能力を高め，維持することが必要となるからである。

　患者に学習体験を行なわせるためには，まず，得られた情報に基づいて，具体的な指導を行なう。表10-3に示すように，指導を行なう際，成功体験，あるいは失敗体験をタイミングよくとらえて評価することは，治療に対する動機づけを効果的に高める。うまくできなかった場合には，次の段階に進むか，あるいは再学習するかをその時の状況にあわせて決めることも重要である。

　治療者によって作成された行動目標を達成することができたら，次に，患者自身が行動目標を設定し，自己評価する学習体験を行なうようにする。学習体験を行なうことによって，①患者のやる気を引き出し，自己管理能力をアップさせる，②自己管理の重要さを認識するきっかけをつくる，③どうすれば実行しやすいのか，糖尿病患者に必要な基本的知識と治療上必要なスキルを学ぶ，④明らかにされた問題点についてどのように対処するか，患者自身が判断できるように，治療者が積極的に援助することができるなどの効果がある。

（4）セルフ・エフィカシーの評価・測定方法

　坂野（1995）は，セルフ・エフィカシーを3つの次元で理解することができると報告している。第1に，必要とされるさまざまな行動を，簡単なものから困難なものまで難易度の順に並べたときに，どのくらいむずかしい行動まで行なうことができるかという次元。第2に，ある行動に対して，どのくらい確実に遂行できるかという確信の強さの次元。そして，第3は，ある状況での行動に対して形成されたセルフ・エフィカシーが，場面や状況，これまでの行動を超えてどの程度まで般化するかという一般性の次元である。

　このように患者自身の行動や考え方がどのくらいの強さであるか，またどれほど習慣的であるのかを気づかせるためには自己評価による測定法が有効である。したがって，糖尿病治療に対する自己管理を促進するためには，臨床検査値の結果のみを評価するのではなくて，患者自身が自分の疾患に対してどのような見方をしているか，治療過程のできごとも含めて評価することが重要である。次に，糖尿病患者の指導経過と治療結果による評価をみてみる。

①指導過程の推移，治療効果評価の測定法

　セルフ・エフィカシーの評価・測定法は2つの側面から取り上げることができる。1つは，疾患に対する知識や行動の変容，および臨床検査値の結果に対する評価であり（たとえば，質問紙形式のアンケート結果，検査値結果など），次に，ある特定の

状況で行動変容が行なわれているその過程を評価することである（たとえば，自己報告式の自由記録，面接などから得られた情報）。

さらに，患者自身が自分の疾患に対してどのような見方をしているかを把握し，治療者と患者の考え方のズレを明らかにして適切な援助を行なうためには，患者の自己評価と指導者による他者評価の両方の評価を行なうことが重要である。表10-4に示すように，両方の立場からそれぞれの課題を評価することによって，治療の自己管理の実践過程を見直すことができる。

表10-4 自己評価と他者評価

〈患者による評価〉
Ⅰ. 第1段階
1. 治療に対する意欲があったかどうか
2. 自己管理に関する理解度はどのくらいか
3. 疾患に対する正しい知識をもっているかどうか

Ⅱ. 第2段階
1. どのようなことが変化したか（たとえば，知識，自己管理の習得など）
2. 行動の変化がみられたかどうか
3. 問題行動が減少したか，あるいは解決できたか

Ⅲ. 第3段階
1. 満足度（食事量，運動量など）について
2. 家族の反応はどうか
3. 検査値の結果はどうか（血糖値，HbA_1c，合併症の有無）

〈治療者による評価〉
Ⅰ. 第1段階（指導に対する評価）
1. 達成可能な目標を設定したか
2. 治療者の資源（人手や時間）は十分であったか
3. 指導開始時に比べて問題行動が変化し，目標行動に近づいたか
4. 問題点に対する目標設定は適切であったかどうか
5. 患者と積極的にかかわっていったか
6. 課題が達成されて，治療における課題の優先順位が変化したか
7. 指導によってどのような点が改善されたか

Ⅱ. 第2段階（患者とのかかわりに対する評価）
1. 自己管理を実行する能力があるか
2. 日常生活のなかで応用する能力があるか
3. 再教育の必要の有無をチェックする
4. くり返し指導の期間をチェックする

Ⅲ. 第3段階（患者のQOLの評価）
1. ドロップアウトした場合，その要因は何か
2. 自己管理を守れない理由は何か
3. 再アセスメント

②多肢選択形式の心理検査によるセルフ・エフィカシーの強度の評価

患者に質問紙に回答してもらい，患者の認知的な反応を測定する方法である。これまででは，糖尿病患者の認知的反応を測定するための尺度として，糖尿病患者の心理的適応度を評価する感情適応尺度（Dunn et al., 1986）や認知的評価（石井，1995）などがあげられる。また，金ら（1996）は，表10-5に示したように慢性疾患患者の症状改善を考える際に問題となる具体的な行動を取り上げ，健康行動に対するセルフ・エフィカシーの強度を測定する尺度を作成した。この尺度は，健康行動をどの程度実践できるかという確信の度合を明らかにするものであり，「疾患に対する対処行動の積極性」と「健康に対する統制感」の2つの側面から評定を行なうことができる。評定値の平均値を指標とし，平均より低い項目内容のセルフ・エフィカシーを高める指導に用いることができ，認知の変容や症状の改善を促進することが可能になる。

●表10-5　健康行動に対するセルフ・エフィカシー（金ら，1996）

Ⅰ　疾患に対する対処行動の積極性

1. 病気に必要な検査は続けて行なうことができる
2. 規則正しい生活をおくることができる
3. 医者と看護師などのいったことを守ることができる
4. 毎日，自分の体の症状と検査の結果を記録することができる
5. 健康のためなら，喫煙，飲酒，コーヒーはやめることができる
6. 適度な運動を計画通りに続けることができる
7. 現在の主治医を信頼できる
8. 薬を指示通りに飲むことができる
9. 病気の再発を防ぐために定期的に治療を受けることができる
10. 病気に関する測定（血圧・体重など）を自分でできる
11. 食事の制限についての自己管理ができる
12. 自分の体に気を配ることができる
13. 病気について分からない事があれば，気軽に主治医に尋ねることができる
14. 適度な体重を維持することができる

Ⅱ　健康に対する統制感

15. 自分の病気についてくよくよしないでいることができる
16. 自分の感情のコントロールができる
17. 自分を客観的に見つめることができる
18. いやな気持ちになってもすぐ立ち直れる
19. 自分の病気に関することはすべて受け入れることができる
20. 自分は病気に負けないで，前向きに生活していくことができる
21. 体調がよくなくても落ち込まずにいることができる
22. 自分の精神力で病気を克服できる
23. 薬に頼りきりでなく，自分の健康を保とうと自分で努力できる
24. 自分の病気は必ずよくなると信じることができる

5. 自己管理を維持するためには

治療に対する動機づけを高めるためには，その時点で患者が求めていることに応じて援助することが重要である。自己管理を維持するためには，セルフ・エフィカシーを高めるタイミングに応じた適切な指導と日常生活で無理なく実践できる学習指導を行なうことが重要であり，その後の健康行動の増進維持に大きく影響を及ぼすと考えられる。

そこで，糖尿病患者の自己管理の向上と維持に大きく影響を及ぼす要因について考えてみる。

（1） セルフ・エフィカシーを高めるタイミングと指導内容

金（1999）は，セルフ・エフィカシーを高めるタイミングと治療者が選んだ指導法とその内容が，糖尿病患者の自己管理の維持に重要な役割を果たしていると報告している。たとえば，図10-2に示したように，インスリン非依存型糖尿病患者を対象として，16週間の指導プログラムを終了した時点で，指導後1年間の糖尿病コントロールの指標であるHbA1c値の変化を検討した。その結果，指導期間とその直後には期待する効果が得られるが，時間の経過とともに，治療に対する動機づけが高い群も糖

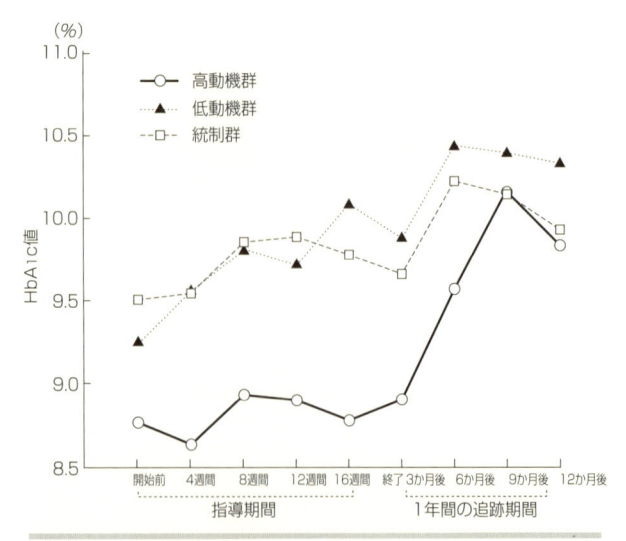

🔴図10-2　指導後1年間のHbA1c値の推移（金，1999）

尿病コントロールを継続的に維持することが困難となることが示された。このことにより，指導終了後も，なんらかのセルフ・エフィカシーを高める再指導の工夫が必要であることが明らかにされた。そして，指導終了後に全体的な再評価を行なうことによって，①誤った考えの見直しができる，②患者自身の自己管理を高める能力に直接的にはたらきかけることができる，自己管理の向上やそれを維持することができる，と考えられる。

また，担当医から自己管理が困難であると判断されたインスリン非依存型糖尿病患者40名を対象として，3群に分けて6か月間にわたりそれぞれ異なる内容の指導を行なった結果，図10-3に示すように，治療者から行動目標を与えられた群（10名）は，指導期間中は生活習慣のコントロールができたが，指導終了後は望ましい生活習慣を維持できなかった。また，患者自身が行動目標を設定し，学習体験された群（15名）は，3か月後のフォローアップ期間まで食行動のコントロールを維持することができた。しかし，記録のみの群（15名）は，3か月の間に14名が治療からドロップアウトした。このことにより，治療効果に指導時期と指導法がセルフ・エフィカシーを向上するのに大きく影響を及ぼすことが明らかにされた。

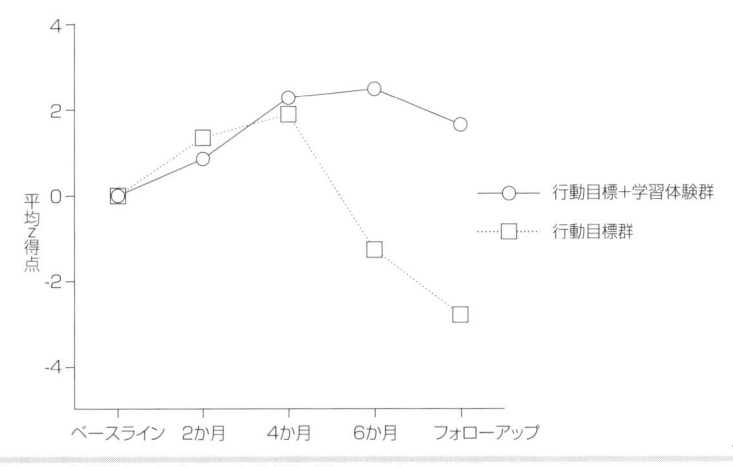

❶図10-3　食行動のコントロールの変化（金，1999）

（2）　家族のサポートとセルフ・エフィカシー

患者にとって家族や周囲からのサポートは，大きくわけて3つの役割があると考えられることができる。①治療に対する動機づけを高める役割，②動機づけを長期的に維持させる役割，③心理的ストレスを緩和する役割である。

金ら（1998）は，長期的に健康行動を維持するために，どのようなソーシャル・サポートが症状の悪化を防ぎ，健康行動に対するセルフ・エフィカシーを高めるかを検討した。その結果，糖尿病がもつ特異性から，情動的な安定の欲求をみたすサポートと疾患の治療に直接的にかかわる具体的な問題を解決するためのサポートが必要であることがわかった。なお，問題解決のための実質的サポートが健康行動に対するセルフ・エフィカシーを高めることが明らかにされた。また，「何もかも助けてあげる」のではなく，患者自身が現在の状況に何を必要とするかを把握して援助することが重要である。したがって，治療者は，家族のサポートの重要性を患者の家族に気づかせ，家族や周囲からの協力が得られるようにはたらきかけることが必要である。とくに，糖尿病治療や自己管理において，家族のサポートは，直接的にも間接的にも患者の健康行動に対するセルフ・エフィカシーを高める重要な要因になると考えられる。

● 引用文献 ●

Altmaier, E. M., Russell, D. W., Kao, C. F., Lehman, T. R., & Weinstein, J. W.　1993　Role of self-efficacy in rehabilitation outcome among chronic low back pain patients. *Journal of Counseling Psychology*, **40**,335 - 339.
Dunn, S. M., Smartt, H. H., Beeney, L. J., & Turtle, J. R.　1986　Measurement of emotional adjustment in diabetic patients : Validity and reliability of ATT39. *Diabetes Care*, **9**,480 - 489.
Grossman, Y. H., Brink, S., & Hauser, T. S.,　1987　Self-efficacy in adolescent girls and boys with insulin-dependent diabetes mellitus. *Diabetes Care*, **10**（3）,324 - 3.
Hofstetter, C. R., Sallis, J. F., & Hovell, M. F.　1990　Some health dimensions of self-efficacy : Analysis of theoretical specificity. *Social Sciences Medicine*, **31**（9）,1051 - 1056.
House, W. C., Pendletion, L., & Parker, L.　1986　Patient's versus physicians' attributions of reasons for diabetic patient's noncompliance with diet. *Diabetes Care*, （9）434.
石井　均　1995　糖尿病患者の行動アセスメント：ノンアドヒアランスの評価　Diabetes Frontier　メディカルレビュー社, **6**,40 - 45.
金　外淑・嶋田洋徳・坂野雄二　1996　慢性疾患患者の健康行動に対するセルフ・エフィカシーとストレス反応との関連　心身医学, **36**,499 - 505.
金　外淑・嶋田洋徳・坂野雄二　1998　慢性疾患患者におけるソーシャルサポートと健康行動に対するセルフ・エフィカシーの心理的軽減効果　心身医学, **38**,317 - 323.
金　外淑・谷口　洋　1999　糖尿病と行動医学　Diabetes Frontier　メディカルレビュー社, **10**,315 - 326.
Kok, G., de Vries, H., Mudde, A. N., & Strecher, V. J.　1991　Planned health education and the role of self-efficacy : Dutch research. Special Issue : Theory. *Health Education Research*, **6**,231 - 238.
三村悟郎・村上啓治・陣内富男　1990　糖尿病の自己管理：概論　日本臨床, 48,1093 - 1095.
宮本美沙子・奈須正裕（編）　1995　達成動機の理論と展開　続・達成動機の心理学　金子書房　pp.116 - 131.
坂野雄二　1995　認知行動療法　日本評論社

11章 人工透析患者の自己管理

1. 慢性腎不全

　近年，わが国でも脳死での臓器移植が始められ，「国内○○例目の脳死移植」「心臓，肝臓は○○大学病院，腎臓は○○病院へ」といった記事を新聞で見る機会がある。このように腎臓も移植の対象となる臓器であるが，この腎移植が必要な疾患が慢性腎不全である。

　腎不全とは腎臓疾患の一種で，腎機能が失われ，やがては生命を維持していくことができなくなる。腎不全には急性腎不全と慢性腎不全の2種類がある。急性腎不全とは数時間から数日で急激に腎機能が低下した状態である。これは後述する血液透析を行なうことによって，大部分は3～4週間で回復する。これに対して，慢性腎不全は数年から十数年の長い経過で徐々に腎機能が低下し，腎不全に陥った状態をいう。

　慢性腎不全の場合，急性腎不全と異なり，いったん慢性腎不全に陥ると腎機能の回復は不可能である。したがって，慢性腎不全と診断されると，食事療法や安静などによって，残された腎機能をできるだけ存続させることを目的とする保存療法がとられる。しかし，それでも腎機能は徐々に低下し，やがては腎臓がほとんど機能しない尿毒症の状態に陥り，透析療法にたよらないかぎり，生命の維持は不可能となる。

　腎不全末期や尿毒症の状態では，体外に排出されるべき尿素窒素，クレアチニンなどの物質や水分が溜まり，次のような身体的症状が現われる。そして，このような症状が少しずつみられはじめると，透析療法の導入が検討される。

①食欲不振，吐き気，下痢，口臭などの消化器症状
②記憶力・思考力の低下，不眠，怒りっぽいなどの精神神経症状
③体内に水分が溜まることによる高血圧，心肥大，および腎性貧血による動悸・息切れなどの循環器症状
④溜まった水分が肺にしみだすことによって起こる肺水腫，肺うっ血，呼吸困難などの呼吸器症状

⑤電解質の調節不能によって起こるさまざまな身体症状（たとえば，カリウムが溜まることによる手指のしびれ，ナトリウムが溜まることによる吐き気，リンが溜まることによる関節の痛み，痒みなど）

ただ，慢性腎不全と診断されても身体的な自覚症状がみられるのは末期にいたってからであり，とくに慢性糸球体腎炎の場合，タンパク尿などの所見が発見されてから慢性腎不全末期にいたるまでには数年から20年以上の個人差がある。慢性糸球体腎炎の段階では，激しい運動をしても急に病状が進行するというわけでもなく，患者は経過が長いほど病識に乏しいことが多い。

2. 透析療法

腎不全も末期にいたり，腎臓がほとんど機能しなくなると，透析療法が導入される。しかし，このころはまだ尿量も十分確保されているので，患者は否認や抵抗や怒りの感情を示す場合が多い。

透析療法には血液透析と腹膜透析の2種類がある。ここで，広く行なわれている血液透析について，その原理を述べると次のようになる。血液透析とは機能しなくなった腎臓の代わりに，①尿毒素を取り除く，②余分な水分を取り除く，③電解質を調節する，④血液のpHを一定に保つというはたらきを機械（透析器）にさせるという治療法である。この治療法は，血管から血液を体外に一度出し，透析器を通して上記の処理を行ない，再び血管内に戻すという手続きをとる。したがって透析療法が導入されると，患者は生命維持のため，1日おきの通院が必要となる。

3. 透析患者の生活上の制限

透析器は腎臓と似たようなはたらきをするのであるが，まったく同じではない。その最も大きな違いは，腎臓が絶えずはたらいているのに対して，透析器が機能するのは血液透析を受けている間だけということである。したがって，透析患者は毎日の生活において，次のような制約を受ける。

① ほぼ1日おきに週3日，1日あたり4〜5時間の血液透析を受けるために通院しなければならない。血液透析は機械による延命を意味し，透析の中止は死に直結する。したがって生きているかぎり一生継続しなければならない。

② 水分の摂取が極端に制限される。水分のとりすぎは，むくみ，高血圧，心肥大，心外膜炎，心不全などの合併症や，透析中の急激な血圧低下，筋のけいれんを引き起こす。そのため，1日の飲水量はかなり厳しく制限される。

透析導入時はまだ尿量があっても，腎不全の進行にともない尿量は減少し，やがてはほとんど無尿状態になる。そのため，摂取した水分はそのまま排出されず体重が増加する（この水分も尿毒素と一緒に透析器によって体外に排出される）。適正な体重増加量は1日おきの透析で体重の3パーセント程度とされる。つまり，体重50kgの女性の場合，1日半で摂取できる水分量は1500mlとなる。しかしながら，1回の食事中に含まれる水分量がほぼ350～400mlあるので1日半の4回の食事で1200ml摂取してしまい，食物以外に飲み物として摂取できるのは1日半でほぼ300mlである。

③ 塩分，カリウムなどを含む食物の摂取が制限される。これもむくみ，高血圧，心不全，骨折，ひどくなると心停止を引き起こす。水分制限とあわせて毎日の食事の工夫が求められる。

④ 慢性貧血やカルシウム代謝異常などの合併症が起こり，動悸，めまい，骨がもろくなり骨折しやすい，感染症にかかりやすいなどの症状に悩まされる。

4. 透析患者の精神症状

（1） 抑うつと不安

以上のように，透析患者には種々の生活上の制限があるが，そのほかにも次のようなさまざまなことが精神的な負担がある（春木，1994，1999）。

①経済・社会的制約：これは学校や職場を休むこと，あるいは医療費などによる経済的圧迫である。透析患者は週に2～3日は通院して4～5時間の透析を受けなければならず，これに伴う職場での地位の変化や自尊心の低下を招くことがある。

②合併症：血液透析は腎臓の代役であるが，その機能は腎臓には遠く及ばない。したがって透析患者には慢性貧血，皮膚の黒ずみ，痒み，性的機能の低下などに代表されるさまざまな合併症がみられる。これらは，自分を健康者とはっきり区別させることになり，劣等感を感じ，否定的な自己評価につながる。とくに女性や青年期の患者の場合は自信喪失，自己卑下につながりやすい。

③生命に対する不安：透析の中止は死を意味するので，患者はいつも死を意識し，死と隣り合わせの状態にあるといえる。とくに，透析治療が決して永久的でないことを知ったり，仲間の患者が死亡することを経験するにともなって，「いつまで生きら

れるのか」という疑問や不安,恐怖は強くなっていく。
　そして,このようなさまざまなことが渾然一体となって,抑うつ反応,不安反応が生じる。数多くの精神的な負担による透析患者の抑うつ反応は,他の慢性疾患に比べて長く継続する。

(2) 否認と怒り
　①否認：前述のような腎不全の自覚症状はかなり腎不全末期あるいは尿毒症の段階でないと現われない。また,透析療法が必要といわれても,その段階ではまだ尿量は十分ある。したがって,医師から透析導入を告げられた患者は「うそだ。何の自覚症状もない」「おしっこだってこんなに出ているのに」と否認する。まもなく始まるであろう透析のことは考えたくないのである。
　②怒り：しかし,徐々に病状は進行し,こうした否認は通用しなくなる。すると,「なぜ自分だけがこんな目に」「恨んでやる」などのように,怒りの感情が生じる。ときには「親がこんな体に産んだからだ」などのように,他者に怒りが向けられるときがある。

5. 自己管理とセルフ・エフィカシー

　前述のように,透析患者は生活上のさまざまな制約を受け,それを自己コントロールしていかなければならない。そして,それらの自己コントロールがうまくできないと,高血圧,肺水腫,心肥大,心不全,骨折などの大きな合併症が起きる。つまり,自己コントロールがうまくできるかどうかが,安定した良好な透析生活を送ることができるかどうかに直結してくるのである。
　ところで,自己管理が必要な慢性疾患の患者がうまく自己コントロールできるかどうかは,患者の自己コントロールに対するセルフ・エフィカシー認知と関係している。たとえば,たとえば透析患者と同じように,患者自身の自己管理が重要な意味をもつ糖尿病患者について,グロスマンら (Grossman et al., 1987), 金ら (1996) はセルフ・エフィカシーが高い患者は低い患者に比べて,食事などの治療に対する自己管理をより効果的に行ない,血糖値などの糖尿病コントロールも良好であるという結果を得ている。
　同じような結果を示す報告は透析患者についてもみられている。すなわち,前田ら (前田,1997；前田・原,1997) は,摂水行動に対するセルフ・エフィカシーが高い

患者ほど，飲水量をコントロールし，次の透析日までの水分による体重増加量を抑えることができていることを，またレブとオーウェン（Lev & Owen, 1998）は，自己管理に対するセルフ・エフィカシーが高い患者ほど，健康状態，気分，身体症状などが良好で透析生活全般に適応していることを報告している。さらに抑うつなどの精神症状についても，シュナイダーら（Schneider et al., 1991）はセルフ・エフィカシーが高い患者ほど抑うつ，怒り，不安といった透析患者特有の精神症状がみられないことを見いだしている。

　これらの研究から，透析療法に必要な自己管理に対する個人のセルフ・エフィカシーを高めることは，透析療法に対するコンプライアンスを良好なものにするうえで，重要な意義があるといえる。すなわち，前述のとおり透析療法によって生命は維持されるものの，水分摂取あるいは食事に関してさまざまな制限があり，このコントロールが不良であると，高血圧，心不全，肺水腫といった生命にも危険を及ぼすような合併症が引き起こされる。したがって，患者が自己コントロールに対してセルフ・エフィカシーを高く認知することは，自ら不快な合併症を最小限に抑え，ストレスの多い透析生活に適応することにつながると考えられる。実際，前田・原（1997）は透析患者を対象として，その個人の性格特性ともいえる一般性セルフ・エフィカシー（坂野・東條，1993）と水分摂取量の自己コントロールとの関連を検討したところ，一般性セルフ・エフィカシーが高い患者は水分摂取のコントロールがうまくできていた。このことからも，自己管理が不良な患者には，自己コントロールに対する task－specific なセルフ・エフィカシーを高く認知させることが治療上，有効であると思われる。

6. セルフ・エフィカシーを高める方法

　バンデューラ（Bandura, 1977）によれば，その行動についてのセルフ・エフィカシーは
　①遂行行動の達成：実際にその行動を遂行できたという体験
　②モデリング：モデルがその行動を遂行するのを観察すること
　③言語的説得：その行動を遂行できるという言語的な説得を受けること
　④情動的喚起：その行動を遂行できるかどうかの判断のより所となるような生理的状態の自覚
などの情報によって認知されるものであるとする。したがって，透析患者の自己コントロールに関するセルフ・エフィカシーを高めるには，これらの情報源を提供してい

けばよいということになる。そして，それには次のような方法が考えられる。

（1） ストラテジーの教示

透析患者は栄養や水分の制限について指示を受けるが，その際，「制限せよ」との指示だけでなく，制限をするのに有効な方策を言語的に提示する。とくに水分の制限をすることが困難である患者がいるので，有効なやり方を具体的に教示する必要がある。たとえば，熱いお茶を少量飲む，緑茶や牛乳など飲みたいものを氷にして頬張る，1日1回食事をパン食にして食物からの水分摂取量を減らす，麺類はつけ汁で食べる，運動や入浴により発汗を促進するなど，具体的な工夫のしかたを教示するわけである。

（2） セルフ・モニタリング

栄養や水分の制限に関する行動を患者自らが記録し，グラフ化する。たとえば，何時にどれだけ水分を摂取したかという水分摂取量と体重を毎日記録し，それをグラフ化することなどである。このように，自分の行動を自らが観察し，目に見える形で記録することは，自己管理に必要な行動をどの程度遂行できたかという情報源となり，セルフ・エフィカシーが高められる。タナーら（Tanner et al., 1998）は透析患者の健康に関する信念とセルフ・エフィカシーについて，6か月間セルフ・モニタリングを導入した群と導入しなかった群を比較したところ，両群間に有意な差は認められなかったとしている。これは，透析患者においては，自己管理がうまくできないと，次の透析のときに血圧が急に低下する，透析時間が延長されるなどの不快な帰結となるので，セルフ・モニタリングという手続きを用いなくてもある程度の自己管理はできることに起因すると思われる。しかし，後述する症例のように，自主管理がかなり困難な様相を呈する患者にはセルフ・モニタリングは有効な方法であると考えられる。

（3） モデリング

栄養や水分を工夫して制限しているモデルを見せるというやり方をとる。これには教育用のビデオを作成するほか，自己管理が良好な他の患者の手記や体験記を読ませたり，体験談を聞かせたりする方法が考えられる。

（4） ソーシャル・サポート

ソーシャル・サポートは，情緒的に支える情緒的サポートと問題解決に関する道具的サポートの2つに大きく分けられる。ダコフとテイラー（Dakof & Taylor, 1990）のがん患者を対象とした研究では，医師からのサポートとしては「有益な情報または

アドバイスを与える」「実践的な援助を与える」「高い技術で医療を行なう」といった道具的サポートを受けたときに，患者はそれが有益であったと判断し，家族や友人，知人などからは「ただそばにいるだけ」「関心，共感，愛情を示す」といった情緒的サポートを受けたときに，有益であったと判断した。このことを透析患者にあてはめて考えると，透析患者は身体的・精神的にストレスフルな生活をおくっており，それゆえ，しばしば抑うつや不安，怒りなどの多彩な精神症状や不安定な心理状態が認められるが，これには受容的に話を聞くという情緒的サポートが有効であり，身体的な自己管理については，「どうすれば自己管理がうまくいくか」に関する道具的サポートが効果的であるといえる。

ところで，金ら（1996）によれば，健康を維持・増進するためのセルフ・エフィカシーは，第1に自分が疾患に対してどの程度対処できるかという見通しと，第2に自分の病気についてくよくよせずに，感情をコントロールできるなどに関する見通しという，2つの因子から成り立っている。そして，健康を維持・増進することのセルフ・エフィカシーが高い人ほど，この2つの見通しを強くもっているという結果が得られている。つまり，道具的サポートは第1の因子に関するセルフ・エフィカシーを高め，情緒的サポートは第2の因子に関するセルフ・エフィカシーを高めることにつながるといえる。換言すれば，透析患者の自己管理に対するセルフ・エフィカシーを高めるには情緒的および道具的サポートの両者とも有効であるといえる。ただし，ダコフとテイラー（1990）の結果から考えると，それぞれのサポートは与える人が適切であったときに効果を発揮するといえるのかもしれない。

7. 症例

●患者および現病歴

A子，女子，27歳，会社員。透析歴は1年。原疾患は慢性糸球体腎炎。小学校6年生の健康診断のとき，検尿で尿タンパクを指摘されたが，精密検査では異常なしといわれた。「しばらくは激しい運動は控えるように」と言われ，体育の授業も見学していた。中学校1年生のときは尿タンパクも検出されず，バスケットボール部に入った。中学校3年生のときには，健康診断で再びタンパク尿が検出されたが，まったく自覚症状がなかったこと，精密検査の結果では「今すぐにどうという問題はない」と言われたこと，ちょうどレギュラーになったことなどの理由により，かまわず練習を続け，高校入学後もバスケットボール部に入った。高校では1年生のときの健康診断

ではタンパク尿は検出されず，2年生，3年生のときは再び尿タンパクが検出されたがバスケットボールの練習は続けた。大学卒業直前に高熱を出し，その際，尿タンパク以外に血尿，むくみがみられた。それ以降，定期的に受診しているが，25歳ごろから腎機能は急激に悪化し，26歳で透析導入となった。

●心理的問題点

最初の面接でA子はさまざまなネガティブな感情を表わしたが，それを要約すると次のとおりである。

①透析に対する拒否的感情：「とにかく透析はもういやだ」「あまりにもつらい」「4時間ももたない。1時間で終わりにしてほしい」など。

②怒り・いらだち：「どうして自分だけこんな目にあわなければならないのか」「自分が飲めないのに周囲はがぶがぶとジュースやお茶を飲んでいる。無神経だ」「こんな病気になったことを恨んでいる」など。

③喪失感：「今まではあんなに元気だったのに」「友達もだんだん離れていく感じがする」「もう，ふつうの体には絶対になれないんだ」など。

④不安：「仕事は継続できるだろうか」「将来，結婚できるだろうか」「透析患者ということで，変な目でみられないだろうか」など。

●日常生活での問題点

勤務先の近くの病院で夜間透析を行なっているので，勤務を早退しなければならないという問題は少ない。職場の理解も得られ，職務の内容も考慮してもらっている。ただし，親元を離れ，一人で暮らしているため，食事などにおける栄養や水分の管理がむずかしい。とくに水分摂取量のコントロールがむずかしく，そのため，むくみや高血圧，心肥大などの症状をしばしば起こしている。また，一人暮らしのため，医師，看護師以外に理解・支持・応援してくれる人間がいない。したがって，不安定な心理状態を言語的に表現する機会が少ない。

●治療方針

まず第1に，A子の透析に対するネガティブな感情が自己管理を不良なものにしている要因の1つと考えられるので，面接によってそのネガティブな感情を受容し，精神的な安定をはかる。第2に，自己管理に対するセルフ・エフィカシーを高め，栄養や水分摂取の自己管理を良好なものにする。第3に，透析のことを含めた自分に関することを気軽に話すことができ，情緒的にサポートしてくれる人的資源を提供する。この3点によって，A子の透析生活を適応的なものにすることが目指された。

●セルフ・エフィカシーを高める方法

〈言語的説得〉：むくみ，心肥大，透析時の血圧低下などの症状は，水分摂取が多すぎ

るためであることを指摘し，水分制限の意義を生理学的観点から詳しく説明した。また，飲水量を減らす工夫として，熱いお茶を少しだけ飲む，お茶を飲むときはぐい呑みのような小さい器を用いる，水やお茶を冷凍庫で小さく氷らせたものを口に頬張る，1日に1回はパン食にするなどの方法を提示した。

〈モデリング〉：お茶を飲みたいモデルが，上記の方法を用いてがまんしているようすをビデオで提示した。また，同じ病院で透析治療を受け，水分摂取の自己コントロールが良好な同世代の女性患者（30歳）に協力を依頼し，水分摂取のコントロールをはじめとして日常生活で工夫している点や苦労話など自分の体験談をA子に話してもらった。

〈ソーシャル・サポート〉：上記の女性患者と親しく話をする機会をもち，透析患者の現実的な問題についてソーシャル・ワーカーとの面接を導入するほか，患者会に参加するようすすめ，さまざまな透析患者と接する機会をもつよう助言した。

●セルフ・エフィカシーおよび行動遂行の評価

A子の透析日は月，水，金の週3日であり，図11-1に示すとおり，月曜日に課題A，金曜日に課題Bを与え，それに対するセルフ・エフィカシーを測定した。課題A，Bとも飲水量（食物以外に摂取した水分量）の調節によって体重増加をコントロールする課題であり，内容は次のとおりである。

課題A：中1日の透析間隔（日曜日をはさまないとき）で，水分摂取による体重増加を適性体重の5％以内にコントロールする。

課題B：中2日の透析間隔（日曜日をはさむとき）で，水分摂取による体重増加を適性体重の6％以内にコントロールする。

それぞれの課題に対するセルフ・エフィカシーは，「絶対にできないだろう」（＝0）から「確実にできるだろう」（＝10）までの11段階評定で求めた。また，課題A，B

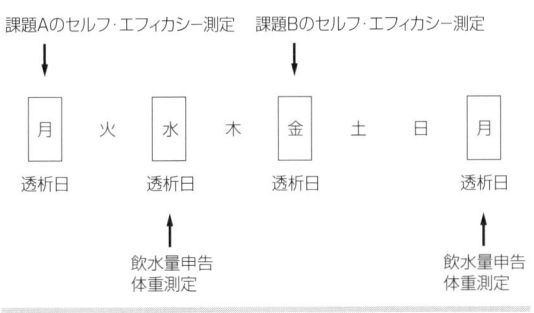

●図11-1　セルフ・エフィカシー，飲水量，体重の測定日（月・水・金が透析日）

の遂行度を表わす飲水量，体重増加量は次のようにして測定した。飲水量は透析直後から次の回の透析直前までに，食物以外に飲んだ水分量を自己記録し，体重増加量は次回の透析直前に病院で測定した（図11-1）。

● 治療経過

　面接相談の経過は大きく2つの時期に分けられる。まず第1期はとにかくネガティブな感情を受容することに努め，精神的におちついてきた第2期で自己管理をはじめとした現実的な問題について話し合った。

〈第1期（第1回〜第12回）〉：A子は，中学校，高校のときから健康診断で尿タンパクを指摘されてきたが，バスケットボールをやっていても身体的自覚症状がまったくないことから，「自分の体質」という程度の認識であった。それだけに急激に腎機能が悪化して透析導入となったことに対するネガティブな感情は強く，また自分が透析患者であるという現実を受け入れたくないという気持ちから，自己管理も良好ではなかった。そこで，面接ではA子の透析拒否の感情をありのまま全面的に認め，可能なかぎりそれを言語化させ，言語化されたものに対しては，受容的・理解的な態度で聞くことに撤した。

　面接の回数を重ねるたびに，最初の怒り，否認といった強い感情を伴った発言は徐々に減少し，透析に対する否定的な発言も「透析後は体がだるい」「穿刺のとき痛い」という身体的な症状に関する発言に変わっていった。また，将来の生活や仕事に対する不安についての発言が多くなった。

〈第2期（第12回〜第30回）〉：受容的な面接は続けながら，同時に自己管理に関してセルフ・エフィカシーを高める手続きを導入した。

　① 身体的な自己管理について：前述の方法により，食事と水分の自己管理に関する指導を行なった。

　② ソーシャル・サポートの強化：ソーシャルワーカー（以下，ワーカー）と連帯して患者相互の懇親会に参加するようすすめた。2か月に1回行なわれている懇親会にワーカーといっしょに参加するとともに，将来のことなど主として現実的な問題を話題としてワーカーとの面接も始められた。患者会では，同じ女性（主婦）の患者と知り合い，何度か話し合ううちに精神的にもより落ち着きがみられ，現実的な問題にも目を向け始めてきた。

　以上のような援助により，第30回くらいから身体的な自己管理もかなり良好になり，安定した透析生活をおくることができるようになった。図11-2(1)はこの30回の面接を始める前4週間，面接後4週間のセルフ・エフィカシー，図11-2(2)は飲水量，体

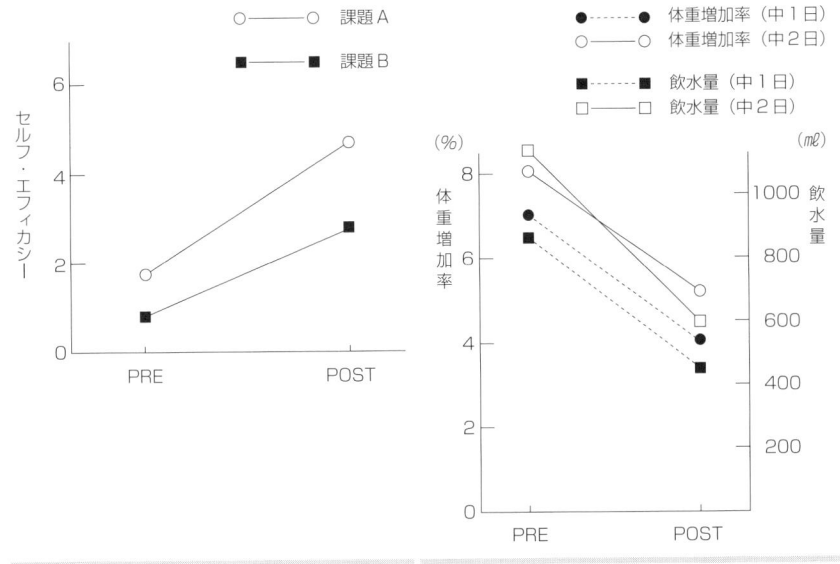

○図11-2（1） セルフ・エフィカシーの推移　　○図11-2（2） 体重増加率および飲水量の推移

重増加量の平均値の変化を示したものである。面接後ではセルフ・エフィカシーが高く認知されるようになり、飲水量、体重増加量ともに減少し、自己管理が良好になっていることがわかる。

●引用文献●

Bandura,A.　1977　Self-efficacy : Toward a unifying theory of behavioral change. *Psychgical Review*, **84**,191-215.
Dakof,G.A., & Taylor, S. E.　1990　Victim's perceptions of social support : What is helpful from whom? *Journal of Personality and Social Psychology*, **58**,80-90.
Grossman, Y. H., Brink, S., & Hauser, T. S.　1987　Self-efficacy in adolescent girls and boys with insulin-dependent diabetes mellitus. *Diabetes Care*, **10**（3）,324-3.
春木繁一　1994　透析患者の「抑うつ」と「不安」　春木繁一（編）著　透析患者と生きる　日本メディカルセンター　pp.53-70.
春木繁一　1999　透析患者の心とケア　メディカ出版　pp.20-27.
金　外淑・嶋田洋徳・坂野雄二　1996　慢性疾患患者の健康行動に対するセルフ・エフィカシーとストレスの関連　心身医学, **36**,499-505.
Lev,E.L., & Owen,S.V.　1998　A prospective study of adjustment to hemo-dialysis. *Anna Journal*, **25**,495-504.
Schneider,M.S., Friend,R., Whitaker,P., & Wadhwa,N.K.　1991　Fluid non-compliance and symptomatology in end-stage renal disease : Cognitive and emotional variables. *Health Psychology*, **10**,209-215.
前田基成　1997　維持透析患者の飲水行動とセルフエフィカシー　日本心理学会第61回大会発表論文集, 977.
前田基成・原　信一郎　1997　人工透析患者の摂水行動とセルフエフィシカシー認知　日本行動療法学会第23回大会発表論文集, 133-134.
坂野雄二・東條光彦　1993　一般性セルフ・エフィカシー尺度作成の試み　行動療法研究, **12**,73-82.

Tanner,J.L., Craig,C.B., Bartolucci,A.A., Allon,M, Fox,L.M., Geiger, B.F., & Wilson,N.P. 1998 The effects of self-monitoring tool on self-efficacy, health beliefs, and adherence in patients receiving hemodialysis. *Journal of Renal Nutrition*, **8**,203 – 211.

12章 看護行為

1. 看護領域におけるセルフ・エフィカシー

　看護とは，健康危機，健康破綻，健康回復など，どのような健康レベルにある個人に対してであれ，その人が健康的な日常生活を送れるように援助することである。すなわち看護は，対象の「自助力」への働きかけであり，看護者と対象が1つの目的のために共同して働く相互作用の過程である。

　看護者は，個人がもつ自助力（セルフ・ケア能力）を最大限に活用して健康的な日常生活を送ることができるように，必要となる知識や技術を教え，セルフ・ケアをすることを励ます。また，個人のもつセルフ・ケア能力では健康的な日常生活を送ることができない場合には，それを代行する。個人がもつセルフ・ケア能力を最大限に活用するためには，セルフ・エフィカシーが高くなければならないことが，てんかん患者（DiIorio et al., 1994）や，糖尿病患者（Ludlow et al., 1995；Skelly et al., 1995），肥満した若者（James, 1991）を対象とした研究結果から明らかになっている。

　看護領域では，ここ十年来セルフ・エフィカシーへの関心が高まっている。看護領域の文献の推移をみるために，Cumulative Index to Nursing & Allied Health Literature（CINAHL）を利用して「セルフ・エフィカシー」を検索すると，1987年から2000年に総数1100以上の論文が発表されており，年次別にみると1987年に1論文だったものが，1990年には36論文，1995年には99論文と年々増加している。論文で取り扱っている健康のレベルは，疾病の回避のみならず最適な健康を目ざすもの（禁煙，食習慣の修正などのヘルス・プロモーション），急激な健康状態の悪化とそれからの回復がみられるもの（心臓病），健康状態を保つために長期的なセルフ・ケアが必要となるもの（糖尿病，てんかんなど）とさまざまである。以下では，比較的多くの論文がある心疾患患者およびヘルス・プロモーションにおけるセルフ・エフィカシーについて述べる。

2. 心疾患患者のセルフ・エフィカシー

(1) 心疾患患者の特徴

　1996年の患者調査によると心疾患患者数は204万人であり，また，1998年の人口動態統計によると心疾患による死亡数は14万人で全死亡数の15.3％を占め，死亡順位は2位であった。これらの数字は，多くの人が心疾患にかかり急激な健康状態の悪化とそれからの回復に努力しているが，その過程で命を落とすことも少なくないことを示している。血液を送り出すポンプの働きをする心臓になんらかの障害がおこると，身体的にも心理・社会的にもさまざまな問題が生じる。

　身体的な問題の最たるものは生命の危機であり，死にはいたらなくても胸痛・呼吸困難・動悸・著しい倦怠感という生命の危機を感じさせる症状が続く。また，血圧や余分な体液の貯留をコントロールするためのナトリウム制限による薄味の食事や，消化管のうっ血，薬の副作用による食欲低下が起こる。そして，心臓の負担を軽減するための安静により自然な排泄が障害され，呼吸困難や起座呼吸があるために睡眠および休息が妨げられることがある。このように，さまざまのごく基本的な日常生活さえも大幅に規制される。

　心理・社会的な問題には，症状によって引き起こされる「大丈夫なのだろうか」という恐怖や，「これからどうなるのだろうか」という不安がある。また，大幅に規制された基本的な日常生活を受け入れ，それを徐々に拡大することも必要になる。そして，日常生活のみならず社会的な活動や役割の修正が必要となる。経皮的冠動脈形成術後の患者は，回復後3か月が経過しても少なくとも1つの日常生活が変化しているにもかかわらず，不安や緊張の程度は強くないが（Gulanick et al., 1994），植込み型のペースメーカーを使用している患者は，強い抑うつ症状を示すこともあり，患者の半数近くが不安，エネルギーの低下，心気症，不眠を経験しているという（Aydemir et al., 1997）。また，植込み型除細動器を使用している身体的な症状のある患者とない患者で不安の程度を比較すると，身体的な症状がある患者の不安が強いことが明らかになっている（Schuster et al., 1998）。身体的および心理・社会的な問題は，心疾患の種類やその症状の程度により異なるが，これらの問題は互いに関連している。

　従来，心筋梗塞後あるいは心臓手術後には長期にわたって絶対安静を保ってきた。しかし近年，絶対安静による静脈血栓症や筋力および意欲の低下を予防するため，早期から積極的な心臓リハビリテーションが取り入れられるようになった。リハビリテーションに熱心になれない人の特徴は男女で異なり，男性では，そのような人は不

安が少なく，セルフ・エフィカシーが高く，身体運動も可能という傾向がある。これとは逆に女性では，不安が多く，セルフ・エフィカシーが低いという特徴がある (Schuster, 1990)。

(2) セルフ・エフィカシーの測定

心疾患の発症後は，歩く，買い物をする，洗濯をするなどの日常生活行動が大幅に制限される。また，カロリーや塩分の多い食事を改善し，禁煙に心がける必要がある。このため心疾患患者では，日常生活行動や食生活に関するセルフ・エフィカシーがよく測定されている。ここでは，それらのうち Physical Ability Self-Efficacy Questionnaire (Schuster et al., 1991) および Cardiac Diet and Exercise Self-Efficacy Instrument (Hickey et al., 1992) を取り上げる。

①Physical Ability Self-Efficacy Questionnaire

心疾患患者の日常生活行動のセルフ・エフィカシーを測定するものとして Physical Ability Self-Efficacy Questionnaire (Schuster et al., 1991) がある。これには，セルフ・エフィカシーのマグニチュードおよび強度を質問する項目と強度のみを質問する項目がある。前者は，歩行の距離，階段の昇降，ものを持ち上げるという日常行動および性行動についての11項目，後者は，買い物，掃除機をかける，洗濯をするなどの家事についての10項目である。合計得点は84点で，得点が高いほど日常の身体的行動に対するセルフ・エフィカシーが高いということになる。これらの項目は，運動能力，日常の運動行動および日常生活行動の文献検討にもとづいて，心疾患患者のスタミナの違いを明確にできるように選ばれている。内容の妥当性は，8人の看護者と2人の運動療法士により検討された。また，内的整合性についてはクロンバックのアルファ係数が0.95となった。

②Cardiac Diet and Exercise Self-Efficacy Instrument

心疾患患者の食事と運動のセルフ・エフィカシーを測定する尺度を開発するために，洗練された方法をとっているものがある (Hickey et al., 1992)。これは，活動的でないことや，不適切な食事などの心疾患を起こしやすい行動について文献検討を行ない，食事と運動それぞれ30の質問項目を作成した。その後，各分野の熟練者たちの助言を受け，各16項目の Cardiac Diet Self-Efficacy Instrument (CDSEI) と Cardiac Exercise Self-Efficacy Instrument (CESEI) とし，以下に示す三段階の測定によって尺度の信頼性と妥当性の検討を行なった。

第一段階では，各尺度に使われた項目はどのような構造ないし相互関連性をもっているのか（因子分析によりその構成概念を明らかにする），また，各尺度は一貫して

特定の属性を測定しているのか（クロンバックのアルファ係数により内的一貫性を確認する）を明らかにした。心臓リハビリテーション・プログラムに参加している370名を対象に，各尺度について因子分析による構成概念妥当性とクロンバックのアルファ係数による内的一貫性を検討した。その結果，CDSEI および CESEI はともに一因子性で，因子寄与率は CDSEI では70％，CESEI では67％であった。また，クロンバックのアルファ係数は両尺度とも0.90で，高い信頼性が示された。そして，両尺度とも女性より男性の方が高得点で，男性は食事や運動に関して高いセルフ・エフィカシーを示した。

第二段階では，既知グループ法を用いて構成概念妥当性を示した。この方法では，既知の特性によってある属性（この場合はセルフ・エフィカシー）について違いが出ることが予想される複数のグループが用いられる。ここでは，既知グループとしてマラソン・ランナーが用いられた。マラソン・ランナーは，心臓リハビリテーション・プログラム参加者と比較して，食事や運動のセルフ・エフィカシーが高いことが予想される。そこで，第一段階で測定した370名の心疾患患者と50名のマラソン・ランナーの CDSEI および CESEI の得点を比較した。その結果，マラソン・ランナーは心疾患患者と比較して CDSEI, CESEI とも高い値を示し，両尺度の妥当性が示された。

第三段階では，基準関連妥当性を予測妥当性について検討した。予測妥当性とは，問題となる尺度の測定値（この場合はセルフ・エフィカシー）と基準変数（この場合は心臓リハビリテーション・プログラムの目標達成率）の間に時間的な間隔がある場合に，測定値から基準変数の値がどの程度予測できるかを示すものである。ここでは，心臓リハビリテーション・プログラムに参加する予定の101名を対象として，プログラム参加前の食事と運動のセルフ・エフィカシーと，プログラム終了後の目標達成率との関連を検討した。その結果，プログラムの目標達成率は，プログラム参加前の食事と運動のセルフ・エフィカシーによって高い確度で予測でき，両尺度の妥当性が示された。

また，再テスト法を用いて尺度の安定性を検討した。再テスト法とは，同じテスト（この場合はセルフ・エフィカシー）を同じ対象に2回にわたって施行し，その結果の再現性によって測定の安定性をみるものである。このプログラムに参加する50名を対象として，両尺度を3日の間隔をおいて測定した。その結果，信頼性係数は CDSEI では0.86，CESEI では0.87であり，両尺度とも安定性があることが示された。

以上のことから，CDSEI と CESEI は，質問項目は16項目と少ないが，心疾患患者の食事と運動のセルフ・エフィカシーを測定する尺度としてかなりの信頼性と妥当性があるものといえる。

心疾患患者のセルフ・エフィカシーの測定は，食事や運動についてだけではなく，内服薬などの自己管理能力についても可能と思われる。看護者は，患者の自己管理能力をどの程度正確に査定できるのだろうか。心疾患患者とその担当看護者の間で，患者の健康状態と自己管理能力の判断に関する相違を明らかにした研究によると，健康状態については多くの場合は両者の判断は一致していたが，患者が自己管理を行なうか否か，あるいは自己管理に患者がどの程度の自信を持っているかについては両者の判断は異なっていた（Dodge et al., 1994）。したがって，患者の自己管理能力を看護者が的確に判断できるようにするためには，セルフ・エフィカシーを正確に測定できる尺度が必要となる。

（3） セルフ・エフィカシーの変化

冠動脈バイパス術を受けた125名の男性について行なった手術前，手術後1か月，6か月における身体的および社会的な活動の調査によると，手術後6か月で身体的および社会的な活動は統計学的に有意に回復していた。しかし，患者の13%は，身体状態に重大な障害を残し，45%は中等度の身体活動を行なうことがむずかしいと感じているか，あるいは行なうことができないことがわかった（Allen et al., 1990）。

表12-1では，Physical Ability Self-Efficacy Questionnaire を用いて，冠動脈バイパス術を受けた患者のセルフ・エフィカシーの変化を退院後2週間と6か月で比較した。身体活動のセルフ・エフィカシーは，男性は女性に比べ高い値を示したが，男女ともに病院あるいは自宅というプログラムの種類にかかわらず，退院後6か月でかなり高まっていることがわかる（Schuster et al., 1995）。この尺度は，日常の身体活動に着目したものであり，この結果から，退院後6か月である程度の日常的な身体活動を行なうことができるようになったと推測できる。

表12-1 プログラム別，男女別セルフ・エフィカシーの変化（Schuster et al., 1995）

	男　性		女　性	
	退院後2週間	退院後6か月	退院後2週間	退院後6か月
病院でのプログラム	23.1±11.8	50.0±9.8	11.7±7.0	36.2±14.9
自宅でのプログラム	27.4±10.7	50.4±12.7	15.5±9.8	34.0±14.8

平均値±標準偏差

ジェンキンズ（Jenkins, 1989）は，身体的，社会的および職業的な側面のセルフ

・エフィカシーを測定するために Self-Efficacy Expectation Scale を開発した。この尺度は，身体的側面については歩行距離，社会および職業的な側面については，家族，友人，近隣および同僚との関係性，自宅，近隣，職場での通常の活動および意志決定に着目している。冠動脈バイパス術を受けた91名の患者の手術前，退院時，手術後4週間，8週間のセルフ・エフィカシーの変化をこの尺度で測定してみると，身体的な側面のセルフ・エフィカシーを表わす歩行距離は早期から時間経過とともに上昇した。社会および職業的な側面についてみると，役割機能の回復には時間を要したが，手術から8週間が経過した時点では仕事以外の役割機能は回復していた（Krikevold et al., 1996)。この尺度は，歩行距離という身体活動だけではなく，家庭や仕事での役割も考慮したものであり，手術後2か月程度で仕事以外の役割をある程度果たすことができるようになったと推測できる。冠動脈バイパス術を受けた患者を対象としたこれらの結果は，セルフ・エフィカシーには男女差があるが，男女ともに術後2か月から6か月で増加することを示している。

　冠動脈バイパス術より身体的な負担が軽い経皮的冠動脈形成術を受けた患者90名を対象に，手術後72時間，退院後2週間でセルフ・エフィカシーと気分を測定し，これらの関連を明らかにした調査がある（Perkins, 1991)。それによると，手術後72時間と退院後2週間の測定値を比較すると，セルフ・エフィカシーは増加し，気持ちの動揺は減少していた。さらに，セルフ・エフィカシーと気持ちの動揺の間には逆相関がみられた。つまり，この結果は，セルフ・エフィカシーの変化に手術後の気分が影響することを示している。

　心疾患患者の回復に影響を及ぼすものとして，患者に対する配偶者の態度が考えられる。心筋梗塞で入院した52名の男性とその妻を対象にして，心筋梗塞後の配偶者による過保護が回復に好ましくない影響を与えることを明らかにした研究がある（Clarke et al., 1996)。それによると，心筋梗塞から3か月経過した患者を過保護にしている配偶者は，心筋梗塞直後から患者の回復を楽観的にはみておらず，過保護にされている患者もまた，発病直後から自分自身の回復を楽観していなかった。また，入院中と心筋梗塞後3か月の時点でのセルフ・エフィカシー，不安，抑うつ，過保護の程度を測定し，配偶者の過保護は患者の不安や抑うつと相関するが，セルフ・エフィカシーとは関連がないことを明らかにした。つまり，配偶者に過保護にされるほど患者は不安や抑うつの程度が高くなっていたが，それはセルフ・エフィカシーの変化に直接的な影響は示さなかった。しかし，配偶者の過保護は患者の不安や抑うつに影響すること，前述のパーキンス（Perkins, 1991）の結果であるセルフ・エフィカシーと気持ちの動揺の間には逆相関がみられることをあわせて考えると，配偶者の過保護

が患者のセルフ・エフィカシーに間接的な影響を与えている可能性はある。

　以上のように，心疾患患者の身体活動などのセルフ・エフィカシーは，男性が女性に比べて高いが，症状の改善を伴う時間の経過とともに男女ともに改善することが明らかにされている。また，セルフ・エフィカシーの変化に影響する要因として患者の気分があることが明らかになっている。しかし，セルフ・エフィカシーの変化に影響する要因として，心疾患の種類，症状の程度，発症年齢，看護ケアなどが考えられ，今後はこれらの要因との関連を明らかにする必要がある。

（4）　セルフ・エフィカシーを高める臨床的意義

　心疾患患者のセルフ・エフィカシーは，病状の改善を伴う時間経過のなかで改善していく。その回復の過程を詳細に調べてみると，経皮的冠動脈形成術後2週間(Perkins, 1991；Perkins et al., 1998)，冠動脈バイパス術後6週間と12週間（Carroll, 1993），1か月と6か月（Allen et al., 1990），および心臓手術後2週間と6週間（Doordan, 1991），8週間（Ruiz et al., 1992）の歩行距離，役割再開などの行動をそれ以前のセルフ・エフィカシーで予測することができる。また，心臓リハビリテーション・プログラムに参加していても，心筋梗塞での退院後10週間のプログラム成果(Budd, 1992)，冠動脈バイパス術での退院後12週間の歩行距離（Brown et al., 1995）をそれ以前のセルフ・エフィカシーで予測することができ，プログラム終了時点でのセルフ・エフィカシーが高いほど運動量が多いことが明らかとなった（Vidmar, 1991）。

　心疾患患者が社会復帰を果たすためには，疾患により損なわれた機能を回復することと同時に，残された心機能を最大限に活用し，さらに社会的な役割を修正していく必要がある。この過程にセルフ・エフィカシーが大きく影響することが明らかにされているので，セルフ・エフィカシーを高めることは，心疾患患者の回復を促進することにつながる。

（5）　セルフ・エフィカシーを高める方法

　セルフ・エフィカシーを高める方法を考える前に，まずは現在行なっているケアの評価を行なうことが重要となる。病院での6か月間の心臓リハビリテーション・プログラムと患者が自宅で行なうリハビリテーションとの効果の違いを記述した研究では(Schuster et al., 1995)，セルフ・エフィカシー，運動および知識の程度を用いてケアの評価を行なった。対象となった113名の冠動脈バイパス術後の患者は，自宅でもリハビリテーションが行えるように退院前にプログラムが配布されており，さらに病院でのプログラム（有料）への参加も可能であった。そして，対象者のうち29名は病院

の心臓リハビリテーション・プログラムに参加し,残りの84名は自宅でリハビリテーションを行なった。

リハビリテーション・プログラムの効果判定を行なうために,退院後2週間以内および6か月の時点で家庭訪問を行なった。その結果は,セルフ・エフィカシーは2つのプログラムともに上昇し,プログラムによる差はみられなかった。しかし,病院でのプログラムは,自宅でのそれよりも効果があるということを支持する結果として,男女ともに運動回数の増加に差がみられ,男性に限っては知識の増加にも差がみられた。

この記述的研究の結果では,プログラムによりセルフ・エフィカシーの増加に差はみられなかった。しかし,病院でのプログラムにセルフ・エフィカシー理論にもとづいた実験介入があったなら,結果は違ってきた可能性もある。心疾患患者のセルフ・エフィカシーを高める方法はいかなるものか,看護領域でいまその模索が始まったところである。ここでは,心疾患患者の身体活動,食習慣および生活習慣のセルフ・エフィカシーを高める方法について述べる。

①**身体活動のセルフ・エフィカシーを高める方法**

ローズら（Rose et al., 1994）は,心筋梗塞後の患者62名に対して,入院中の特性および状態不安と退院後3か月の運動や内服薬管理などのセルフ・ケア行動の関連を調べた。それによると,特性不安は運動,内服薬管理,ストレス管理,禁煙行動と,状態不安は禁煙行動と弱い相関を示した。つまり,この結果はもともとの不安傾向あるいは心疾患発症時の不安のみでは,患者の身体活動を増加させるなどの生活習慣を改善する効果は少ないことを示している。まずは,身体活動のセルフ・エフィカシーを高め身体活動をうながす方法として,代理的経験および言語的説得を中心とした介入と,遂行行動の達成,情動的喚起も含めた介入を説明する。

1）代理的経験および言語的説得を中心とした介入 身体活動のセルフ・エフィカシーを高める方法として,冠動脈バスパス術あるいは弁置換術を受けた患者に言語的説得および代理的経験を含めた心理教育的な看護介入を行ない,それが患者の身体活動の回復におよぼす影響を検討した実験研究がある（Gilliss et al., 1993）。これらの手術を受ける患者を無作為に実験群（75名）と対照群（81名）に分け,通常のケアを実験群および対照群に提供し,2段階の介入を実験群に行なった。実験介入Iでは,病院において手術による心理的な反応を教えた。それには,まず不安が起こることを承知する,抑うつが起こることを予期する,新たな問題を解決する,家族との間で葛藤が起こることは何かを明らかにすることを目的として,手術とその回復過程における患者とその配偶者の一般的な感情と反応についてスライドを用いて説明した。その

後，看護者と個人的な問題を話し合った。

実験介入Ⅱでは，退院後4週間までは毎週1回，それ以降は6週および8週間後の合計6回，電話で患者に教育を行なった。電話で接触を持った目的は，①自宅療養期間にある患者とその配偶者を頻回に，個人的にサポートすること，②実験介入Ⅰの教育内容を補強すること，③とくに，歩行，ものを持ち上げること，階段をのぼること，一般的な活動，適切であれば仕事をすることのセルフ・エフィカシーを高めるための情報を提供することであった。ここでは，他者の経験を説明し（代理的経験），患者自身も経験するように指導し励ましを行なった（言語的説得）。

その結果，歩行，ものを持ち上げること，階段を上ること，一般的な活動，仕事に関するセルフ・エフィカシーのうち，仕事に関するセルフ・エフィカシー以外は，手術後8週間の回復がそれ以後の回復よりもめざましいことが示された。これらの改善のなかで実験介入の効果と認められたものは，歩行に関するものだけであった。ものを持ち上げることのセルフ・エフィカシーは，手術後4週間までは実験群が高得点であったが，その後の時間経過とともに対照群との差がなくなった。また，実際の行動においても，セルフ・エフィカシーと同様に，時間経過とともに改善がみられた。そのなかで，歩行とものを持ち上げることに実験介入の効果があった。そして，重回帰分析により手術後6か月の身体活動の程度は，年齢，性別，手術の種類，手術前および退院後4週間の疾病の程度，治療，および退院後12週間の身体活動のセルフ・エフィカシーによって，30%程度予測できることが明らかにされた。

ここでの実験介入は，まずは手術後に起こりがちな心理状態を説明し，退院後8週間にわたり定期的に代理的経験と言語的説得を用いて身体活動をうながしたものだった。その結果，実験群においては歩行のセルフ・エフィカシーが高まるとともに，歩行およびものを持ち上げる身体行動も増加しており，代理的経験と言語的説得を中心とした介入の効果があることが示された。

2）遂行行動の達成，情動的喚起も加えた介入　思わしい結果とはならなかったが，身体活動のセルフ・エフィカシーを高める方法として，遂行行動の達成，情動的喚起を経験させるような運動負荷試験，および言語的説得，代理的経験などを含む教育を行ない，それがセルフ・エフィカシーや日常生活行動におよぼす影響を検討した実験研究がある（Gulanick, 1991）。対象となったのは，心筋梗塞または心臓手術後の患者であった。すべての対象者は，入院中に心臓リハビリテーション講習会に参加し，これから4週間の自宅での生活について説明を受け，さらに自宅でのリハビリテーション・プログラムの説明書を配布されていた。退院後，対象者を無作為に実験群1（11名），実験群2（15名），対照群（14名）にわけ，心筋梗塞または心臓手術後4週

間で実験介入を開始した。実験群および対照群ともに通常のケアを行ない，さらに，実験群1に対しては運動負荷試験と教育および15回の運動トレーニング，実験群2に対しては運動負荷試験と教育を行なった。

運動負荷試験は，実際に運動をすることによって身体的なセルフ・エフィカシーを高め（遂行行動の達成），また運動負荷中に経験した疲労や心拍数の増加など心臓への過剰負担の徴候を間違えずに判断できるようにするために行なった（情動的喚起）。

教育では，運動負荷試験が終わった直後にその成果を個人的にフィード・バックし（言語的説得），検査中に患者が体験した症状を誤って判断した場合はそれを訂正した（情動的喚起）。その後，自宅での活動を再開することについて個人的に話し合った（言語的説得）。さらに患者は，心筋梗塞や心臓手術からの回復を説明したビデオを見た（代理的経験，言語的説得）。

週3回，5週間で合計15回の運動トレーニングでは，実際に運動を行ない（遂行行動の達成），リハビリテーションのスタッフがトレーニング中の心臓の症状を説明し（情動的喚起），自宅での活動について情報を提供した（言語的説得）。また，運動トレーニングの参加者は，お互いに他人の運動のようすを観察した（代理的経験）。

その結果，歩行，階段をのぼる，ものを持ち上げる，家事，訪問，運転，性行動という7つのセルフ・エフィカシーとその行動は，退院時，心筋梗塞あるいは心臓手術後4週間，9週間で増加した。実験群は対照群と比較して高い値を示したが，有意な差はみられなかった。

ここで行われた介入は，運動負荷試験，運動トレーニング，教育であり，これらには言語的説得，代理的経験，遂行行動の達成，情動的喚起が含まれている。しかし，実験群と対照群ではこの介入による差がみられなかった。その理由として，すべての患者は入院中に心臓リハビリテーションに参加しており，実験を開始した心筋梗塞あるいは心臓手術後4週間までにはセルフ・エフィカシーはかなり回復していたことが考えられる。

②食習慣のセルフ・エフィカシーを高める方法

心疾患患者は，疾患により失われた心機能を回復させるだけではなく，脂肪摂取をひかえるなど食習慣を健康的なものに修正する必要がある。そこで，心筋梗塞後の患者を対象として，オレムの看護理論およびセルフ・エフィカシー理論に基づいた食習慣を修正する看護介入を行ない，その影響を検討した実験研究がある（Aish et al., 1996）。対象を無作為に実験群（52名）と対照群（52名）に分け，食習慣のセルフ・エフィカシーおよび食事摂取量におよぼす影響を検討した。すべての対象者は，心筋梗塞後の生活を修正する方法について書かれた印刷物を退院前に配布され，疑問点を

質問することができた．さらに実験群に対しては，退院後1週間で家庭訪問を行ない，3日間の食事記録の分析結果を報告し，望ましい健康的な食習慣の基準と比較した．その後の6週間で3回の電話訪問を行ない，健康的な食習慣の基準に到達できるように情報を与えた（言語的説得）．

退院後7週間では，実験群は対照群と比較して有意に総脂肪と飽和脂肪酸の摂取量が少なく，健康的な食習慣の基準到達者が多く，より健康的な食習慣を身につけていた．また，両群ともにセルフ・エフィカシーは，退院後7週間で上昇し，2群間に差はみられなかった．

この研究では，通常のケアに加えて，セルフ・エフィカシー理論に基づいた家庭訪問および電話でのフォローアップを追加した実験介入を行ない，通常ケアのみの対照群とその効果を比較した．実験介入の効果測定は，セルフ・エフィカシー，脂肪摂取量および食習慣で行ない，セルフ・エフィカシー以外は実験介入の効果があることが示された．この実験介入は，言語的説得のみで構成されていたが，それ以外の介入もあわせて行なえば，セルフ・エフィカシーの上昇に差がみられる可能性もある．

③生活習慣のセルフ・エフィカシーを高める方法

心疾患患者は，身体活動を増加させ，エネルギー摂取量を減少させるなどの食生活を修正するばかりではなく，禁煙，ストレス管理などの生活習慣の修正が必要となる．アレン（Allen, 1996）は，冠動脈バイパス術をはじめて受ける女性患者を対象として，セルフ・エフィカシー理論に基づいた生活習慣を修正する看護介入を行ない，その影響を検討した．患者を無作為に実験群（59名）と対照群（57名）に分け，生活習慣の修正におよぼす介入の影響を患者の脂肪摂取量，禁煙率，および身体活動量について検討した．すべての対象は，自宅での身体活動，食事，心拍や体温の監視についての退院前教育を受けていた．さらに実験群に対しては，退院前日に身体活動，食事および喫煙についての学習事項を復習し，同年齢の同じ疾患を持つ女性が通常の身体活動を始める時期，低脂肪食および禁煙についての自己管理ができるように作られたビデオテープを見せた．そして，ビデオテープとその要点がまとめてある印刷物を2週間自宅に貸し出した（代理的経験）．また，喫煙者に対しては，病院での禁煙カウンセリングを行なった．

退院後2週間で家庭訪問を行ない，手術前の食生活についての分析結果を報告し，目標設定を行ない，歩行や階段の昇降という身体活動記録をみて，患者が達成可能な目標に設定し直した．禁煙を始めた人には，それを続けるように促し，喫煙を再開した人にはカウンセリングを行ない，患者が達成可能な目標に変更した（遂行行動の達成）．

退院後1か月の外来受診時，患者の進歩を認めながら食事や身体活動の指示やカウ

ンセリングを行なった（言語的説得）。退院後2か月には電話で患者の質問に答え，身体活動，食事，禁煙について努力を続けるように励ました（言語的説得）。

1年後の時点で，実験群は，対照群と比較して有意に脂肪摂取率が低下し，禁煙率が増加した。また，身体活動量についても，実験群は対照群と比較して増加傾向がみられた。

この研究では，通常のケアに加えてセルフ・エフィカシー理論に基づいた家庭訪問，検診時の追加教育および電話でのフォローアップを追加した実験介入を行ない，通常ケアとその効果を比較した。実験介入の効果測定は，セルフ・エフィカシーではなく，脂肪摂取量，禁煙率および身体活動量で行ない，実験介入の効果があることを示している。理論的枠組みからすれば，セルフ・エフィカシーにも当然効果が表われていなければならないはずであるが，それは確かめられていない。

3. ヘルス・プロモーションとセルフ・エフィカシー

ヘルス・プロモーションとは，ある病気やけがに限定したものではなく，最良の健康状態をもとめた行動のことをいい，ヘルス・プロテクションは，ある病気やけがに限定して，それを回避するための行動を指す。ある行動，たとえば適切な食事をとることは，それが高血圧を予防するためのものであればヘルス・プロテクションとなり，また同じ行動が最良の健康状態を求めたものであればヘルス・プロモーションとなる。このように，ヘルス・プロモーションとヘルス・プロテクションはコインの裏表のような関係となっている。

看護領域でも，ここ十年来ヘルス・プロモーションへの関心が高まり，ヘルス・プロモーション行動と対象の性別，教育程度，収入などの属性との関係が調べられている。155名の高齢者を対象とした調査では，高い教育程度と収入があり，男性よりは女性にヘルス・プロモーション行動がよくみられることが明らかになった（Lookinland et al., 1996）。また，198名の高齢者を対象とした調査では，健康状態での問題の多さは，未熟なヘルス・プロモーション行動，低いセルフ・エフィカシー，知識不足，低収入，低い教育程度に関連していた（Moore, 1992）。このように，ヘルス・プロモーション行動には，教育程度や収入も関連することが明らかにされてきている。

ヘルス・プロモーション行動の説明には，ペンダーのヘルス・プロモーション理論（Pender, 1996）が用いられることが多い。このモデルの理論的根拠は，期待−価値

理論，社会的認知理論であり，7つの認識-知覚因子（健康の重要性，健康制御の知覚，セルフ・エフィカシー，健康の定義，健康状態の知覚，行動の利益の知覚，ヘルス・プロモーション行動の負担の知覚）と5つの修正因子（人口統計学的特徴，生物学的特徴，人間関係の影響，状況的因子，行動的因子）を用いてヘルス・プロモーション行動の実行可能性の説明を行なう。セルフ・エフィカシーは，このモデルの認識-知覚因子の1つとしてヘルス・プロモーション行動を説明するのに用いられる。

　ペンダーのヘルス・プロモーション・モデルを用いた研究結果をセルフ・エフィカシーに関してまとめてみると，一般性セルフ・エフィカシーが高く，健康状態がよいときにヘルス・プロモーション行動がよくみられることが，167名の35～64歳男性（Fehir, 1988），179名の男女肉体労働者（Weitzel, 1989），397名の働くメキシコ系アメリカ人女性（Duffy et al., 1996），589名の職場が企画するヘルス・プロモーション・プログラム参加者（Pender et al., 1990）を対象とした研究で明らかにされている。また，思春期においては，一般性セルフ・エフィカシーが高い場合にヘルス・プロモーション行動がよくみられることが，思春期の175名（Barnett, 1989），早期思春期の1036名（Smith-Hendricks, 1992）を対象とした研究結果から示されている。さらに，身体障害者では，一般性セルフ・エフィカシーに加えて身体障害の程度がヘルス・プロモーション行動に関連することが示されている（Stuifbergen et al., 1994）。

　このように，ヘルス・プロモーション行動には，一般性セルフ・エフィカシーが関連していることが数多くの研究結果から示された。ヘルス・プロモーション行動を促進する際に，セルフ・エフィカシーおよびそれに関する情報をどのように活用するかが今後の課題となる。

　看護領域でセルフ・エフィカシーが用いられる例として，ここでは心疾患患者のリハビリテーションと健常者および身体障害者のヘルス・プロモーションについて述べた。これ以外にも，全身性エリテマトーデス患者，関節疾患患者，妊婦など，いろいろな対象についてセルフ・エフィカシーと看護との関係のさまざまな側面が検討されている。数多くの研究の結果は，看護行為によって患者のセルフ・エフィカシーを高めることで，患者の健康面での改善が期待できることを示唆している。しかし，看護行為は患者の生活の場で展開され，看護行為の効果は多くの要因によって左右される。したがって，セルフ・エフィカシー理論を実際の看護に応用するためには，いかにすれば患者の生活の場においてセルフ・エフィカシーを高め，維持することができるのかを明らかにしていく必要がある。

●引用文献●

Aish, A. E., & Isenberg, M. 1996 Effects of Orem-based nursing intervention on nutritional self-care of myocardial infarction patients. *International Journal of Nursing Studies*, **33**,259-270.
Allen, J. K. 1996 Coronary risk factor modification in women after coronary artery bypass surgery. *Nursing Research*, **45**,260-265.
Allen, J. K., Becker, D. M., & Swank, R. T. 1990 Factors related to functional status after coronary artery bypass surgery. *Heart and Lung : Journal of Critical Care*, **19**,337-343.
Aydemir, O., Ozmen, E., Kuey, L., Kultur, S., Yesil, M., Postaci, N., & Bayata, S. 1997 Psychiatric morbidity and depressive symptomatology in patients with permanent pacemakers. *Pacing and Clinical Electrophysiology*, **20**, 1628-1632.
Barnett, F. C. 1989 *The relationship of selected cognitive-perceptual factors to health promoting behaviors of adolescents*. Unpublished doctoral dissertation, Austin : University of Texas at Austin.
Brown, S. K., & Conn, V. S. 1995 The relationship between self-efficacy and walking in the rehabilitation of postoperative CABG patients. *Rehabilitation Nursing Research*, **4**,64-71.
Budd, S. P. 1992 *Women's heart study : self-efficacy and the rehabilitation experiences following acute myocardial infarction*. Unpublished doctoral dissertation, East Lansing : Michigan State University.
Carroll, D. L. 1993 *Recovery in the elderly after coronary artery bypass surgery*. Unpublished doctoral dissertation, Chestnut Hill : Boston College.
Clarke, D. E., Walker, J. R., & Cuddy, T. E. 1996 The role of perceived overprotectiveness in recovery 3 months after myocardial infarction. *Journal of Cardiopulmonary Rehabilitation*, **16**,372-377.
DiIorio, C., Faherty, B., & Manteuffel, B. 1994 Epilepsy self-management : partial replication and extension. *Research in Nursing and Health*, **17**,167-174.
Dodge, J. A., Janz, N. K., & Clark, N. M. 1994 Self-management of the health care regimen : a comparison of nurses' and cardiac patients' perceptions. *Patient Education and Counseling*, **23**,73-82.
Doordan, A. M. 1991 *Psychosocial correlates of cardiac recovery*. Unpublished doctoral dissertation, San Francisco : University of California.
Duffy, M. E., Rossow, R., & Hernandez, M. 1996 Correlates of health-promotion activities in employed Mexican American women. *Nursing Research*, **45**,18-24.
Fehir, J. S. 1988 *Self-rated health status, self-efficacy, motivation, and selected demographics as determinants of health-promoting lifestyle behavior in men 35 to 64 years old : a nursing investigation*. Unpublished doctoral dissertation, Austin : University of Texas at Austin.
Gilliss, C. L., Gortner, S. R., Hauck, W. W., Shinn, J. A., Sparacino, P. A., & Tompkins, C. 1993 A randomized clinical trial of nursing care for recovery from cardiac surgery. *Heart and Lung : Journal of Critical Care*, **22**,125-133.
Gulanick, M. 1991 Is phase 2 cardiac rehabilitation necessary for early recovery of patients with cardiac disease? A randomized, controlled study. *Heart and Lung : Journal of Critical Care*, **20**, 9-15.
Gulanick, M., & Naito, A. 1994 Patients' reactions to angioplasty : realistic or not? *American Journal of Critical Care*, **3**,368-373.
Hickey, M. L., Owen, S.V., & Froman, R. D. 1992 Instrument development : cardiac diet and exercise self-efficacy. *Nursing Research*, **41**,347-351.
James, K. S. 1991 *Factors related to self-care agency and self-care practices of obese adolescents*. Unpublished doctoral dissertation, San Diego : University of San Diego.
Jenkins, L. S. 1989 *Jenkins instruments : Self-efficacy expectation scales and activity check lists for selected cardiac recovery behavior（manual）*. Milwaukee : University of Wisconsin-Milwaukee.
Krikevold, M., Gortner, S. R., Berg, K., & Saltvold, S. 1996 Patterns of recovery among Norwegian heart surgery patients. *Journal of Advanced Nursing*, **24**,943-951.
Lookinland, S., & Harms, J. 1996 Comparison of health-promotive behaviours among seniors : exercisers versus nonexercisers. *Social Sciences in Health : International Journal of Research and Practice*, **2**,147-161.
Ludlow, A. P., & Gein, L. 1995 Relationships among self-care, self-efficacy and HbAlc levels in individuals with non-insulin dependent diabetes mellitus (NIDDM). *Canadian Journal of Diabetes Care*, **19**,10-15.
Moore, E. J. 1992 *The relationship among self-efficacy, health knowledge, self-rated health status, and selected demographics as determinants of health promoting behavior in older adults*. Unpublished doctoral dissertation, Akron :

University of Akron.
Pender, N. J. 1996 *Health promotion in nursing practice*. 3rd ed. Appleton & Lange. 小西美恵子・太田勝正・麻原きよみ・草間朋子（訳）1997 ペンダー ヘルスプロモーション看護論 日本看護協会出版会
Pender, N. J., Walker, S. N., Sechrist, K. R., & Frank-Stromborg, M. 1990 Predicting health-promoting lifestyles in the workplace. *Nursing Research*, **39**,326-332.
Perkins, S. B. 1991 *Self-efficacy and mood status in recovery from percutaneous transluminal coronary angioplasty*. Unpublished doctoral dissertation, Kansas : University of Kansas.
Perkins, S., & Jenkins, L. S. 1998 Self-efficacy expectation, behavior performance, and mood status in early recovery from percutaneous transluminal coronary angioplasty. *Heart and Lung : The Journal of Acute and Critical Care* **27**,37-46.
Rose, S. K., Conn, V. S., & Rodeman, B. J. 1994 Anxiety and self-care following myocardial infarction. *Issues in Mental Health Nursing*, **15**,433-444.
Ruiz, B. A., Dibble, S. L., Gilliss, C. L., & Gortner, S. R. 1992 Predictors of general activity 8 weeks after cardiac surgery. *Applied Nursing Research*, **5**,59-65.
Schuster, P. M. 1990 *The relationships between adherence to cardiac rehabilitation, self-efficacy, anxiety and activity tolerance*. Unpublished doctoral dissertation, Cleveland : Case Western Reserve University, school of nursing.
Schuster, P. M., Phillips, S., Dillon, D. L., & Tomich, P. L. 1998 The psychosocial and physiological experiences of patients with an implantable cardioverter defibrillator. *Rehabilitation Nursing*, **23**,30-37.
Schuster, P. M., & Waldron, J. 1991 Gender differences in cardiac rehabilitation patients. *Rehabilitation Nursing*, **16**,248-253.
Schuster, P. M., Wright, C., & Tomich, P. 1995 Gender differences in the outcomes of participants in home programs compared to those in structured cardiac rehabilitation programs. *Rehabilitation Nursing*, **20**,93-101.
Skelly, A. H., Marshall, J. R., Haughey, B. P., Davis, P. J., & Dunford, R. G. 1995 Self-efficacy and confidence in outcomes as determinants of self-care practices in inner-city, African-American women with non-insulin-dependent diabetes. *Diabetes Educator*, **21**,38-46.
Smith-Hendricks, C. K. 1992 *Perceptual determinants of early adolescent health promoting behaviors in one Alabama Black Belt County*. Unpublished doctoral dissertation, Chestnut Hill : Boston College.
Stuifbergen, A. K., & Becker, H. A. 1994 Predictors of health-promoting lifestyles in persons with disabilities. *Research in Nursing and Health*, **17**, 3-13.
Vidmar, P. M. 1991 *The relationship between self-efficacy theory and exercise compliance in a cardiac population*. Unpublished doctoral dissertation, Urbana Champaign : University of Illinois at Urbana Champaign.
Weitzel, M. H. 1989 A test of the health promotion model with blue collar workers. *Nursing Research*, **38**,99-104.

13章 看護教育

1. 看護教育とセルフ・エフィカシー

　看護教育の分野では，セルフ・エフィカシーの高い学生ほど，自ら困難な課題に取り組み，困難な課題に直面しても，あきらめずに最後までやり遂げようとする傾向が，バンデューラ（Bandura, 1977）の理論から導かれるということで，セルフ・エフィカシーに対して最近関心がもたれてきている。CINAHLやPSYCLITで文献を検索すると，1990年ころから学術論文が散見されるが，看護教育に直接関連するものは英語論文では6件であった。このことから，この分野において関心が持たれるようになったのは，最近のことであることが分かる。筆者が調べた範囲内では，日本語の学術論文は見つけることができなかった。しかし，ここ2～3年，看護学専攻の研究者からセルフ・エフィカシーのことを話題にされることが時どきあり，関心が高まっていることが推察できる。

　上記の6論文のうち，3編は看護教育一般とセルフ・エフィカシーとの関係を検討したものであり，1編はそれに加えて，セルフ・エフィカシーに影響する要因を検討している。残りの2編は特定のプログラムを実施して，セルフ・エフィカシーが向上したかを検討し，併せて最も影響のあった要因を探ろうとしたものである。筆者は，かつて所属していた神戸市看護大学の母性看護学領域の教員と共同で，学内実習と臨床実習とセルフ・エフィカシーとの関連を，実習の効果という観点から平成10年に検討した。

2. セルフ・エフィカシーを高める教育的意義

(1) 看護教育一般とセルフ・エフィカシー

　まず，一般性セルフ・エフィカシーを検討した報告がある。キーンとモルガン

(Keane & Morgan, 1991)は，看護大学生が日常で話す言語と一般性セルフ・エフィカシーの関係を調べた。すなわち，英語を第1言語とする看護学生と，他の言語を第1言語とする看護学生との間で，英語教育による学業に対する一般性セルフ・エフィカシーに差があるか否かを検討したのである。その評価測度には，シェーラーら（Sherer et al., 1982；Sherer & Adams, 1983）の「一般性セルフ・エフィカシー尺度（the General Self-Efficacy Scale：GSES）」を用いた。GSESは，「1. 計画を立てるとき，それをやり遂げる確信がある」や，「2. やり遂げねばならないとき，最後までできないのが私の問題だ」などの17項目を5段階で評定させ，合計得点は17～85点の範囲になる。キーンとモルガン（1991）はGSESを因子分析し，「回避傾向（Tendency to Avoid/Give up）」と「継続傾向（Tendency to Persist）」との2因子を得た。その結果，英語を第1言語としない看護大学生は，英語を第1言語とする看護大学生よりも，困難な課題を避けたり，あきらめる傾向にあった。しかし，継続してやりぬこうとする傾向には差は見られなかった。さらに，学業成績にも差は見られなかった。

　GSESの日本語版は，坂野・東條（1986）の「一般性セルフ・エフィカシー尺度（GSES）」がある。「1. 何か仕事をするときは，自信をもってやるほうである」，「2. 過去に犯した失敗や嫌な経験を思い出して，暗い気持ちになることがよくある」，「3. 友人より優れた能力がある」など，16項目からなっている。

　次に，もう少し限定された範囲の行動のセルフ・エフィカシーを検討した報告を見ていこう。アベールとアレイヒュジク（Aber & Arayhuzik, 1996）も看護大学における看護教育プログラムの成果（学業成績）とセルフ・エフィカシーとの関連を検討している。学業成績は学年末の評価（GPAの合計）を用いている。セルフ・エフィカシー評価に用いた評価測度は，2つであった。1つは，「臨床セルフ・エフィカシー尺度（The Clinical Self-Efficacy Scale：CLINSE；Owen & Froman, 1990）」である。このCLINSEは，臨床看護スキルの実践に関する能力を評価するものであるが，地方学会のポスターセッションで発表されたものであり，どのような質問項目で構成されているか，その詳細は分からない。アベールらの論文中の表から推察すると，「バイタル・サインの評価」，「腹部評価」，「性尿器評価」，「新生児評価」，「薬物投与」，「清潔操作」，「酸素療法」，「経管栄養摂取」，「鼻口腔からの吸引」，「気管切開後のケア」などの質問項目からなっていると考えられる。しかし，それ以外の質問項目があったかは不明である。もう1つの評価測度は，「勉学スキル・セルフ・エフィカシー評価票（The Study Skills Self-Efficacy Instrument：SSSE；Smith, Owen, Reid, & Ramirez, 1990）」である。このSSSEは，勉学スキルについてのセルフ・エフィカシーを評価するものであるが，やはり地方学会で発表されたものである。同じく，アベールとア

レイヒュジクの論文中の表には,「論述式のテストを受けること」,「情報を記憶すること」,「用語の意味を述べること」などの13質問項目が掲載されている。ただし,それ以上の質問項目があったかは不明である。また,両質問票とも,何段階で評定を求めたかも明記されていない。

結果は,GPAの合計得点と有意な相関が認められたのは,CLINSEでは9評価項目であり,その相関係数は0.43～0.23の範囲であった。また,SSSEでは13評価項目であり,その相関係数は0.32～0.22の範囲であった。したがって,セルフ・エフィカシーは学業達成に対して重要であると報告者は述べている。さらに,ある課題に対してセルフ・エフィカシーが高い者は,その課題をやり遂げて成功する傾向にあるというバンデューラ(1990)の指摘を裏付けたと考察している。また,報告者はふれていないが,相関係数が高かったのは,CLINSEでは,「バイタル・サインの評価」($r=0.43$)と「鼻口腔からの吸引」($r=0.31$)であり,SSSEでは,「用語の意味を言うこと」($r=0.31$)と,「事実を追求する実験を行うこと」($r=0.32$),「教材を記憶すること」($r=0.32$),「教師が何を重要と考えているかを理解すること」($r=0.30$)であった。

(2) 特定分野の看護教育とセルフ・エフィカシー

スペンス-ラシンガー(Spence-Laschinger, 1996)は,年間を通しての学業成績という広い範囲の成果ではなく,健康増進カウンセリングの実行に限定して,セルフ・エフィカシーの影響を検討した。対象者はカナダの看護大学の1年生,2年生,4年生であった。限定した理由は,健康増進における看護師の役割は,病院でのケア中心から地域に基盤を置いたプログラムに重点が置かれるようになったためであった。さらに,地域健康に携わる看護師の中で,自分が十分な知識を持っていると考えている者は半数にすぎないという報告(Stwart, 1987)があったためであった。健康増進カウンセリングは,禁煙と,食事療法,運動の3項目からなっていた。評価測度は,「患者への健康増進教育に対する自信に関する質問票(the self-confidence in patient education for health promotion questionnaire: The SPEHPQ; Tresolini & Stritter, 1994)」であった。この測度は,患者への健康増進3領域の教育に対する医学生のセルフ・エフィカシーを評価するために開発された質問票である。禁煙指導,栄養摂取指導,運動指導の3領域それぞれに対して,その知識と,知識を患者に伝えることと,行動変容プログラムを患者に実行させることについて,「全く自信がない(1)」～「非常に自信がある(4)」の4段階で評定を求めるものであった。すなわち,全部で9項目で構成されていて,かつ各3領域ごとに得点(3～12点)を計算できるように

なっていた。

　結果は，「領域（3水準）×学年（3水準）」の2要因の分散分析で解析されたと記載されているが，主要因と交互作用の有意性には言及されていない。しかし，方法は不明だが，検定によると，どの3領域でも学年間に有意差が認められ，かつ最上級生が有意に高いセルフ・エフィカシーを示したということである。このことから，実習を含めた教育経験を積むことが効果的であると指摘されている。さらに，教育プログラムの年数とは無関係に，どの学年の学生も，患者に行動変容プログラムを実行させることについてのセルフ・エフィカシーは，知識および，それを教えることについてのセルフ・エフィカシーよりも有意に低かった。

(3) セルフ・エフィカシーを高める教育要因

　チャコとフーバ（Chacko & Huba, 1991）は，134名のコミュニティー・カレッジの看護学生1年生（平均年齢=29）を対象として，学業成績に関連があると考えられる諸変数の関係をパス解析で検討した。この解析には，セルフ・エフィカシーを高める要因の検討も含まれている。多くの測度を用いているが，まず最初は，「the ASSET test（ASSET Test Manual, 1986）」で，これは言語能力と，読解能力，数学能力を測定するものである。次は，「生活経験調査票（the Life Experience Survey：LES；Sarason et al., 1978）」で，これは生活ストレスを測定する。3番目は，「勉学方略調査票改定版（a modified version of the Learning and Study Strategies Inventory：LASSI, Weinstein；1987）」で，これには4つの下位尺度が含まれている。第1は学習方略に関する10項目，第2はセルフ・モニタリングに関する18項目，第3は学業成績についてのセルフ・エフィカシーに関する19項目で，これには，「試験を始めるとき，よくできるだろうという自信がある」などの項目が含まれていたとのことである。詳細は，ウェインスタイン（1987）を参照されたい。第4の下位尺度は授業への集中と準備に関する22項目であった。学業成績は学年末の成績であった。

　その結果，図13-1のようなパス図が得られた。セルフ・エフィカシーに関する箇所を見ると，学業成績に直接関係があったのは，読解力（0.28, $p<.01$）と，言語能力（0.29, $p<.01$），セルフ・エフィカシー（0.33, $p<.01$）であった。セルフ・エフィカシーのみが学業成績に関係があるわけではないが，セルフ・エフィカシーが高い学生ほど，学業成績がよいという結果が得られた。著者らは，困難に直面した時，高いセルフ・エフィカシーを持っている学生は，自分の可能性を疑っている学生よりも多大な努力を長く続けることを示唆していると述べている。したがって，学業成績を向上させるためにはセルフ・エフィカシーを高めることが有効であることが分かる。

第Ⅱ部　セルフ・エフィカシーの実際を探る

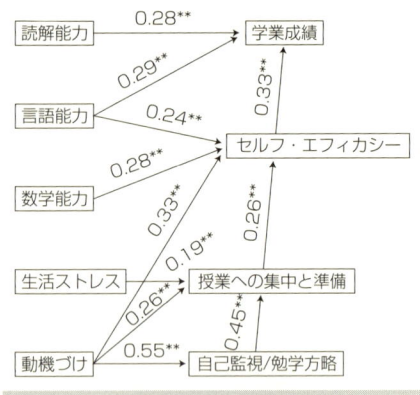

図13-1　学業成績に関する要因のパス図
**$p<0.01$（Chacko & Huba, 1991より一部修正）

セルフ・エフィカシーの高さに直接関連があるのは，言語能力（0.24, $p<.01$）と，数学能力（0.28, $p<.01$），動機づけ（0.33, $p<.01$），授業に対する集中と準備（0.26, $p<.01$）であった。これからわかることは，言語能力と数学能力が高いほど，セルフ・エフィカシーが高くなり，セルフエフィカシーが高いほど，成績が向上するということである。セルフ・エフィカシーを高めるには，それ以外にも，授業に対する準備行動を形成するという方策の有効性が示唆される。

　フォード-ギルボーら（Ford-Gilboe et al., 1997）は，13週の学期中に行なわれる家族看護実習が看護大学生のセルフ・エフィカシーに及ぼす影響を，実習前後の事前テストと事後テストの比較で検討した。家族看護実習は，家族看護に関する知識を得ることと，家庭訪問をすること，訪問先の家庭で家族と共同してケアを実践することの3領域で構成されていた。実習期間中，学生は家庭医，看護師，ソーシャル・ワーカーなどが所属する照会センターに属し，2人1組で，2家族に対して1週単位の看護ケアを行った。10～12人の学生に1人の臨床指導者がついた。家庭訪問の他に，施設内でのロールプレイと家族看護実践も行なわれた。この中には，促進的なコミュニケーション方法，効果的な家庭訪問，事例に応じた介入方法の特定化などが組み込まれていた。さらに，年間の家族看護理論を受講していた。これらを通して，経験豊かな看護師が家族看護ケアを行っている場面を見たり，臨床指導者やペアの学生が家族とやりとりするのを見たり，さまざまな健康問題への経験や理論を書いた書物を読むことによって，代理経験を積むようになっていた。また，セルフ・エフィカシーを向上させるための，カテゴリー化された種々の情報を提供するように組み込まれていた。学

生の実践に対するフィードバックは，ペアの学生，および週1回の施設内セッション，毎週提出する報告書に対する臨床指導者のコメント，訪問家族を含んだミーティングなどで行なわれた。

3年次の実習は2群に分けて，家族看護実習と病院中心の母性実習とを，秋期と冬期でローテーションして行なわれた。したがって，セルフ・エフィカシーの評価は，2群ともに，9月と12月と3月に実施した。

セルフ・エフィカシーの評価測度は，報告者らが開発した「家族看護セルフ・エフィカシー質問票（the Family Nursing Self-Efficacy Questionnaire：FNSE）であり，パートⅠとパートⅡで構成されていた。パートⅠは実習に関する自信を評価するもので，知識に関する5項目，家庭訪問に関する6項目，実践に関する13項目からなっていた。この24項目に対して，「完全に自信がない（1）」～「非常に自信がある（4）」の4段階で評定を求めた。項目の例は，知識に関しては，「訪問先で家族に対して，健康状態に関して対処するのに必要な知識を持っていますか？」と「訪問中に家族に対して，必要性に応じて知識を伝えることができますか？」が記載されている。家庭訪問に関しては，「家族との関係ができた後に，相棒と一緒に家庭訪問ができますか？」と「1人で最初の家庭訪問ができますか？」が記載例であった。実践に関しては，「家族があなたの考えに一致していない場合でも，家族の目標を支持できますか？」，「答えを教えるよりは，家族が問題解決に至るのを待てますか？」，「家族が自分たちの強さに気づくのを援助できますか？」が記載例である。

パートⅡは，自信を深めた要因に関する質問で，「次の経験は，あなたの自信をどの程度強めましたか？」という質問に続いて，11項目があり，それに対して，自信を深めた程度を4段階で評定させた。項目の例は，「臨床指導者が訪問先で家族に対処しているのを観察して」や「家族への対処について気にかかっていることを臨床カンファレンスで討議して」などであった。

その結果，家族看護実習を先に行なったか，後に行なったかということとは無関係に，家族看護実習を行なったということが，家族看護ケアに対するセルフ・エフィカシーを有意に高めた。さらに，パートⅡでは，臨床場面での家族看護スキルの実践に対する評定値が最も高かった。すなわち，セルフ・エフィカシーを高めることに対して実践が最も重要な側面だと学生が感じたということである。フォード-ギルボーらは，得られた結果は，実践が最もセルフ・エフィカシーを高めるというバンデューラ（1977）の結果に一致していると述べている。

ニーフジー（Neafsey, 1997）は，プラクティカル・ナース（Advanced practice nurses）に，薬理作用についての5時間の自宅学習形式のCAI教材を課した。事前

テストと事後テストを比較したところ，知識もセルフ・エフィカシーも大きく有意に伸びたという。知識の量は，4肢選択の50の質問で評価した。セルフ・エフィカシーの評価は，薬理作用に直接関連のある8項目を「ほとんど自信がない（1）」～「極めて自信がある（5）」の5段階で評定させることによって行われた。8項目は，「1. 薬の相互作用を予測すること」，「2. 薬物代謝の異なる患者に調整必要な薬がわかること」，「3. 血小板プロテイン水準の異なる患者に調整必要な薬がわかること」，「4. 肥満や筋肉成分によって体質の異なる患者に調整必要な薬がわかること」，「5. 喫煙者に調整必要な薬がわかること」，「6. 薬の相互作用を患者に説明すること」，「7. 薬の相互作用について医師と話し合うこと」，「8. 薬の相互作用について薬剤師と話し合うこと」であった。

3. 看護大学母性看護領域における実習効果の検討

●はじめに

母性看護学実習に学内実習を組み，その効果をいくつかの測度で検討したが，その中に，セルフ・エフィカシーの評価が含まれている（佐々木ら，2002）。以下は，学内実習と病院での臨床実習の両者がセルフ・エフィカシーに及ぼす効果を検討した部分の報告である。

●対象者

対象者は2年生18名で，1年次に基礎看護実習を受けている。母性看護学実習を含めた専門実習を2年次からローテーションして行なっており，この18名は，母性看護学実習が最初の専門実習であった。

●実習

今回対象とした母性看護学実習は平成10年6月に，3週間実施した。実習1週間前に全般的オリエンテーションを実施し，実習第1週目の最初の2日間は朝から1日中学内実習を行なった。そこでは病院における臨床実習で目標とされるスキルについて，模擬人形を用いるなどをして，練習を行なった。3日目からは，病院で臨床実習を行なった。病院での臨床実習も，朝から1日中行ない，3週間で終了した。

●評価測度

実習の効果を評価するための評価測度は，6種類用いた。まず，セルフ・エフィカシーに関するもので，「一般性セルフ・エフィカシー尺度（GSES）」（坂野・東條，1986）と，今回作成した「母性看護学セルフ・エフィカシー尺度（母性看護学SE尺度）」

を用いた。GSESは，前述のように，学生の一般的なセルフ・エフィカシーの高さを評価するもので，3週間の実習ではそれほど変化が期待できない一般的傾向である。これに対して，「母性看護学セルフ・エフィカシー尺度」は母性看護学実習そのものに対するセルフ・エフィカシーの高さを評価しようとするものである。したがって，実習の進展に沿って，「母性看護学セルフ・エフィカシー尺度」の得点は向上が期待されるが，GSESは変化しないであろうというのが第1の仮説である。次は，他者からの否定的な評価の恐れに関するもので，「日本版FNE（Fear of Negative Evaluation)」（石川ら，1992）と，今回作成した「実習FNE尺度」とである。FNEは，他者からの否定的な評価に対する対象者の恐れの一般的な程度を知ろうとするもので，「実習FNE尺度」は，その時の実習に関しての否定的な評価に対する恐れを評価するものである。したがって，実習の進展に沿って「実習FNE尺度」の得点は低下が期待されるが，日本版FNEは変化しないであろうというのが第2の仮説である。3番目の評価測度は，不安の水準に関するもので，「日本版STAI」（中里・水口，1982）を用いた。STAI（Spielberger et al., 1970）は特性不安と状態不安を分けて測定するようになっている。特性不安は，対象者の一般的な不安傾向を測定するもので，状態不安は評価時点での対象者の不安の水準を測定するものである。したがって，実習の進展に沿って，状態不安は低下が期待されるが，特性不安は変化しないであろうというのが第3の仮説である。

● 「母性看護学実習セルフ・エフィカシー尺度」の作成

項目の妥当性と信頼性に関する詳細な報告は別途行なうこととするが，ここでは尺度作成の概要を述べることにする。

まず筆者が母性看護学実習の内容を母性看護学領域の助教授から説明を受けて，評価すべき項目を作成した。それを，母性看護学領域の教員が協議し，「1.妊婦さんの腹囲を測定する」，「2.妊婦さんの子宮底を測定する」，「3.レオポルド触診を行う」など，妥当な項目を25項目選定した。項目の例は表13-1に示した。信頼性に関しては，

表13-1 母性看護学実習SE尺度の項目(抜粋)（佐々木ら，2002）

No.	項目
1.	妊婦さんの腹囲を測定する
2.	妊婦さんの子宮底を測定する
3.	レオポルド触診を行う
6.	悪露交換を行う
11.	産褥体操の指導をする
16.	新生児の沐浴をする
19.	家族とのコミュニケーション

実習1週間前のオリエンテーション時の評価と、学内実習初日の朝の再評価との相関係数で検討した。この間、教育的操作をまったく行なっていないので、再検査による信頼性の検討となる。その結果、両者の平均合計得点の相関係数は0.80であった。この相関係数は1％水準で有意であった。すなわち、「母性看護学実習SE尺度」は信頼性のある評価尺度と考えられた。

● 手続き

6つの評価測度を、6回にわたって学生に実施した。1回めは実習1週間前のオリエンテーションのとき、2回めは学内実習の初日の朝、すなわち未経験時、3回めは2日間の学内事前実習の終了時、4回めは臨床実習第1週目の金曜日の終了時、5回めは臨床実習第2週目の金曜日の終了時、6回めは臨床実習第3週目（最終週）の金曜日の終了時であった。

学生には、この評価は実習教育の改善を検討することが目的であり、実習成績の評価にはまったく関係がないことをよく説明した。これは、なるべくよい成績を収めたいという気持ちが結果をゆがめるのを防ぐためである。

「母性看護学実習セルフ・エフィカシー尺度」は下記の7段階で評定を求め、GSESは「はい」と「いいえ」の2段階で評定を求めた。したがって、「母性看護学実習セルフ・エフィカシー尺度」の合計評点は、25～175点の値をとる。その教示は、具体的には、「この質問紙には、母性看護学実習に関する事柄が並んでいます。それぞれの事柄を今度行うときに、どの程度自信を持って行えると思うかを、『全く自信がない』（1）から『非常に自信がある』（7）までの中から、今のあなたにあてはまると感じる番号を〇で囲んで下さい。必ずどれかに〇をつけて下さい」であった。

● 結果

「母性看護学実習セルフ・エフィカシー尺度」の合計評点の平均値は、1回目から順に、61.3点、68.4点、96.5点、89.8点、99.9点、107.1点であった。これを図に示したのが、図13-2である。1要因の分散分析の結果、評価時点に有意な効果が認められた（$F_{(5,105)} = 14.30$, $p < 0.01$）。そこで、多重比較を行なったところ、有意な差が認められたのは、1回めと3回め、1回めと4回め、1回めと5回め、1回めと6回めおよび、2回めと3回め、2回めと4回め、2回めと5回め、2回めと6回めであった。すなわち、オリエンテーション時と学内実習直前との間では有意な差は認められないが、この両者は、学内実習終了後および、実習1週間後、実習2週間後、実習3週間後との間に有意な差が認められたということである。

GSESの合計評点の平均値は、1回目から順に、22.8点、23.1点、22.2点、21.5点、22.1点、22.4点であった。これも図13-2に示した。1要因の分散分析の結果、評価

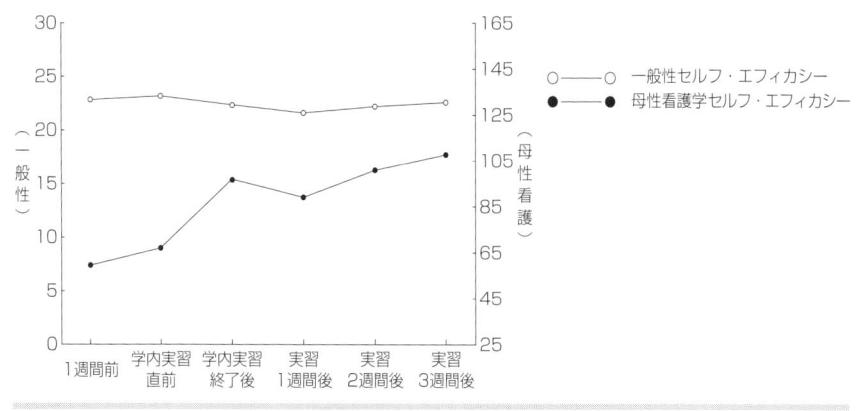

◐図13-2　セルフ・エフィカシーの推移（佐々木ら，2002より一部修正）

時点に有意な効果が認められなかった。

●まとめ

　「母性看護学実習セルフ・エフィカシー尺度」の値は，学内実習を行なうまでは変化は見られなかったが，学内実習直後には有意に上昇した。したがって，学内実習を経験することによって，母性看護学実習に対するセルフ・エフィカシーの上昇に有効であったと考えることができる。これに対して，特性である一般性セルフ・エフィカシーは学内実習と3週間の臨床実習では変化をしていない。なお母性看護学実習に対するセルフ・エフィカシーは，図を見る限りでは，臨床第1週めで低下し，第2週め，第3週めと上昇に転じたように見えるが有意な差は認められていない。今後の課題としては，臨床実習の後にセルフ・エフィカシーをさらに上昇させるには，どうしたらよいかということが1点である。また，実際の母性看護学スキルを評価し，セルフ・エフィカシーと比較することも重要である。そして，スキルに比較してセルフ・エフィカシーが低い学生には，スキルに見合うようにセルフ・エフィカシーを高めるような介入が必要となる。逆に，スキルの割にはセルフ・エフィカシーが高い学生には，自己認識を促し，スキルを高めるような介入が必要となる。

　他の測度の概要は，特性不安は時期による有意な差は認められなかったが，状態不安には有意な差が認められ，その推移は母性看護学セルフ・エフィカシーの裏返しであった。実習FNEも時期による有意な差が認められ，その推移は状態不安と同様であった。

●引用文献●

Aber ,C.S., & Arayhuzik, D. 1996 Factors associated with student success in a baccalaureate nursing program within an urban public university. *Journal of Nursing Education*, **35**,285-288.
ASSET technical manual 1986 The American college Testing Program. Iowa City,IA.
Bandura, A. 1977 Self-efficacy : toward a unifying theory of behavioral change. *Psychological Review*, **84**,191-215.
Chacko, S.B., & Huba,M. E. 1991 Academic achievement among undergraduate nursing students : the development and testing of a causal model. *Journal of Nursing Education*, **30**,267-273.
Ford-Gilboe, M., Spence-Laschinger ,H., Laforet-Fliesser, Y., Ward-Griffin, C., Foran, S. 1997 The effect of clinical practicum on undergraduate nursing students' self-efficacy for community-based family nursing practice. *Journal of Nursing Education*, **36**,212-219.
石川利江・佐々木和義・福井 至 1992 社会的不安尺度 FNE・SADS の日本版標準化の試み 行動療法研究, **18**,10-17.
Keane, M.C., & Morgan, B.S. 1991 Perceived self-efficacy and language differences. *Psychological Reports*, **69**,291-298.
中里克治・水口公信 1982 新しい不安尺度 STAI 日本版の作成 心身医学, **22**,107-112.
Neafsey, P.J. 1997 Computer-assisted instruction for home study : A new venture for continuing education programs in nursing. *the Journal of Continuing Education in Nursing*, **28**,164-172.
Owen, S.V., & Froman, R.D. 1990 Early identification of B.S.S.N. students at risk for failure. *Poster presented at the Eastern Nursing Research Conference*, New York.
坂野雄二・東條光彦 1986 一般性セルフ・エフィカシー尺度作成の試み 行動療法研究, **12**,73-82.
Sarason, I.G., Jonson, J.H., & Siegel,L.M. 1978 Assessing the impact of life changes : Development of the Life Experiences Survey. *Journal of Consulting and Clinical Psychology*, **46**,932-946.
佐々木和義・門脇千恵・竹下由紀・池内佳子 2002 看護臨地実習における学内事前実習がセルフ・エフィカシーに及ぼす影響 日本ヒューマン・ケア心理学会第4回大会プログラム抄録
Sherer, M., & Adams, C. 1983 Construct validation of the self-efficacy scale. *Psychological Reports*, **51**,663-671.
Sherer, M., Maddux, J. E., Mercandante, B., Prentice-Dunn,S., Jacobs, B., & Pogers, R.W. 1982 The self-efficacy scale : construction and validation. *Psychological Reports*, **53**,899-902.
Smith, A.L., Owen, S.V., Reid, B., & Ramirez, M.O. 1990 Measurement of study skills self-efficacy. *Paper presented at the annual meeting of the New Englang Educational Research Organization*, Rockport, ME.
Spence-Laschinger, H.K. 1996 Undergraduate nursing student' health promotion counseling self-efficacy. *Journal of Advanced Nursing*, **24**,36-41.
Spielberger, C. D., Gorusch, R. L., & Lushene, R.E. 1970 *STAI Manual for the State-Trait Anxiety Inventory*, Consulting Psychologists Press Carifornia.
Stewart, M. 1987 Nurses' preparedness for health promotion through linkage mutual aid groups. *Canadian Journal of Public Health*, **80**,110-114.
Tresolini, C., & Stritter,F. 1994 An analysis of learning experiences contributing to medical student' self-efficacy in conducting patient education for health promotion. *Teaching and Learning in Medicine*, **6**,247-254.
Weinstein, C. E. 1987 *LASSI user's manual*. H & H Publishing Co. Clearwater,FL

14章 リハビリテーション

1. リハビリテーションとセルフ・エフィカシー

　リハビリテーションとセルフ・エフィカシーで文献の検索をすると，PSYCLITでは，1967年から1998年の間に英文論文は125編が得られた。しかし，その60%あまりがドラッグ・リハビリテーションに関するもので，薬物嗜癖がその2分の1，アルコール嗜癖と喫煙とが4分の1ずつであった。これらに次いで多いのが精神科的疾患に対する心理社会的リハビリテーションに関するものであった。

　わが国でリハビリテーションという場合には，心理社会的リハビリテーションも含まれるが，イメージは身体障害や感覚障害にウエイトが高いといえる。したがって，本章では，身体障害や感覚障害に対するリハビリテーションについて述べていくこととする。この分野に関しては，"handicapped"や "disabled"とセルフ・エフィカシーに関する文献も検索し，参考とした。

　まず，障害者の心理的過程の評価とセルフ・エフィカシーとの関連を検討したものがある。これには，感覚障害者，身体障害者，頭部外傷者の動機づけ，自己概念などの心理過程とセルフ・エフィカシーとの関連を検討したものや，職能評価とセルフ・エフィカシーとの関連を検討したものが含まれる。

　リハビリテーション専門家に関しては，カウンセリングや職種間調整等のサービス行為や，職能の評価行為，バーンアウトとセルフ・エフィカシーに関して検討したものがある。

　身体的リハビリテーションに関するものには，感覚障害者や，老人，慢性肺動脈閉鎖症者，背痛患者などの歩行を中心とした運動プログラム，あるいは左片麻痺者の筋力増強運動，リューマチ症患者の水治療などがある。自己コントロールの要素の強いものには，障害者の健康増進行動とセルフ・エフィカシーに関して検討したものがある。

　職業リハビリテーションに関するものには，感覚障害学生に対する職業準備につい

てのカウンセリングや，身体障害者の職業リハビリテーション・プログラム，身体障害者のコンピュータ・スキル学習などとセルフ・エフィカシーとの関連を検討したものがある。

スポーツ・リハビリテーションについては，障害者のスポーツ(水泳，テニスなど)とセルフ・エフィカシーとの関連を検討したものがある。

2. セルフ・エフィカシーを高める臨床的意義

セルフ・エフィカシーが高いほど，リハビリテーション訓練が推進されるという報告（Kaivanto, 1995）がある。105人の下背部の慢性疼痛患者に対して，ベック抑うつ尺度（BDI），セルフ・エフィカシー尺度（the Self-Efficacy Scale：SEFS），痛みセルフ・エフィカシー質問票（Pain Self-Efficacy Questionnaire：PSEQ）と，下背部疼痛障害質問票を，独立変数として実施した。従属変数は体全体の均整運動であり，性別，年齢，体重，身長を統制して，重回帰分析を行なった。その結果，均整運動を最も予測できるのは，一般的なセルフ・エフィカシーを測定するSEFSであった。ベッグス（Beggs, 1992）は，25歳〜54歳の71人の視覚障害者における移動の成功の基礎となる心理過程を検討し，一定のルートを単独で歩行させたあとに，質問紙に回答を求めた。因子分析の結果，①セルフ・エフィカシー（例：「危険を評価し，それに対応することができる」），②ヴィジランス，③役割受容，④失見当，⑤認知的努力（例：「移動中はできるだけ，注意を払っている」）の5因子が得られた。すなわち，セルフ・エフィカシーが高いほど，単独歩行がうまくいくということである。

直接の機能改善に関しては，アルトメイヤーら（Altmaier et al., 1993）が，3週間のリハビリテーション・プログラムに参加した45人の背痛患者について検討した。その結果，プログラム中のセルフ・エフィカシーの上昇は，プログラム終了直後の機能改善とは関係がなかったものの，6か月後のフォローアップ時の機能改善と，痛みの訴えの低下とに有意な効果をもった。

障害者の自己コントロールに関しては，健康増進行動が対象となっている（Bernier, 1984；Stuifbergen & Becker, 1994）。スティフバーゲン（Stuifbergen, 1994）は，20歳〜74歳の障害者117人に質問紙への回答を求め，重回帰分析を行った。その結果，健康行動に対するセルフ・エフィカシーと一般性セルフ・エフィカシーが高い者ほど，健康を増進的するライフスタイルを行なう傾向が強かった。バーニーとポーザー（Bernier & Poser, 1984）は，体重コントロール・プログラムに関して，事前テスト

の時点と，事後テストの時点と，フォローアップの時点で，セルフ・エフィカシー，原因帰属，体重低下を評価し，それらの関係を検討した。その結果，セルフ・エフィカシーは，治療中の体重低下とは有意な相関はみられなかったものの，事後テスト時には有意に高まっていた。そして，治療終了時のセルフ・エフィカシーのみが，6週間後と6か月後のフォローアップ時の体重を有意に予測した。さらに，フォローアップ中にもセルフ・エフィカシーは上昇し，それはその間の体重低下に一致していた。

　身体障害者のコンピュータ・スキルの訓練に関連した検討もなされている。タム（Tam, 1996）は，31人の身体障害者に15週間のソフトウェア使用訓練を実施した。訓練前のスキルとセルフ・エフィカシーなどを測定し，重回帰分析を行なったところ，スキル訓練が成功するかどうかの予測因子は，訓練前のソフトウェア使用に関するセルフ・エフィカシー，訓練前のスキル，訓練前の自己概念であった。したがって，事前のセルフ・エフィカシーが高いほど，スキル訓練の成果が上がった。

　リハビリテーションの専門家のサービス行為に関連しても，セルフ・エフィカシーが検討され，重要な要素だと指摘されている。ロスラーとマリンズ（Roesssler & Mullins, 1995）は，重度障害者を対象としているリハビリテーションカウンセラーのカウンセリング，職種間調整，相談，記録などのサービス行為に影響を及ぼす要因を展望している。それによると，セルフ・エフィカシー，および知識，自己評価の能力，行動をコントロールしている感じ，スーパーバイザーの考え方，クライエントの考え方が重要だということである。アースプラングら（Ursprung et al., 1986）は，平均年齢28歳の施設職員113人のバーンアウトとさまざまな要因との関連について検討した。バーンアウトの測度は，情緒的疲労，自分個人の問題としてとらえないこと，個人業績の3次元であった。その結果，仕事への満足度，役割のあいまいさ，セルフ・エフィカシーはすべて，バーンアウトの3次元と有意な相関があった。すなわち，セルフ・エフィカシーが高いほど，バーンアウトしにくいということである。

3. セルフ・エフィカシーを高める方法

　セルフ・エフィカシーを高める方法で最も多いのは，達成経験をさせることによって，自信をつけるというものである。ただし，その方法が単独で用いられることはほとんどなく，他の方法と組み合わせて用いられることが多い。

　アハーンら（Ahern et al., 1995）は，39歳～82歳のリウマチ患者と骨関節炎患者あわせて72人に対して，水治療を4日間連続して行なった。そのなかで，関節を動か

すという経験の結果，関節を動かすことに対するセルフ・エフィカシーは，治療前に比較して有意に高まり，さらに動かすときの痛みに対するセルフ・エフィカシーも有意に高まった。これは，達成経験のみによってセルフ・エフィカシーが高まった例である。

フットとトンプソン（Hutto & Thompson, 1995）は，目的とする行動の達成経験に加えて，関連したことがらでの達成経験を重視している。フットとトンプソン（1995）は，視覚障害をもつ大学生が自分の教育背景に見合った職業を探す場合に，リハビリテーション専門家がどのようにしたら有効なカウンセリングができるかを検討している。そのカウンセリングは，カウンセラーと学生がいっしょに，個々の学生の職業ニーズを査定し，障害者に共通した基礎的な知識と社会的スキルを獲得させ，求職場面でのオープンエンドな質問（「はい」「いいえ」では答えを求めない質問）に答える練習をするという方法である。これらのスキル獲得に加えて，学業の達成が就職に対するセルフ・エフィカシーを高めることができた。

クラフトとボーガン（Craft & Hogan, 1985）は，身体障害児に対して，達成経験のほかに，言語的説得とモデリングを用いて効果を上げた。まず，身体面について教育・訓練を行なう人たちに，自己概念とセルフ・エフィカシーという概念について基礎的な知識を教え，そのうえで身体障害児に身体機能訓練を実施させるようにした。その結果，身体機能訓練における達成を経験させることと，どのようにして身体を動かすかをことばで説明することと，他の身体障害児が訓練に取り組む姿を見せること（仲間モデリング）を含む介入法で，障害児のセルフ・エフィカシーが高まることが明らかになった。そして，行動レパートリーを増やすことができた。

達成経験に加えて，ソーシャル・サポートを行なうことによって，セルフ・エフィカシーを高めた例も報告されている。マーチンとマシェット（Martin & Mushett, 1996）は，脳性麻痺，対麻痺，切断といった12歳〜44歳の身体障害児・者78人の水泳に対して，社会的サポートも検討した。被験者に，サポートを提供する者の名前かイニシャルを書かせ，その頻度や満足度も評定させた。その結果，両親，友だち，コーチが最も多くサポートを提供しており，被験者は自分が受けている社会的サポートに満足を感じていた。両親と友だちは，水泳には無関係な知識でのサポートを提供し，母親が最も頻度が多いと評定された。コーチは技術的なサポートを最も多く提供した。セルフ・エフィカシーについては，泳ぐことにどれくらい自信をもっているかの評定を求め，さらに，水泳の達成にどれくらい満足しているかの評定を求めた。そして，水泳が上達したいという希望に耳を傾けてもらい，かつ水泳に挑戦させてもらった者は，セルフ・エフィカシーが高かった。

達成経験と社会的サポートの組み合わせはセルフ・エフィカシーを高めるのに効果があるが，目標に対する教育は効果がないという報告がある。トシマら（Toshima et al., 1990）は，平均年齢62.6歳の119人の慢性肺動脈閉鎖症患者を，8週間の総合的リハビリテーション・プログラムか，8週間の教育統制プログラムのどちらかにランダムに割り当てた。総合的リハビリテーション・プログラムでは，肺疾患，服薬，食事療法，呼吸法，理学療法について教育を行ない，これに加えて，監視下での運動プログラムを行ない，心理社会的サポートも行なった。教育統制プログラムでは，隔週に教育と討論のみを行なった。これらの介入プログラム後，総合的リハビリテーション・プログラムを受けた患者は，歩行に対するセルフ・エフィカシーの有意な増加を示した。したがって，運動プログラムの実践と心理社会的サポートとの組み合わせが重要ということであり，教育は，効果があったとしても，これらとの交互作用がある場合である。

4. 症例

ここで紹介する例は，佐々木（1993）が，半側空間無視に対して自己教示訓練を行なった例である。

●症例および現病歴

57歳の男性で，車の運転中に右大脳半球皮質下出血を発症し，同日，開頭血腫除去術を受けた。

5か月後にリハビリテーション病院に転院したが，その時点で，軽度の左片マヒ（上肢Ⅵ，手指Ⅵ，下肢Ⅵ）と，注意障害と，左下1／4半盲と，軽度の左半側空間無視が認められた。WAISでは，VIQが103，PIQが90，全検査IQが98であったが，WAISの第3因子の「注意・記銘力」因子に負荷量の高い算数と数唱と符号の評価点が低かった。諸検査中は，教示を十分に聞かずに，あるいは合図がないうちに反応を開始してしまうという行動が再三みられた。

半側空間無視は，右手利きの右大脳半球損傷に頻発する症状で，大脳病巣の反対側に存在する刺激に反応しない状態である。本症例の場合，神奈川リハビリテーション病院心理科で用いている14検査課題中，「絵の模写」と「文章の音読」の2課題では軽度の，「空間関係（フロスティッグ検査の空間関係と同様の課題）」「逆転模写」「筆算」の3課題では中度の半側空間無視を示した。「絵の模写」では，具体画の左下を模写せず，「文章の音読」では，横書き文章の左側の単語や文節を読み落とし，「筆算」

では，左側の記号や数字を無視して計算を行なった。
● **現在の問題**
　軽度の左片麻痺があるが，日常生活動作は自立している。しかし，微細な協調動作に問題があるので，前職を遂行するには無理があり，またバランスが不十分なために，公共交通機関を利用することが，いまだ困難である。
　最大の問題は，半側空間無視があり，そのために日常生活上で支障が大きいだけでなく，さらに，検査技師としての復職は困難である。さまざまな職種から左側に注意するように再三言われていたが，自覚は不十分で，深刻味がない。注意障害が併発していたので，不適切に自動化された反応パターンという側面ももっていた。
● **治療方針**
　身体機能に関しては，理学療法で下肢機能とバランスを中心とした訓練を行なうこととし，作業療法で上肢機能を中心とした訓練行なうこととした。左半側空間無視に関しては，自己教示訓練を導入することにした。この半側空間無視の訓練に対しては，拒否的ではないが，あまり積極的ではなかった。
● **セルフ・エフィカシーを高める方法**
　自己教示訓練によって検査課題に類似した課題に，取り組ませて，達成経験をさせることを通してセルフ・エフィカシーを高めることを目的とした。転院後1か月半から，週4回（1回1時間），合計11回，個別場面で訓練を実施した。
　本症例が席につくと，セラピストは，「左端注意」という本症例が決めた自己教示を書いた自己教示カード（B6判横置き，1文字2cm×2cm）を症例の卓上正面に置いた。そして，課題を行なうたびに自己教示を口頭で言う旨の教示をした。
　1回の課題は，「文章の音読」（横書きで，27～145行，平均76.4行）と，「ぬり絵」（2個）と，「筆算」（2～8個）と，「空間関係」（1～4個）の4種類であったが，全種類を行なえない日もあった。「ぬり絵」以外は徐々に難易度を上げた。
　訓練課題の評価は，音読課題では半側空間無視を示さずに音読した行数を数え，それ以外の課題では半側空間無視を示さずに遂行した課題数を数え，百分率に変換した。
　課題の遂行結果は1課題ごとにフィードバックをした。正しい遂行に対しては言語的賞賛を中心とした社会的強化刺激を随伴させた。誤反応に対しては，自信の喪失を防ぐためにフィードバックの内容を配慮した。課題の難易度を上げたために成績の悪かったときには，①誤反応が著しい場合には偽のフィードバックをし，②それほどでもない場合には，課題の難易度が1ランク上がったことと，そのためにやむを得ないことを告げて，修正フィードバックを行なった。

● セルフ・エフィカシーの評価

 1日の訓練の終了時に，まずその日の成績に対する自己評価を，「全然うまくできなかった」から「非常にうまくできた」の9段階で評定を求めた。次にセルフ・エフィカシーの評価を，「全然うまくできないだろう」から「非常にうまくできるだろう」の9段階で評定を求めた。セルフ・エフィカシーの評価に対する教示は，「今日行なった課題を，次の訓練のときに行なうとしたら，どのくらいうまくできると思いますか。1番ぴったりだと思う目盛りのところに○印をつけてください」であった。

 左半側空間無視があるので，両評定とも評定用紙には，1cmごとに目盛りのついた8cmの縦線を用いた。そして，1番下と1番上の目盛りの右横にだけディスクリプターをつけた。セルフ・エフィカシーの評価の場合には，1番下の目盛りの右横に「全然うまくできないだろう」と書き，1番上の目盛りの右横に「非常にうまくできるだろう」と書いた。

● 治療経過

〈訓練中の課題の成績〉：「ぬり絵」は常に100％，「音読」は平均で94.9％の成功率であった。「筆算」と「空間関係」は各回の提示課題数が少ないので，全訓練期間の総提示数に対する通算の百分率を計算した。その結果，「筆算」は94.9％，「空間関係」は81.0％の成功率であった。無視の領域はいずれも小さく，反応様式も徐々に慎重になっていった。

〈訓練後の半側空間無視の検査結果〉：無視がみられたのは，「筆算」と「逆転模写」の2課題のみで，いずれも中度から軽度へと改善した。半側空間無視のなしを0，軽度を1，中度を2，重度を3と評定値をあてはめて処理したところ，訓練後の14課題の平均評定値は訓練前よりも有意に改善した（$t=2.48$, $df=13$, $p<.05$）。退院時は，日常生活上は支障がない状態になった。外来は復職のために終了となり，内観によると慎重に行動するようになった。

〈訓練結果の自己評定とセルフ・エフィカシーの評価〉：結果についての自己評定は，「全然うまくできなかった」を0とし，「非常にうまくできた」を8として，9個の目盛りに1点刻みの評定値を割りあてた。セルフ・エフィカシーの評価についても，同様に，「全然うまくできないだろう」を0とし，8までの評定値を割りあてた。評定値の推移は図14-1に示した。

 結果評定は，最後の3回の評定値は最初の3回の評定値よりも，Uテストによると有意に上昇した（$p<.05$）。セルフ・エフィカシーも，最後の3回の評定値は最初の3回の評定値よりも，Uテストによると有意に上昇した（$p<.05$）。両評定値の間にはピアソンの相関係数で.98と，有意で（$t=14.77$, $df=9$, $p=.00$），高い相関が

見られ，かつ両者には有意な差はみられなかった。

●**考察**

〈半側空間無視〉：訓練中の成績は最初から好結果であった。そして，課題の難易度を上げていったにもかかわらず，好成績を維持した。したがって，訓練中に半側空間無視は改善していったといえる。

訓練前後の検査結果を比較すると，症状が消失したわけではないが，有意な改善を示した。また，復職をはたすことができた。よって，今回採用した自己教示訓練が効果を上げたと考えられる。

〈自己評価とセルフ・エフィカシー〉：図14-1をみると，訓練初期3回の結果評価は，訓練中の課題遂行内容に比べて低いものであり，結果と自己評価にズレがあった。4回めから高くなっており，終期の自己評価は有意に改善していった。これは自分の遂

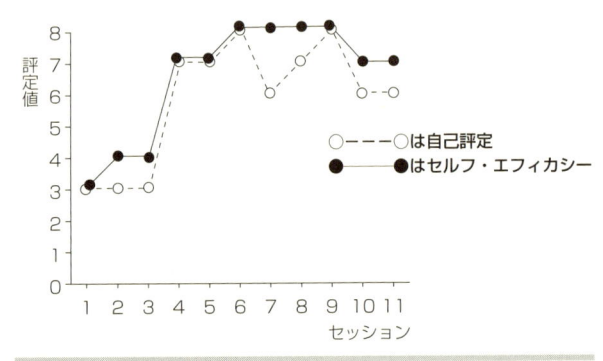

⬆図14-1　結果の自己評定とセルフ・エフィカシー（佐々木，1993の図を一部修正）

行結果を正しく判断できるようになっていったということを現わしている。

セルフ・エフィカシーも結果評価と同様に，訓練初期3回の評価は低かった。そして，やはり4回めから高い値となり，そのままのレベルを維持し，最後の3回は初期よりも有意に高かった。したがって，セルフ・エフィカシーも訓練を重ねるにつれて上昇したということがわかる。

図では一見すると，セルフ・エフィカシーのほうが結果評価よりも高い水準で推移しているようにもみえる。しかし，両者の間には有意な差が認められなかったので，セルフ・エフィカシーは結果評価とかけ離れたものではなかったということがわかる。さらに，相関係数が高く，両者には関連があった。したがって，自己教示訓練を行なうことによって，まず半側空間無視が改善し，次に結果に対する自己認知能力が高ま

り，それによってセルフ・エフィカシーが高まったと考えることができる。また，慎重な反応様式になったということから，セルフ・エフィカシーの高さは過信にはつながらなかったといえる。

●引用文献●

Ahern, M. J., Nicholls, E., Simionato, E., & Clark, M. 1995 Clinical and psychological effects of hydrotherapy in rheumatc disease. *Clinical Rehabilitation*, **9**,204 – 212.
Altmaier, E.M., Russell, D.W., Kao, C.F., & Lehmann, T.R. 1993 Role of self-efficacy in rehabilitation outcome among chronic low back pain patientst. *Journal of Counseling Psychology*, **40**,335 – 339.
Beggs, W.A. 1992 Coping, adjustment and mobility-related feelings of newly visually impaired young adults. *Journal of Visual Impairment and Blindness*, **86**,136 – 140.
Bernier,M., & Poser, E.G. 1984 The relationship between self-efficacy, attributions, and weight loss in a weight rehabilitation. *Rehabilitation Psychology*, **29**,95 – 105.
Craft, D.H., & Hogan, P.I. 1985 Development of self-concept and self-efficacy : Consideration for mainstreaming. *Adapted Physical Activity Quarterly*, **2**,320 – 327.
Hutto, M.D., & Thompson, A.R. 1995 Counseling college students with visual impairments in preparation for employment. *Review*, **27**,29 – 35.
Kaivanto, K.K., Estlander A.M., Moneta, G.B., & Vanharanta, H. 1995 Isokinetic performance in low back pain patients : The predictive power of the Self-Efficacy Scale. *Journal of Occupational Rehabilitation*, **5**,87 – 99.
Martin, J.J., & Mushett,C.A. 1996 Social support mechanisms among athletes with disabilities. *Adapted Physical Activity Quarterly*, **13**,74 – 83.
Roesssler, R.T., & Mullins,J.A. 1995 Factors affecting rehabilitation counselor performance : A social cognitive perspective. *Rehabilitation Education*, **9**,21 – 35.
佐々木和義 1993 半側空間無視に対する自己教示訓練の有効性：外顕的自己教示の効果の再検討 神奈川県綜合リハビリテーションセンター紀要，**20**,41 – 46.
Stuifbergen, A.K., & Becker, H.A. 1994 Predictors of health-promoting lifestyles in persons with disabilities. *Research in Nursing and Health*, **17**, 3 – 13.
Tam, S.F. 1996 Self-efficacy as a predictor of computer skills learning outcomes of individuals with physical disabilities. *Journal of Psychology*, **130**,51 – 58.
Toshima, M.T., Kaplan, R.M., & Ries, A.L. 1990 Experimental evaluation of rehabilitation in chronic obustructive pulmonary disease : Short-term effects on exercise endurance and health status. *Health Psychology*, **9**,237 – 252.
Ursprung, A.W. 1986 Incidence and correlates of burnout in residential service settings. *Rehabilitation Counseling Bulletin*, **29**,225 – 239.

15章 社会的スキルの獲得

1. 社会的スキルと社会的スキル訓練

　社会的スキルに関する研究は，1960代頃から精力的に行なわれている。これらの研究は，イギリスのアーガイル（Argyle, 1967）に代表されるような，社会心理学的なアプローチによるものと，ウォルピ（Wolpe, 1982）の主張訓練法（Assertive Training）にルーツを持つ，臨床心理学的なアプローチによるものに分類することができる。したがって，それぞれの研究者の立場によって，社会的スキルの定義もさまざまであり，前者の立場をとるアーガイル（1981）は，社会的スキルを「相互作用をする人々の目的を実現するために効果のある社会的行動」と定義づけている。一方，後者の立場をとる研究は，①社会的状況において，仲間から受け入れられる行動，②強化を受ける確率を最大にし，罰の随伴性を減少させるような状況に依存した社会的行動，③ある状況で，重要な社会的結果を予測する（社会的妥当性のある）行動という3つの観点からの定義づけを行なっていると理解することができる（Gresham, 1986）。このように，社会的スキルの定義に関しては，一致した見解が得られてはいない。しかし，いずれの定義も，社会的，対人的な場面において円滑な人間関係を成立させるために必要な社会的，対人的技術を指している点では共通していると考えられる。

　社会的スキルの研究が，盛んに行なわれてきた理由としては，第1に，統合失調症，うつ病，あるいは不安障害を抱える人の多くが，社会的スキルに何らかの問題をもっていることがあげられる（Lewinsohn, 1974；Hersen et al., 1976）。第2に，社会的スキルに問題が認められる子どもは，将来，学校不適応，小児精神病理学上の問題を高確率で起こしやすいといったように，発達上の問題とも深いかかわりがあることをあげることができる（Asher et al., 1981）。

　このように，社会的スキルは，問題の程度や質には違いがあるものの，さまざまな症状と深いかかわりをもつことから，社会的スキルへの介入方法，すなわち社会的スキル訓練（Social Skills Training）が開発され，さまざまな臨床場面で広く適用され

ている。わが国においても，子どもの臨床現場（嶋田ら，1997など），学習障害児や自閉症児などの発達障害を対象とした訓練（松尾・小林，1993；佐藤，1991など），さらには，統合失調症患者の臨床現場（池淵，1992など）において，治療や治療効果を維持させる手段として頻繁に用いられている。

　社会的スキル訓練は，さまざまな技法を組み合わせることによって，より大きな治療効果を得ようとする「パッケージ治療法」であることから，適用する対象に合わせて技法が組み合わされている。また，訓練対象とする社会的スキルの内容も治療対象者に応じて異なっている。たとえば，相川ら（1996）によると，子どもの社会的スキル訓練で用いられる主要な社会的スキルは，主張性スキル，社会的問題解決スキル，友情形成スキルであるといえる。そして，用いられる技法も強化法やモデリング法だけでなく，近年では，社会的スキルの概念を習得した上で，行動の形成を図り，さらには社会的スキルをコントロールするためのメタ認知的要素の獲得をねらったコーチング法（coaching；Ladd et al., 1983）や日常生活場面での般化を促進することをねらいとした仲間媒介法（peer mediated method；Kohler et al., 1985）といった技法も開発されている。すなわち，1970年代から頻繁に用いられてきた行動的技法の使用が主であった社会的スキル訓練は，今日においては，認知的技法も積極的に取り入れられた治療パッケージに発展してきているのである。

2. 社会的スキルとセルフ・エフィカシー

　社会的スキルの問題は，獲得過程にかかわる問題と表出過程にかかわる問題という2つの視点から理解することができる。グレシャム（Gresham, 1988）は，これらの2つの視点に，社会的スキルの獲得や遂行を妨げるような妨害反応の有無という軸を加えることによって，社会的スキルの問題の分類を試みている。すなわち，表15-1に示すような，①社会的スキルの欠如，②社会的遂行の欠如，③自己コントロール・スキルの欠如，④自己コントロール遂行の欠如という4タイプに分類することができる。これらのタイプのうち，社会的遂行の欠如や自己コントロール遂行の欠如のよう

◉表15-1　社会的スキルの問題の分類（Gresham, 1988）

	習得欠如	実行欠如
妨害反応なし	社会的スキルの欠如	自己コントロール・スキルの欠如
妨害反応あり	社会的遂行の欠如	自己コントロール遂行の欠如

なタイプは，妨害反応が問題の生起に関係している。

妨害反応とは，社会的スキルにネガティブな影響を及ぼす認知的，生理的，運動的諸反応のことであり，その例として，対人不安，ネガティブな自己陳述，セルフ・エフィカシーの低さなどをあげることができる（Adalbjarnardottir, 1995；矢嶋ら，1993；Gresham, 1988）。たとえば，戸ヶ崎と坂野（1997）は，小学生を対象として，一般性セルフ・エフィカシーと社会的スキルとの関連を検討している。そして，社会的スキルの表出は，セルフ・エフィカシーの程度に強い影響を受けており，図15-1に示すようにセルフ・エフィカシー尺度（小田ら，1995）の下位尺度である「能力の社会的位置づけ」の得点が高い児童ほど「主張性スキル」の得点が高いことを明らかにしている。また，セルフ・エフィカシーは，社会的スキルをコントロールするためのメタ認知的側面とも深いかかわりをもっており，「相手の顔つきや振る舞い方から，相手の思っていることがわかる」といった「解読」に関わる要素や「感情のコントロール」といった要素を備えている子どもは，セルフ・エフィカシーを高く知覚していることが報告されている（小田ら，1993）。すなわち，社会的スキルの表出に問題を抱えている児童に対する働きかけを考える際には，児童のセルフ・エフィカシーの程度を考慮に入れることが必要であるといえる。

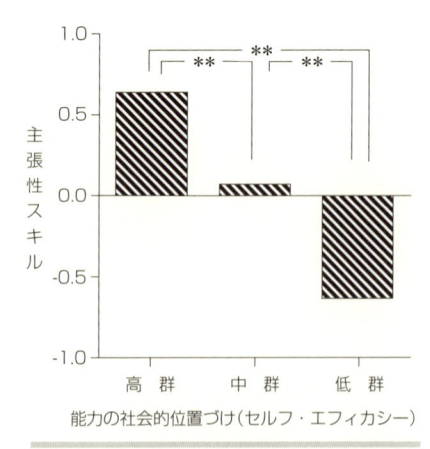

❶図15-1　「能力の社会的位置づけ」の群別における「主張性スキル」の得点
（戸ヶ崎ら，1997）

さらに，セルフ・エフィカシーは，対人不安のような他の妨害要因とも強く関係している（Leary, 1983）。たとえば，松尾と新井（1998）は，小学生を対象に，対人

的セルフ・エフィカシーと対人不安傾向との関係について検討し，友人との対人的場面において，適切な社会的行動をどの程度うまくできるかといった対人的自己効力感の知覚の程度が高くなるほど，対人不安傾向は低くなると報告している。

以上のことから，セルフ・エフィカシーは，社会的スキルの獲得や遂行の程度を決定する重要な要因であると位置づけることができるのである。

3. セルフ・エフィカシーを高める臨床的意義

社会的スキル訓練プログラムの具体的な流れは，一般に，図15-2のような，教示，ロールプレイ，フィードバック，モデリング，般化という5つの要素から成り立っており，社会的スキルの獲得やそのコントロールの仕方を学習することを目的とした介入方法であるといえる（坂野，1995）。しかし，社会的スキルの獲得や遂行には，さまざまな妨害要因が影響していることを考慮すると，これらの妨害要因をコントロールするための手続きを訓練プログラムに含めることは，より効果的な社会的スキル訓練を可能にすると考えられる。

たとえば，リー（Lee, 1984）は，主張性とセルフ・エフィカシーとの関連について検討し，セルフ・エフィカシーは，実際のパフォーマンスよりも常に高いことを明らかにしている。この結果は，社会的スキルの遂行には，十分な高さのセルフ・エフィカシーが必須であることを意味している。また，前田と山口（1998）は，小学生を対象に社会的スキル訓練を実施し，セルフ・エフィカシーが高くなるにつれて，目標とされていた行動の遂行が観察されるようになることを報告している（図15-3参照）。さらに，セルフ・エフィカシーの向上は，社会的スキルの獲得や遂行に直接的に影響するだけでな

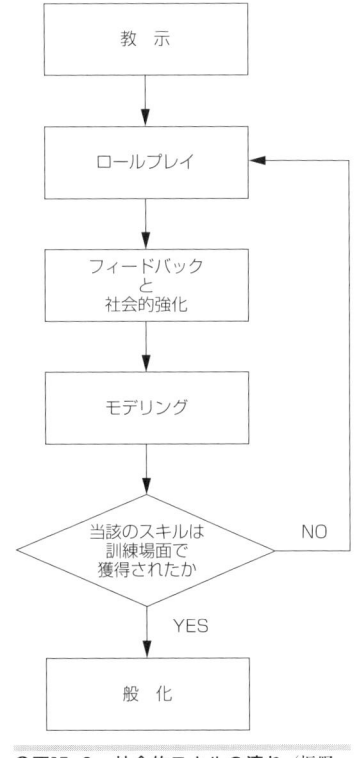

❶図15-2　**社会的スキルの流れ**（坂野，1995）

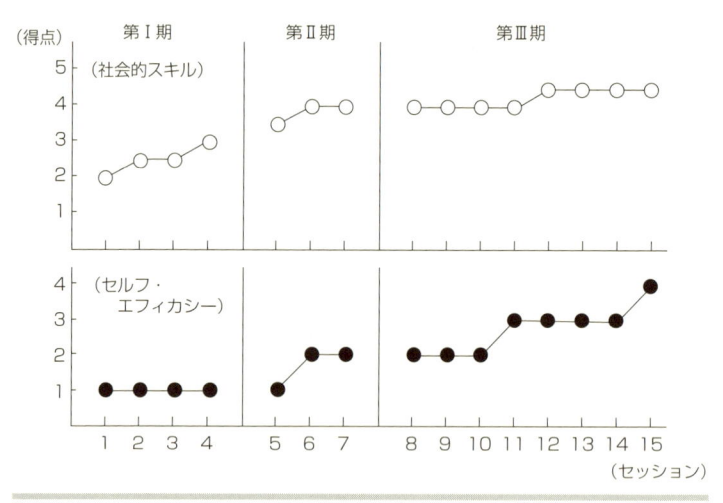

● 図15-3　スキルの習得度とセルフ・エフィカシーの変化　(前田ら，1998)

く，対人行動の表出を妨げる社会不安のような妨害要因の働きを抑制するような機能をもっている(松尾・新井，1998)。

　すなわち，セルフ・エフィカシーの向上は，社会的スキルの獲得や遂行に直接的，あるいは間接的に影響しているといえ，セルフ・エフィカシーの変容を社会的スキル訓練の要素に含めることは，より効果的な社会的スキルの改善を可能にすると考えられる。

　セルフ・エフィカシーの向上は，社会的スキル訓練の問題点である，般化に対しても大きな影響力を持つと考えられる。たとえば，訓練場面で獲得した社会的スキルに対して，「日常生活場面でも，同じように振る舞える」といったエフィカシーを高く知覚したならば，その社会的スキルは，比較的容易に日常生活場面に般化するであろう。また，セルフ・エフィカシーには，課題や場面において特異的に行動に影響を及ぼすセルフ・エフィカシーと，具体的な場面や課題に依存しない一般性セルフ・エフィカシー(generalized self-efficacy)という2つの水準があり(Bandura，1977；坂野・東條，1986)，一般性セルフ・エフィカシーは，過去の成功と失敗の経験から形成され(Sherer et al.，1982)，日常の行動全般に長期的な影響を及ぼすと考えられている。したがって，社会的スキル訓練を受けることによって，適切な対人行動を遂行するという成功経験を十分に積むことができたならば，特定の行動に対するエフィカシーが高まるばかりでなく，行動全般に対して影響を及ぼすような一般性セルフ・エフィカシーも同時に高まると考えられる。そして，この一般性セルフ・エフィ

カシーの上昇は，ある特定の社会的スキルの獲得や表出をうながすのみならず，他の類似した社会的スキルの獲得や表出の般化にも作用すると推測される。

　以上のことから，社会的スキル訓練を実施する際に，対象者の社会的スキルの状態を把握すると同時に，セルフ・エフィカシーの程度を理解する視点を持つことは，より効果的な社会的スキル訓練を可能にするという点で，臨床的に非常に意義深いといえる。

4. セルフ・エフィカシーを高める方法

　社会的スキル訓練に取り組む子どものなかに，どのように振る舞えばよいかという問いかけには適切な反応を示すが，実際にはやってみたことがないと答える子どもを見かけることがある。たとえば，「教科書を忘れてしまったときにどうすればよいか」という問いかけには，「隣の友だちに見せてと言う」と反応するが，実際に実行した経験はないと答える。そういった子どもに，「なぜやってみたことがないのか」と質問すると，「どうせやっても見せてくれないと思うから」と答えたり，「うまくやる自信がないから」と答えたりする。

　前者の回答のような「適切な行動の遂行が期待する結果と結びつかない」といった，ある種の不合理的な認知は，結果予期の不適切さを表わしていると考えることができる。また，後者の回答は，「適切な行動の遂行可能性が低いという自己評価」と考えられ，効力予期の低さを表わしているといえる。つまり，このような例にあげたような子どもの社会的スキルの遂行の改善には，セルフ・エフィカシーの変容が必要であるといえよう。

　それでは，具体的にどのような手続きによってセルフ・エフィカシーは向上するのであろうか。バンデューラ（Bandura, 1977）は，セルフ・エフィカシーの上昇には，①遂行行動の達成，②代理的経験，③言語的説得，④情動の喚起といった情報源が必要であると述べている。これらの４つの情報源のうち，社会的スキル訓練の手続きに含まれる情報源は，遂行行動の達成，代理的経験，そして言語的説得の３つであると考えられる。また，これらの３つの情報源の提示を主張訓練に導入した前田と原野（1993）の報告によると，代理的経験のみという単一の情報源の提示では十分な訓練効果が得られず，複数の情報源を組み合わせることによって，より高い訓練効果が得られるという。つまり，訓練のターゲットとなるスキルのモデルを観察することによって代理的経験を，ロールプレイによって遂行行動の達成を，さらにロールプレイに対

するフィードバックによって言語的説得を提示することで，セルフ・エフィカシーは高まるといえる。

ところで，社会的スキル訓練は，4人から6人の小集団による介入が最も効果的である（Michelson et al., 1983）。その理由として，ロールプレイなどの訓練内容が2人以上の訓練対象者の参加を前提としていることがあげられる。しかし，このような理由だけでなく，集団で訓練をすることによって，他者の行動がモデルとして機能し，仲間から社会的賞賛を受けることによって，セルフ・エフィカシーが高められ，ひいては訓練の成果がよりいっそう上がることにもなると考えられる。実際，佐藤ら（1995）は，仲間を訓練に参加させることによって，訓練の成果を上げている。また，先に例として取り上げた，「教科書を忘れたときに，友だちに貸してと頼んでもきっと貸してくれないと思う」と答えた子どもは，社会的スキル訓練を受けるなかで，仲間から「今みたいに言われたら，教科書を貸してあげる」といったフィードバックを受けることによって，不合理な結果予期が修正され，その後「この間，忘れ物をしたときに，友だちに言ったら貸してくれた」という報告を受けるまでになった。

以上の点をまとめると，社会的スキル訓練の実施にともなってセルフ・エフィカシーを高めるためには，①セルフ・エフィカシーを高めるようなさまざまな情報源を組み合わせること，②自分の行動が適切であるということを複数の人から保証されることが必要であるといえる。

5. セルフ・エフィカシーに焦点を当てた社会的スキル訓練の事例

これは，親の会に所属するメンバーのうち，社会的スキル訓練を希望する有志によって作られたグループにおいて行なわれた指導の報告である。グループは，6家族によって構成されており，月1回2時間のスケジュールで活動している。今回は，そのうちの2名の指導結果を取り上げることとする。

●対象児の問題の内容
〈対象児A：学習障害を有する小学6年生男子〉：WISC-Rによる知的側面の査定の結果，本児は，言語性IQと動作性IQに15の差があり，動作性が優位である。特に，絵画配列が優位であることから，視覚的情報からの社会的文脈の読み取りに優れているといえる。しかしながら，数唱，算数，単語の評価点が低いことから，聴覚的な情報の統合や言語的な表出能力に劣りがみられる（表15-2）。

本児の行動面については，主張性が低く，話しかけても返事がなかったり，返事が

●表15-2　各対象児の知的側面の状態

	言語性検査の評価点		動作性検査の評価点	
対象児A	知識	8	絵画完成	8
	類似	9	絵画配列	17
全検査IQ	算数	7	積木模様	9
95	単語	7	組合せ	12
	理解	10	符号	7
	数唱	4	迷路	11
	言語性IQ	89	動作性IQ	104
対象児B	知識	9	絵画完成	13
	類似	12	絵画配列	10
全検査IQ	算数	16	積木模様	10
105	単語	9	組合せ	8
	理解	9	符号	12
	数唱	9	迷路	10
	言語性IQ	106	動作性IQ	104

あったとしても声が小さい。しかし，他者からの賞賛に対する欲求は強いことから，時々，他人が頼まれたことを，自分がやってしまい，かえってトラブルになることがある。これは，グループ内や家庭内でも時折観察される。本人は，友人関係上の問題を特に意識していないようであるが，母親の話からは，学校では非常に緊張して過ごしているようすがうかがえる。児童用社会的スキル尺度（戸ヶ崎ら，1993）による社会的スキルの査定結果からは，社会的に不適切な行動である「負の社会的スキル」については，自他共に低いと評価していることが明らかにされた。また，本人は「主張性スキル」が不足していると感じているが，母親は「向社会的スキル」と「社交性スキル」が不足していると認識していることが示された（表15-3）。

●表15-3　対象児の知的側面と社会的スキルの状態

	負の社会的スキル	向社会的スキル	主張性スキル	社交性スキル
対象児A				
自己評定	低	標準	低	標準
親評定	低	低	標準	低
対象児B				
自己評定	高	低	低	低
親評定	高	低	標準	低

〈対象児B：学習障害を有する小学6年生男子〉：WISC-Rによる知的側面の査定の結果，本児には，言語性IQと動作性IQとの間に大きな開きはない。しかし，言語

性検査の下位検査である算数の評価点が言語性 IQ を引き上げていることから，実際は，言語の理解力や単語の知識に不足が認められる。また，動作性検査の各下位検査間に大きな偏りは認められない（表15-2）。

本児の行動面については，失敗に対する耐性が極度に低く，一度失敗すると，情緒的に不安定になり，怒ったり，泣いたりするなどの反応がみられる。このような状態に陥ると，次の課題に取り組むことが困難になる。また，自分が他人から注目されるような状況では，緊張して，不適切な行動をとることがしばしば見受けられる。普段の心理的な負担が少ない状況では，問題行動が目立って現われることが比較的少ないにもかかわらず，本人は，自分の行動は不適応的であると感じている。社会的スキルの査定結果からは，自己評定と他者評定とが，ほぼ一致しており，「負の社会的スキル」は高く，「向社会的スキル」と「社交性スキル」が低く，「主張性スキル」はやや低いことが明らかにされた（表15-3）。

●セルフ・エフィカシーと社会的スキルの査定

訓練を始めるにあたって，日常生活を送る上で必要な社会的スキルに対するセルフ・エフィカシーを査定した。査定は，日常生活を送る上で観察される6つの対人関係場面を設定し，どのような行動をとるのかを質問し，さらに，そのような振る舞いが実際にはどのくらい上手にできるかを，「絶対できる（4点）」〜「できない（1点）」までの4段階で回答する方法をとった。

また，回答した行動を実際に行なってもらうことによって，行動観察を行なった。行動観察は，2名の観察者が，「できなかった（1点）」〜「よくできた（3点）」の3段階で，行動の遂行の状態を評価する方法をとった。なお，行動観察に関しては，訓練中も同じ手続きを用いて行なわれた。

●訓練の内容

1回の訓練につき，1つの対人関係場面を設定し，訓練参加者の中から相手役を決め，その他の参加者は行動を評価する「審査員」役になった。訓練は，①対人関係場面の説明→②適切な行動のレパートリーについての話し合い→③相手役を決める→④セルフ・エフィカシーの評定→⑤ロールプレイ→⑥ロールプレイの自己評価，および審査員からの審査結果の発表，という手続きで行なわれ，これを2回繰り返した。なお，審査員の審査内容は，必ず正のフィードバックになるように配慮した。

●訓練経過

訓練は，9月〜2月まで行なわれたが，12月はクリスマス会を開くことになったので，合計5回の実施となった。図15-4と図15-5は，対象児Aと対象児Bの訓練開始前と訓練開始後のセルフ・エフィカシーと社会的スキルの変動を示したものである。

15章　社会的スキルの獲得

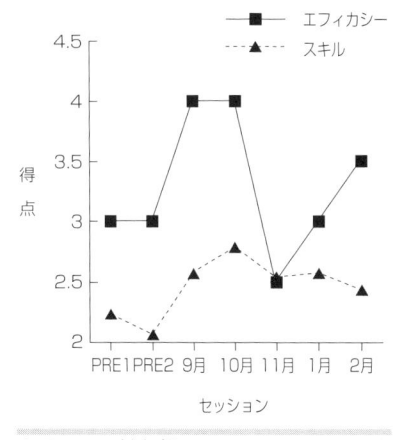

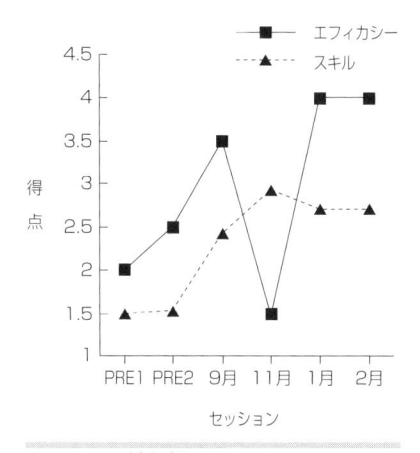

○図15-4　対象児Aのセルフ・エフィカシーと社会的スキル遂行の変化

○図15-5　対象児Bのセルフ・エフィカシーと社会的スキル遂行の変化

　これをみると，対象児Aのセルフ・エフィカシーは，訓練開始前は「たぶんできる」という評価だったのが，9月と10月の訓練では，「絶対できる」に上昇しているのがわかる。また，対象児Bのセルフ・エフィカシーは，訓練開始前は「あまりできない」という評価だったのが，9月の訓練では，「たぶんできる」という評価に変化している。11月の訓練では，2人ともセルフ・エフィカシーが訓練開始前よりも低くなったが，その理由としては，この時のグループでは，次回に開かれるクリスマス会の計画を立てる予定が入っており，そのことに多くの参加者が気をとられてしまい，訓練の方に集中できていなかったことが考えられる。その後の2回の訓練においては，上昇傾向を示し，訓練終了時点では，セルフ・エフィカシーが訓練前よりも向上した。
　社会的スキルの遂行に関しては，対象児Aは，訓練開始前の時点から遂行状態が比較的よいが，訓練を開始してから，さらに遂行状態が上昇した。一方，対象児Bの訓練開始前の遂行状態は，やや低かったが，セルフ・エフィカシーの向上に伴って，遂行状態にも顕著な改善がみられた。

●考察
　この症例は，親の会に所属している人が社会的スキル訓練を希望して作ったグループのメンバーである。グループの活動は月1回であり，社会的スキル訓練の他にも，さまざまな企画が行なわれることから，社会的スキル訓練は，系統だてた訓練を実施することが困難な状況で行なわれている。また，グループの各メンバーの問題が多様であり，今回のようなセルフ・エフィカシーの変容に焦点を当てた訓練のみを継続して実施することは不適当であった。したがって，訓練は半年間と期間を設定し，1回

の訓練に1つの対人関係場面を取り上げ，その内容が，次回の訓練にまで持ち越されないように配慮した。

ここで取り上げた2名の対象児の社会的スキルの問題をグレシャム（1988）の分類に当てはめると，2名とも社会的スキルの獲得状態に関しては問題はないが，その実行に問題を抱えているととらえることが可能である。特に，対象児Bは，母親からの事前の面接や行動観察から妨害反応のある「自己コントロール遂行の欠如」に相当するといえよう。したがって，社会的スキル訓練では，社会的スキルの獲得を促すよりも，遂行の状態を改善することに焦点を当てることが適切であると判断された。そこで，行動遂行の促進要因であるセルフ・エフィカシーを向上させるための手続きを社会的スキル訓練に導入することとした。具体的には，従来の社会的スキル訓練の手続きに含まれるフィードバックの部分をより強調し，指導者からのフィードバックだけでなく，訓練参加者が「審査員」になることでロールプレイを行なっている子どもの行動に対して正のフィードバックを与える機会を設けた。この手続きを導入することによって，審査員は代理的経験を，訓練対象児は言語的説得という情報源を得ることができる。さらに，ロールプレイ前のセルフ・エフィカシーの評価とロールプレイ後の遂行行動の自己評価という手続きを加えており，遂行行動の達成の程度を言語化することによって，より強い達成感と効力予期を知覚することが可能となった。

このようなセルフ・エフィカシーに焦点を当てた社会的スキル訓練を実施した結果，両対象児ともセルフ・エフィカシーの上昇傾向が見られるにしたがって，社会的スキルの遂行状態も良好になってきた。特に，対象児Bのような「自分の行動は不適応的である」といった認知を持つ子どもに対しては，セルフ・エフィカシー向上をねらいとした介入は，非常に効果的であることが示された。

●引用文献●

Adalbjarnardottir, S. 1995 How schoolchildren propose to negotiate : The role of social withdrawal, social anxiety, and locus of control. *Child Development*, **66**,1739−1751.
相川 充・津村俊充（編） 1996 社会的スキルと対人関係：自己表現を援助する 誠信書房
Argyle, M. 1967 *The psychology of interpersonal behaviour*. Penguin Books. 辻 正三・中村陽吉（訳） 1972 対人行動の心理学 誠信書房
Argyle, M. 1981 The nature of social skill. In M. Argyle (Ed.), *Social skills and health*. Methuen pp.1−30.
Asher, S. R. & Hymel, S. 1981 Children's social competence in peer relations : Sociometric and behavioral assessment. In J. D. Wine, & M. A. Smye (Eds.) *Social competence*. New York : Guilford Press pp.125−157.
Bandura, A. 1977 Self-efficacy : Toward a unifying theory of behavioral change. *Psychological Review*, **84**,191−215.
Gresham, F. M. 1986 Conceptual and definitional issues in the assessment of children's social skills : Implications for classification and training. *Journal of Clinical Child Psychology*, **15**,16−25.
Gresham, F. M. 1988 Social skills : Conceptual and applied aspects of assessment, training, and social valida-

tion. In J. C. Witt, S. N. Stephen, & F. M. Gresham（Eds．）*Handbook of behavior therapy in education*. New York : Plenum Press pp.523-546.

Hersen, M., & Bellack, A. S.　1976　A multiple baseline analysis of social skills training in chronic shcizophrenics. *Journal of Applied Behavior Analysis*, **9**. 239-245.

池淵恵美　1992　認知行動療法ケース研究：精神分裂病　精神療法, **18**,33-41.

Kohler, F. W., & Fowler, S. A.　1985　Training prosocial behavior to young children : Analysis of reciprocity with untrained peers. *Journal of Applied Behavior Analysis*, **18**,187-200.

Ladd, g., & Mize, J.　1983　A cognitive-social learning model of social skill training. *Psychological Review*, **90**,127-157.

Lee, C.　1984　Reactivity of measures of self-efficacy in tasks involving assertiveness. *Behavioral Psychotherapy*, **12**,46-60.

Lewinsohn, P. M.　1974　A behavioral approach to depression. In R. J. Freedman, & M. M. Katz（Eds．）*The psychology of depression : Contemporary theory and research*, Winston-Wiley pp.157-178.

Leary, M. R.　1983　*Understanding social anxiety : Social, personality, and clinical perspectives*. SAGE Publication, INC．生和秀敏（監訳）1990　対人不安　北大路書房

前田基成・原野広太郎　1993　内潜的モデリングによる主張行動の形成に及ぼす自己効力感の効果　教育相談研究, **31**,19-27.

前田基成・山口正二　1998　社会的孤立児の社会的スキル遂行に及ぼすセルフ・エフィカシー変容の効果　東京電機大学理工学部紀要, **20**, 人文社会編, 33-39.

松尾直博・新井邦二郎　1998　児童の対人不安傾向と公的自己意識, 対人的自己効力感との関係　教育心理学研究, **46**,21-30.

松尾直博・小林　真　1993　学習障害児の社会的スキル訓練に関する理論的および実践的検討　筑波大学発達臨床心理学研究, **5**,67-73.

Michelson, M. Sugai, D. P. Wood, R. P., & Kazdin, A. E.　1983　*Social skills assessment and training with children*. New York : Plenum Press．高山　巌・佐藤正二・佐藤容子・園田順一（訳）1987　HAND BOOK　子どもの対人行動：社会的スキル訓練の実際　岩崎学術出版社

小田美穂子・嶋田洋徳・坂野雄二　1995　児童における一般性セルフ・エフィカシーの測定（1）：ストレス反応との関連を中心として　日本行動療法学会第21回大会発表論文集, 122-123.

小田美穂子・戸ケ崎泰子・嶋田洋徳・坂野雄二　1993　児童の社会的スキルの認知的側面の検討：児童用エンコーディング, ディコーディング尺度の作成　日本行動療法学会第19回大会発表論文集, 98-99.

坂野雄二　1995　認知行動療法　日本評論社

坂野雄二・東條光彦　1986　一般性セルフ・エフィカシー尺度作成の試み　行動療法研究, **12**,73-82.

佐藤容子　1991　自閉症幼児に対する社会的スキル訓練：質問に対する応答行動の習得と般化　宮崎大学教育学部紀要, 教育科学, **70**,39-46.

佐藤正二・佐藤容子・高山　巌　1995　引っ込み思案児の社会的スキル訓練（7）：般化の分析　日本行動療法学会第21回大会発表論文集, 186-187.

Sherer, M., Maddux, J. E., Mercandate, B., Prentice-Dunn, S., Jacobs, B., & Rogers, R. W.　1982　The self-efficacy scale : Construction and validation. *Psychological Reports*, **51**,663-671.

嶋田洋徳・戸ケ崎泰子・三浦正江　1997　社会的スキル訓練が心理的ストレス反応に及ぼす影響　日本行動療法学会第23回大会発表論文集, 153-154.

戸ケ崎泰子・嶋田洋徳・坂野雄二　1993　児童における社会的スキル尺度の開発　日本行動療法学会第19回大会発表論文集, 100-101.

戸ケ崎泰子・坂野雄二　1997　児童のセルフ・エフィカシーと社会的スキルとの関係　日本教育心理学会第39回総会発表論文集, 295.

Wolpe, J.　1982　*The practice of behavior therapy*. 3rd ed. New York : Pergamon Press．内山喜久雄（監訳）198　神経症の行動療法　黎明書房

矢嶋亜希子・土肥夕美子・久保彰郎・坂野雄二　1993　ソーシャルスキル欠損型にみられる主観的不安と自己陳述の特徴　日本行動療法学会第19回大会発表論文集, 90-91.

16章 子どもの問題行動

1. 問題行動とセルフ・エフィカシー

　不登校の状態にある児童・生徒に対しては，段階的に再登校するためのステップとそれぞれにどのような強化を随伴させるかを考える。チック反応に対しては，何度もそれを集中的に反復させることによって動因の低減をはかり，症状の消去を目指す。
　このように，児童・生徒の問題行動に対する治療的介入を行なう上で，従来目標とされてきたのは，主として問題となっている行動ないしは症状であった。そして，適応上の妨害因子となっている問題行動を直接に除去するか，新たにより適応的な行動の獲得を目指すことにより，彼等の適応を援助していこうとしたわけである。しかしながら，1970年代後半以降，わが国でも1980年代以降，認知行動療法が幅広い領域で用いられるようになってからは，外顕的行動のコントロールと平行して，これらの問題行動に対して児童・生徒自身がどのような判断—認知をもっているのかにも注意が向けられるようになった。このような，これから行なおうとする行動に対する個人の判断は，セルフ・エフィカシーと呼ばれ，行動の水準に対して先行的に影響をもたらすことがわかってきたからである。このことを言い換えれば，問題行動は，当該の行動を制御するというセルフ・エフィカシーおよび，適応的な反応に対するセルフ・エフィカシー認知が十分な水準に達していないために生じると考えられるわけである。そのため，児童・生徒の問題行動を修正していくためには，問題そのものを制御する手続きをとるのみならず，新たに彼らのセルフ・エフィカシーをいかに高めていくかという点に対する視点が求められることになる。というのも，セルフ・エフィカシーの変化が次の2つの点から行動と密接な関連性を持っていると考えられるからである。
　まず，セルフ・エフィカシーの変化が問題行動の改善過程そのものと深く関係しているという点である。この点について，セルフ・エフィカシー理論の提唱者であるバンデューラ（Bandura et al., 1977）は，蛇に対する恐怖反応の除去とセルフ・エフィカシーの関連について触れている。それによれば，参加モデリング，モデリングによ

る治療を受けた被験者の蛇に対する接近行動と，それに先だって測定された彼らのセルフ・エフィカシーとの間には非常に密接な関係があることが見い出されたという。また，児童・生徒を対象とした研究においても，学業行動（たとえば Schunk, 1991 など）や対人不安傾向（松尾・新井，1998），チック反応の制御（東條・前田，1988）あるいは不登校（たとえば前田・坂野，1987 など），対人行動（Chaplain, 2000），さらには学校生活全般にわたる適応水準との関連（Heyne et al., 1998）などの研究から，表出される行動とセルフ・エフィカシーとの強い対応関係が指摘されている。こうした，種々の研究成果からは，セルフ・エフィカシーが個々の場面における行動の先行的に影響をおよぼす要因になっていることが明らかにされる。

　たとえば，前田ら（1987）は，視線恐怖反応を示す中学生の男子に対して系統的脱感作法を適用する過程で，セルフ・エフィカシーの継時変化を測定している（図16-1）。それによれば，「登下校の途中視線を感じずに授業を受けることができる」という（個々の）行動に対するセルフ・エフィカシー，行動の遂行度，SUD（Subjective Units of Disturbance：自覚障害単位）は，相互に強く関連しながら変容していることが読みとれる。このことは，同じ症例中で示されたセルフ・エフィカシーと行動遂行の対応（図16-2）からも，より明瞭に確認することができる。

　これらの事実は，先に述べた直近の行動に対するセルフ・エフィカシーの影響がき

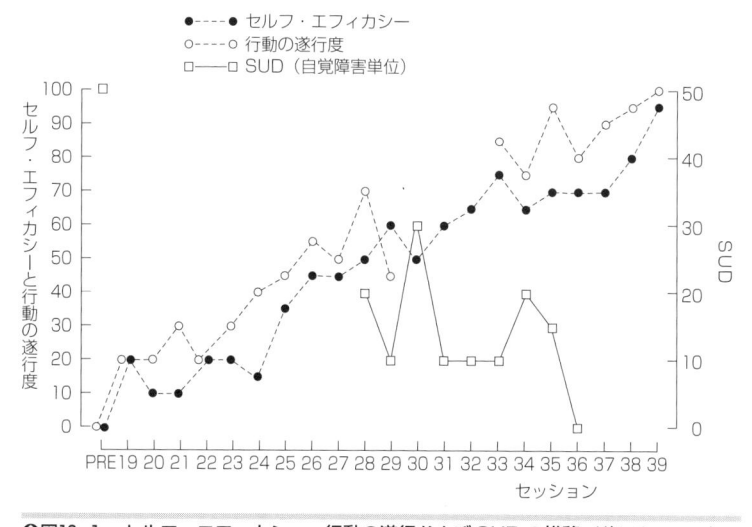

●図16-1　セルフ・エフィカシー，行動の遂行および SUD の推移（前田ら，1987）

第Ⅱ部　セルフ・エフィカシーの実際を探る

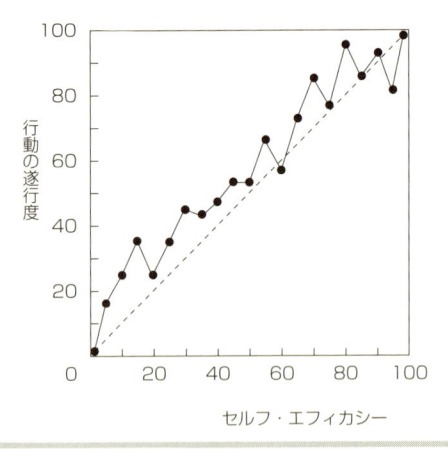

◆図16-2　セルフ・エフィカシーと行動の遂行度との対応関係
（前田ら，1987）

わめて強いものであることを物語っているといえるだろう。

　さて、セルフ・エフィカシーのもつ行動に対する第2の影響は、当該行動の遂行に対して長期的な予測因子となりうるという点である。このことは、臨床心理学的介入の結果改善された適応行動の維持が、セルフ・エフィカシー認知と強く関係しているという点で、セルフ・エフィカシーが介入の転帰をある程度予測する変数であることを意味する。この点について東條と前田（1988）は、3例のチック患者に対する介入結果から次のような指摘を行なっている。

　3例は、いずれも学童期の症例であり、条件性制止法（stimultaneous reduction）による治療を受ける過程で、チック反応の制御に対するセルフ・エフィカシーを継時的に測定された。治療の結果、いずれの症例でもチック反応は低減し、消去されたかに見えた（図16-3 a〜c，B_1期終盤）。しかしながら、セルフ・エフィカシーが十分に高まらないうちに治療操作が撤去されてしまうと、症状が再燃し（図16-3 a〜c，A_2期）脱落してしまった症例では、症状の再発が観察された（図16-3 c，A_3期）。

　症例1，2と症例3のB_2期からA_3期におけるセルフ・エフィカシーとチック反応の変化がそれである。

　これらの指摘は、セルフ・エフィカシーが、これから遂行しようとする直近の行動に対する先行的決定要因として機能するばかりではなく、当該行動の遂行に対する長期的予測因子ともなりうることを示しているといえるのだろう。

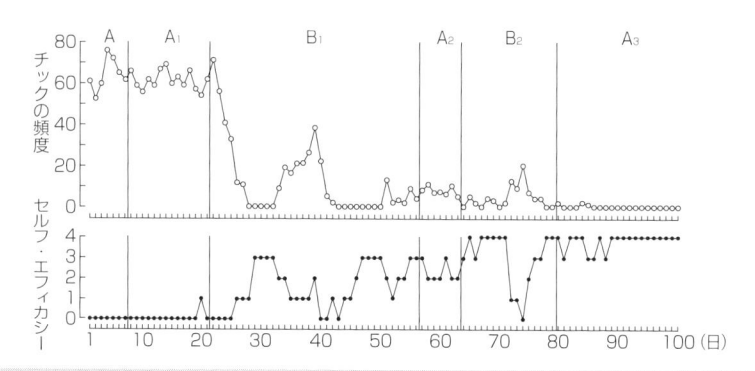

○図16-3a　セルフ・エフィカシーとチックの頻度の推移（症例1）（東條・前田，1988）

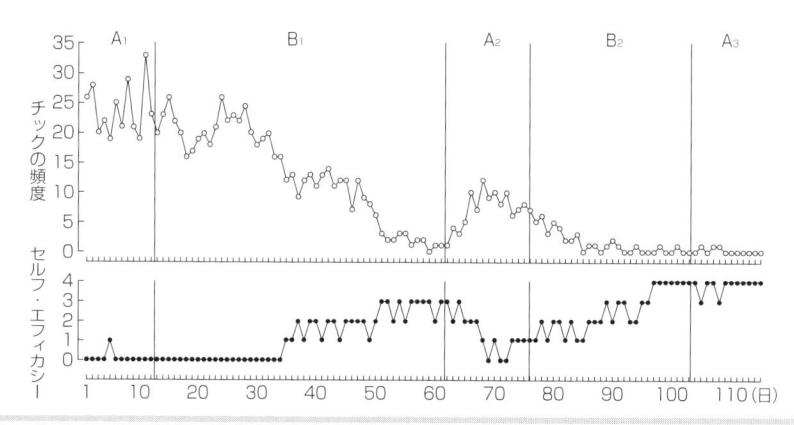

○図16-3b　セルフ・エフィカシーとチックの頻度の推移（症例2）（東條・前田，1988）

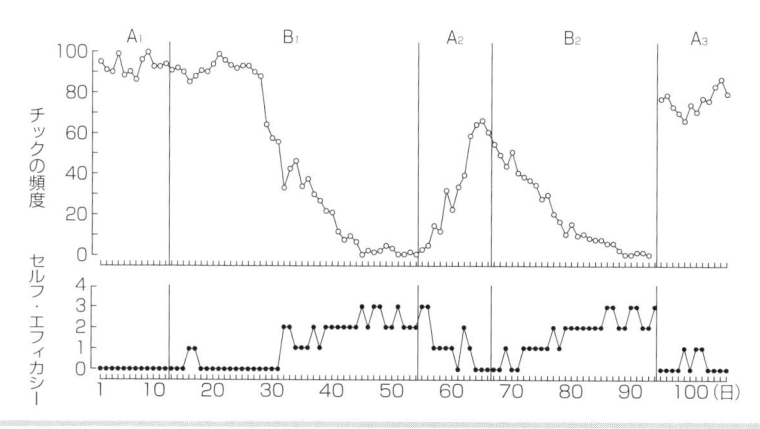

○図16-3c　セルフ・エフィカシーとチックの頻度の推移（症例3）（東條・前田，1988）

2. セルフ・エフィカシーの発達

これまで概説されてきたように，セルフ・エフィカシーは自分がおかれている環境で「このようなことが，ここまでできるのだ」という見通しである。このような見通しは，実際に体験すること，代理的に体験すること，社会的説得をうけること，生理的・感情的状態を感じとることによりもたらされる。したがって，セルフ・エフィカシーは，これらの情報源をとり扱える年齢段階において適切に認知されることになるわけである。すなわち，当該個人が一定程度の言語能力を持ち，環境側における事象をある程度客観的に評価できる能力を持っており，さらには自らの内的，心的事象を手がかりとした反応が可能でなければ成立しないと考えるのが自然である。たとえばスティペック（Stipek, 1984）は，幼児期の子どもでは，不十分な認知能力，希望的観測が予測に加味されることから，セルフ・エフィカシーを過大に評価する傾向のあることを指摘している。こうした点に関して，玄（1993）は，3歳児（年少）と5歳児（年長）の運動課題遂行時におけるセルフ・エフィカシーと遂行結果の一致度から，年少児においては課題の困難度や過去の遂行経験に基づいて自分の遂行能力を判断する認知能力が不十分であるのに対し，年長児はセルフ・エフィカシーを見積もる際に，それらの情報を総合して判断していると述べている。

これらの指摘は，従来セルフ・エフィカシー研究の年令上の下限が児童期であったのに対し，幼児期の終盤にはセルフ・エフィカシーが行動遂行の先行的決定要因の1つとなっていることを示唆している。しかしながら，これら諸研究においてセルフ・エフィカシーは，ボール投げや高跳びのような，単一の，あるいは比較的単純な運動反応によって構成されている課題に対する評価として示されており，社会的スキルなどのようにより複雑な課題遂行にかかわるセルフ・エフィカシー認知にも同様の指摘が可能であるのかについては，今後さらに検討されなければならないだろう。

3. 事 例—セルフ・モニタリングによる攻撃行動の統制とセルフ・エフィカシーの変動—

●クライエントおよび問題歴

　小学校5年生男児。主たる問題は，同級生及び上級生に対する暴力および恐喝行為である。問題となっている行動は4年生の後半から頻発し始めたが，それ以前にもク

ラスの中で何か気に入らないことがあると物を投げるなどして暴れることがしばしばあり，その都度学級担任が強く叱責していたものの改善されなかったという。

家族はアルコール依存傾向の強い父親と中学校2年生の姉の3人（母親は生別）で，父親は本児が学校や近隣で問題を起こすたびに暴力を伴う叱責を行なってきたとのことである。

●現状

学級の児童や上級生などを，体育館やプールのわきなどに呼び出して金銭を要求する，またクライエントに注意する児童に対して暴力をふるうことがしばしばある。しかし，学級担任の観察によれば，他児とは遊びたいようすで，休み時間などには遊び仲間を求めている気配もあるという。

●指導方針の模索

まずクライエントに，相談機関への来談理由について聞いてみたところ，「友だちに乱暴するから」と自身の行動上の問題性について了解しているようすが観察された。また，友だちと仲良く遊びたいが，すぐにイライラして喧嘩になってしまうことなどが陳述され，クライエント自身に行動修正のための十分な動機づけが存在することが確認された。

そこで，仲間遊びのメカニズムについて説明し，本児の行動との差異について話し合ったところ，友だちとなかよく遊ぶためには以下のような行動が必要であることを確認した。

①遊び仲間に入るには，日常的に良好な，少なくとも相互に不快な感情を持ち得ない関係を構築していること。
②そのためには，自分自身の気持ちを自制する必要があること。
③それを具体的に行なっていくためには，
　ⓐ　要求が受け入れられずに腹が立った時にもすぐに大声を出さない。
　ⓑ　また，腹が立った時にも，すぐに乱暴をしないこと。
　ⓒ　さらに，相手の話をよく聴く。

また，腹が立った時，乱暴な言動をする時には，「興奮が強くなっていく」ことが自覚されており，ある程度セルフ・コントロールが可能な反応であることが予想された。

一方，クライエント自身は上記のような行動が必要であることに気づいてはいるものの，「自分には（がまんすることは）できない」「知らないうちになっている」「我慢できない性格」などと述べ，衝動的な暴力行為の統制や適応的対人行動に対するセルフ・エフィカシーの低さをうかがわせた。

そこで，当面はクライエントにとってもっとも遂行が容易であると考えられる@の反応を標的行動として設定し，介入を行なっていくこととした。

●指導方針

〈攻撃的行動に対するセルフ・モニタリング（self-monitoring）の適用〉：毎日「がんばりノート（着衣のポケットに入るサイズ）」を携帯し，腹が立った回数をその場で○印で記録していく。その際，丸の中には１「少しムッとした」から５「ものすごく腹が立った」までの５段階で，情動反応の強度を記録するよう求めた。また，人に乱暴してしまった時には，なるべくその直後にノートの所定欄に記入することとした。

〈向社会的行動の強化〉：①で自己観察された反応について，毎日「帰りの会」の後学級担任と話し合いを持ち，その日１日の行動について，評価を行ない，よくできた日にはノートの欄外にクライエントの好きなテレビマンガのキャラクターのシールを貼ることとした。なお，その際には，学級担任が観察した当日クライエントが示した適応的行動を評価し，「自分はうまくふるまうことができない性格」という認知的スキーマの修正を試みるよう依頼した。

〈セルフ・エフィカシーの査定〉：また，上記の話し合いの際には，翌日の「友だちと喧嘩をしない」「友だちと仲良く遊ぶ」「腹が立ってもすぐに大声を出さない」という行動についてのセルフ・エフィカシーを，「ぜったいできるだろう（５点）」から「ぜったいできないだろう（１点）」までで評定するよう求められた。

●指導経過

学級担任の協力により，毎日の行動記録，向社会行動，およびセルフ・エフィカシー

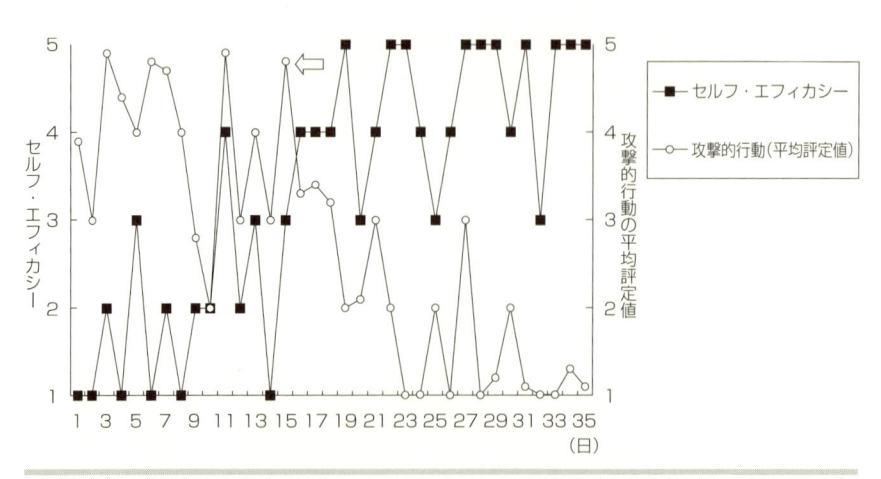

⦿図16-4　攻撃的行動の平均評定値とセルフ・エフィカシーの推移（治療開始７週まで）

の査定はほぼ継続して行なわれた。経過中，特に介入開始当初は，他児童への攻撃行動が頻回に観察されたが，学級担任の報告によれば，介入3週間後ころから攻撃行動が減少し，それに伴って交友関係の改善も認められ始めたという。

およそ3か月の指導の結果，クライエントの攻撃行動は相当程度低減し（図16-4），それに伴ってかなり遠方ではあるが親しい友人もできた。この間のセルフ・エフィカシーは，翌日の行動を推定するのに，より適切な要因であった。たとえば，指導第3週において，cl. は，些細なことから喧嘩をしてしまったが，当日夕方測定されたセルフ・エフィカシーは，いずれの項目ともに「たぶんできると思う（3点）と評価されており（図16-4，⇦），このことは，セルフ・エフィカシーが必ずしも直近の行動からのみ影響を受けているわけではなく，当該行動に対する過去のエピソード全般を判断材料としていることを物語っている。

4. 問題行動をもつ子どものセルフ・エフィカシーを高める方法

セルフ・エフィカシーを誘導する情報源は，遂行行動の達成，代理的経験，言語的説得，情動的喚起である。セルフ・エフィカシーが上昇するか下降するかは，これらの情報源がクライエントにどのように提供され，受け入れられるかによって左右されることになる。紹介した事例では，毎日の学級担任との「振り返り」で，

- ・その日の行動のよかった点を評価され（遂行行動の達成），
- ・「○○くんは，友だちに声をかける時，こんなふうにしているみたいだね」と具体的行動の手がかりを示唆され（代理的経験）
- ・「気をつけていれば不必要に乱暴になることはない」「我慢できない性格なのではなく，我慢をする努力をしていなかったに過ぎない」と励まされ（言語的説得）た

ことによって，適応的行動に対するセルフ・エフィカシーを修正していったと考えられる。

また，児童への介入において困難な点の1つは行動修正に対する動機づけの維持にある。この場合もっとも問題となるのは，子ども自身に「問題意識」が希薄な場合が多いため，何のために治療を行なうのか，治療者に何を求められ，何を目標にすればよいのか不明瞭のままで進行してしまうことであると言える。その点セルフ・エフィカシーの変容を視野に入れた指導は，評価対象が具体的な行動であるため，何をどのようにすればよいのかが，あらかじめ子どもに理解されやすいばかりではなく，他者

から行動を統制されているという側面のみならず，セルフ・エフィカシーの評価を通じて自分自身の問題を主体的に改善しているのだという子どもの姿勢を形成すると考えられる。つまり，子どもの問題行動に介入する場合，
・「問題行動とセルフ・エフィカシーの間には明確な関係性があること」を十分理解させた上で，
・標的行動をより容易な行動に限定するとともに，
・各治療過程において，標的となっている当該行動に対するセルフ・エフィカシーを継続的に査定させ，
・その過程で，当該行動を統制する姿勢を示すのみならずセルフ・エフィカシーを向上させる情報を理解しやすい方法で十分に与えること

がセルフ・エフィカシーを高め，問題行動を改善し，それを維持する方法であると言える。

　ところで，子どものセルフ・エフィカシーを高めようとする場合，通常何らかの問題行動が観察される個人が対象とされる場合が多い。しかしながら，近年，集団においてより建設的な人間関係を構築していく素地を形成すべく，学級集団など複数の児童を対象としてセルフ・エフィカシーを操作しようとする試みもなされるようになってきている。たとえば小石と岩崎（2000）は，小学校5年生の学級を対象に，級友相互に行なった「友だちのよいところ探し」の結果を各児童に配布し，当該学級の児童における仲間関係セルフ・エフィカシーの向上と，それに伴う他者認知の好転を報告しており，また類似の手続きが低学年に対しても有効であったとの知見を示している（小石ら，1998）。このことは，セルフ・エフィカシーの操作が集団を媒介としても可能であり，学校現場において教育効果の向上を目指そうとする場合の重要な視点となりうることを示唆しているといえるだろう。

● 引用文献 ●

Bandura, A., Adams, N. E., & Beyer,J.　1977　Cognitive processes mediating behavioral change. *Journal of Personality and Social Psychology*, **35－3**,125－139.
Chaplain, R. P.　2000　Beyond exam results? Differences in the social and psychological perceptions of young males and females at school. *Educational Studies*, **26－2**,177－190.
Heyne, D., King, N., Tonge, B., Rollings, S., Pritchard, M., Young, D., & Myerson, N.　1998　The Self-efficacy Questionnaire for school situations : Development and psychometric evaluation. *Behavior Change*, **15－1**,31－40.
玄　正煥　1993　幼児のエフィカシー予期とその決定因　心理学研究，**64－1**,1－8.
小石寛文・勝田くみ子・大江　祥・御前礼子・木村清弘　1998　仲間関係への自己効力感を高める操作の効果の検討　小学校低学年を対象にして　神戸大学発達科学部研究紀要，**6－1**,1－14.
小石寛文・岩崎桂子　2000　仲間関係への自己効力感を高める操作の効果の検討　人間科学研究，**8－1**,29－37.
前田基成・坂野雄二　1987　登校拒否の治療過程における SELF-EFFICACY の役割の検討　筑波大学臨床心理学論集，**3**,45－58.

前田基成・東條光彦・坂野雄二　1987　系統的脱感作法による視線恐怖の消去に及ぼす SELF-EFFICACY の役割　行動療法研究, **12**-2,68-80.
松尾直博・新井邦二郎　1998　児童の対人不安傾向と公的自意識，対人的自己効力感との関係　教育心理学研究, **46**-1,21-30.
Schunk, D. H.　1991　Self-efficacy and academic motivation. *Educational Psychologist*, **26**,207-231.
Stipek, D.J.　1984　Young children's performance expectations : Logical analysis or wishful thinking? Nicholls, J. G.（Ed.）　*Advances in motivation and achievement*. Vol. 3. *The Development of achievement motivation*. Greenwich : JAI Press, pp.57-72.
東條光彦・前田基成　1988　チックに対する認知的変容と行動改善　—Self-efficacy を指標とした治療過程の検討　カウンセリング研究, **21**-1,46-53.

17章 学業達成の援助

1. 学業達成とセルフ・エフィカシー

(1) 児童生徒の学業達成の援助

　児童生徒は学校生活の多くを，教科学習の時間として過ごす。学業に対し自信をもってのぞむことができれば，他の活動についても積極的に取り組むことができるかもしれない。しかしながら，授業についていけないまま取り残され，学業に自信もやる気ももてなくなってしまっている子どもは，学校生活の多くの時間をぼんやりと退屈に過ごさなければならなくなってしまう。授業の時間を苦痛とさえ感じる子どももいるだろう。

　これまでに，学業達成とセルフ・エフィカシーとの間には密接な関連があることが，国内外のさまざまな研究によって示されてきた。児童生徒のセルフ・エフィカシーを操作することによって，学業成績の向上，内発的な興味の高まりなどが見られるといういくつもの研究結果がある（たとえば，Bandura & Schunk, 1981など）。セルフ・エフィカシーを操作することによって，学業達成に望ましい効果を得ることができれば，学校生活をつまらないと感じている児童生徒の数を少しでも減らすことができるのではないだろうか。

(2) 学業達成領域におけるセルフ・エフィカシー研究

　1980年代より，児童生徒の学業達成とセルフ・エフィカシーの関連を明らかにしようとする試みがさかんになされてきた。そのなかでも代表的な研究者として，シャンクがあげられる。シャンクは，児童の帰属様式を操作する介入を行なった研究（Schunk, 1981, 1982, 1983a, 1984a；Schunk & Cox, 1986など）や，目標設定との関連を検討した研究（Bandura & Schunk, 1981；Schunk, 1983b, 1985など）モデルを示した研究（Schunk & Gunn, 1985；Schunk & Hanson, 1985など）などで，学業達成場面におけるセルフ・エフィカシーの変容をさまざまな角度から試みている。国内でも

セルフ・エフィカシーと学業達成の関連を明らかにする研究が、年々積み重ねられている。

数々の研究結果から、学業達成場面においてセルフ・エフィカシーを高めることは、学業成績、動機づけに大きな影響を及ぼすことが報告されてきた。セルフ・エフィカシーが遂行行動を予測することは、さまざまな研究により実証されている。セルフ・エフィカシーが高い児童生徒はよりねばり強く努力し、むずかしい問題に挑戦し、正確に問題を解くという報告がある。また、セルフ・エフィカシーが高い児童生徒は、テスト不安が低いという報告もなされている（坂野, 1988；小田ら, 1994など）。

次節では、いかにして児童生徒のセルフ・エフィカシーを操作するか、その方法についてシャンクの研究結果を中心に紹介する。

2. 学業達成場面においてセルフ・エフィカシーを高める方法

児童生徒の学業達成において、セルフ・エフィカシーの向上操作を行なった代表的な研究者として、シャンクがあげられる。シャンクはセルフ・エフィカシーを操作する方法として、目標設定、帰属フィードバック、モデリング、ストラテジーの使用などを採用している。これらの方法はいずれもあまり複雑な手続きを要さず、学校場面などですぐにでも実践しうるような取り組みやすいものが多い。以下にそれぞれの方法についての研究結果を紹介する。

（1）目標設定

40ページの問題集を終えなければならないという課題を与えられる時に、「来月までに40ページやりなさい」と言われるよりも、「毎週10ページずつやりなさい」あるいは「毎日1ページか2ページやりなさい」と言われる方が、課題を達成しやすいのではないだろうか。

学業達成場面では、しばしば目標設定とその達成ということがくり返される。児童生徒のセルフ・エフィカシーを向上させるために、目標設定という方法を取り上げ、その有効性について検証したいくつかの研究が行なわれている。シャンクは、目標設定を行なう際に以下の点に留意するよう述べている。1つはその身近さである。身近な（達成しやすい）目標は、遠い目標よりもセルフ・エフィカシーと動機づけを高める。つまり、生徒は遠い目標よりも身近な目標の方が、自身の進歩を評価しやすいからである。同様の理由で注目すべき点は、目標の具体性である。具体化された目標（た

とえば,「計算問題を20問解く」など)は,一般化された目標(たとえば,「全力でがんばる」など)よりもセルフ・エフィカシーを上昇させやすい。もう1つの留意点はその困難度である。簡単な目標を達成しようとすることはスキル習得の初期の段階ではエフィカシーと動機づけを高める。一方で,困難な目標はそれを達成することによって,自己の能力がより高いものであることを証明できるために,スキルのさらなる発展にはより効果的である。

①身近な目標と遠い目標

バンデューラとシャンク(Bandura & Schunk, 1981)は引き算スキルの劣る児童を対象として,実験を行なっている。児童は達成しやすい身近な目標を設定した群と,達成するのにより時間と労力を要する遠い目標を設定した群,目標設定をしない群に分けられ,引き算のトレーニングを受けた。

身近な目標を設定した児童は,1冊あたり6ページの課題を7冊,各セッションごとに自己学習することを教示された。遠い目標を設定した児童は,42ページ計256問の教材を7回のセッション終了時までに学習することを教示された。その結果,身近な目標を設定した群は遠い目標を設定した群に比べて,引き算課題に対するセルフ・エフィカシーが高まり,また課題に対する興味も高められ,引き算のスキルも向上した。達成しやすい目標を何度も繰り返し達成することによって,児童は着実に自身の能力が伸びていることを確認することができる。このため,身近な目標を設定することはセルフ・エフィカシー向上に効果があると,報告されている。

②困難な目標と説得的な情報

さらにシャンク(1983b)は別の研究で,容易な目標と比較すると,困難な目標が児童の動機づけを高めるということを見いだしている。説得的な情報(「君は,25題解くことができる」)を与えられた児童は,セルフ・エフィカシーが上昇した。また結果として,困難な目標と説得的な情報を与えられた児童が最も高いスキルを獲得した。目標は単独でセルフ・エフィカシーを高め,「君ならできる」といった他の児童と比較するような情報は,動機づけを促進したとシャンクは考察している。

③目標と外的強化

目標設定と外的強化(賞,ごほうび)を組み合わせた効果についても,シャンク(1984b)は,検証を行なっている。目標と賞(ごほうび)とを組み合わせた児童たちは,目標のみ設定された児童,賞のみ与えられた児童と比べて,高いセルフ・エフィカシーとパフォーマンスを示したと報告されている。賞を与える際に,児童が目標へ向かって着実に進歩していることと,賞を明確に関連づけることによって,より効果が上がるということをシャンクは指摘している。

④目標の自己設定

　児童自身に目標を設定させることにより，目標へのコミットメント（関与）が強まるということも明らかにされている。シャンク（1985）は，児童が自身の目標を自分で設定し，それを達成することによって，セルフ・エフィカシーが向上することを見いだしている。この研究では，6年生の学習障害の児童に引き算の解き方の教示を行なっている。その際に自分でパフォーマンスの目標を設定した児童と目標を与えられた児童は，目標のない児童に比べてより高い動機づけを示し，自ら目標を設定した児童は最も高いセルフ・エフィカシーとスキルを示していた。

⑤種類の異なる目標

　また，シャンクとライス（Schunk & Rice, 1989）は，読解問題を苦手とする児童について，異なる種類の目標設定の効果を検討している。この研究で，児童は①問題解決のストラテジーを使用することを下位目標とする群，②より多くの問題を解くという成果を目標とする群，③これら2つの目標を組み合わせた群，④目標を設定しない群に分けられた。児童は短い文章の主旨を掴むという課題に取り組んだ。その結果，ストラテジーを使用することを下位目標とする群において，理解力が高まるという結果が得られた。また，2つの目標を組み合わせた群がもっともセルフ・エフィカシーが高いということが明らかにされた。

　このように，目標を設定することによって，セルフ・エフィカシーの操作が可能であることが明らかにされてきた。目標設定は，動機づけに影響を及ぼす重要な認知過程であると仮定されている（Schunk, 1989）。児童生徒は課題に取り組むと，自身のパフォーマンスを観察し，目標への進歩を評価し，自らの作業を続けたり，あるいは課題に対するアプローチを変えたりする。目標への進歩に関する満足感といった自己評価は，セルフ・エフィカシーを高める。目標を達成すると，生徒たちは新しく挑戦する目標を自身で設定するようになる（Schunk, 1990）。

　目標設定を導入し，目標を達成したことを児童生徒とともに確認する作業によって，彼らのセルフ・エフィカシーを上げることが可能になる。その際，目標は達成しやすい身近なものにする，具体的な問題解決のストラテジーの使用を目標にするなど，目標設定のコツを児童生徒に助言することが重要であると思われる。教示する側から目標を提示するだけでなく，児童生徒と話し合いの上，共に目標を決めていくという方法も考えられる。また，目標を達成したことを共に確認し，ポジティブな感情反応を共有することによって，児童生徒の動機づけのさらなる高まりが期待できる。

（2） 帰属フィードバック

　「君はとてもよくがんばったね」「君は努力がたりないね」「君は頭がいいね」「君は才能があるね」どのようなことばをかけられることによって，自信が高まり，やる気が出るだろうか。

　セルフ・エフィカシー理論においては，原因帰属はセルフ・エフィカシー評価の手がかりの1つとして考えられている。費やされた労力の総量や課題の困難さの判断といった帰属の要因は，セルフ・エフィカシーを通じて間接的に遂行行動に影響を与える（Bandura, 1977）。たとえば，ある課題に臨んだ時に，大きな労力を費やして成功した生徒は，簡単に成功した生徒よりも，自分は能力が低いと判断する傾向にある。また，簡単な課題に成功したときよりも，むずかしい課題に成功したときの方が，セルフ・エフィカシーは高まるものである（Schunk, 1991）。これまでの研究において，セルフ・エフィカシー向上操作に主に用いられる帰属フィードバックは，自分のパフォーマンスが努力によるものなのか，能力によるものなのかということをフィードバックすることによって，児童の行動および認知の変容を試みたものが中心となっている。

①努力帰属と能力帰属

　シャンク（1983a）は引き算の計算スキルの劣る児童を対象とし，努力帰属および能力帰属フィードバックの効果について検討している。児童の計算スキルの進歩を①能力帰属フィードバックを与える群，②努力帰属フィードバックを与える群，③能力と努力両方の帰属フィードバックを与える群，④フィードバックを与えない群，の間で比較検討した。その結果，セルフ・エフィカシーと計算スキルが最も上昇したのは，能力フィードバックを与えた群であった。次いで努力フィードバックを与えた群と能力と努力の両方のフィードバックを与えた群が同程度に成績を上昇させ，フィードバックなしの群がもっとも劣っていた。

②フィードバックの順序

　さらにシャンク（1984a）は，努力帰属と能力帰属フィードバックについてもう1つの実験を行なっている。4つのトレーニングセッションを2回ずつに分け，以下のようにそれぞれの群に連続的に与えられるフィードバックの効果を検証した。

　①能力帰属—能力帰属フィードバックを受ける群
　②努力帰属—能力帰属フィードバックを受ける群
　③能力帰属—努力帰属フィードバックを受ける群
　④努力帰属—努力帰属フィードバックを受ける群

　その結果，①群と③群がほぼ同様に，②群と④群とくらべてセルフ・エフィカシー

とスキルの上昇が著しいことが明らかにされた。

これらのシャンクによる一連の帰属フィードバックの研究においては、ほぼ同様のフィードバックのことばかけがある。努力帰属フィードバック条件では「君はよくがんばっているね（You've been working hard）」「君はもっとがんばらなくてはいけないね（You need to work harder）」といったことばかけがなされている。また、能力帰属フィードバック条件においては、「君はこの課題が得意なんだね（You are good at this）」といったフィードバックが行なわれている。

わが国においては玄（1993）が、努力帰属フィードバックと児童のセルフ・エフィカシーとの関連について明らかにしている。その結果、遂行結果に注目した努力帰属フィードバックによって、児童の学業スキルが改善されることを確認している。また、努力帰属フィードバックによってセルフ・エフィカシーが大幅に上昇した児童は、あまり上昇しなかった児童と比べ、学業達成水準の向上が著しく、難しい問題に対しては早めにあきらめず、より多くの時間を費やしたと報告している。玄（1993）は、学業達成水準が低い児童の指導においては、その子どもの学業成績を一時的に上げることよりは、学業課題に対する興味や学習意欲の向上へとつながる効力予期の認知を高めることが重要であると指摘している。また、そのための効果的介入方法として、教師はその子どもの「できないところ」よりも「できるところ」に注目し、その子どもの頑張りを評価し励ますことが効果的であると考察している。

フィードバックを行なう際に、「君はもっと努力しなければいけない」といった努力帰属を行なうだけでは、そのフィードバックが児童にとっては叱責として受けとめられるおそれがある。学業に困難を感じ、興味や関心を失いかけている児童のセルフ・エフィカシーを上昇させるためには、このようなフィードバックだけでは効果は期待できない。

過去の成功に対する努力フィードバックは、児童生徒の「自分は進歩した」という認知を助け、動機づけを維持し、学習へのエフィカシーを高めるとシャンク（1989）は指摘している。帰属フィードバックは児童が成功した時に行われることによって、その効果がより確実なものとなると思われる。シャンク（1991）はまた、フィードバックのタイミングの重要性についても言及している。児童がある課題に取り組み始めた際、早期に成功したことについて努力帰属フィードバックを行なうことは、児童が成功するために一生懸命やらなくてはならない時に、より信頼できるものとなるであろう。このように、児童がうまくやれた時に、即座にフィードバックすることによって、その効果はより高まるであろう。シャンクの研究を総合して児童生徒へかけることばを考えると、このような感じになるだろうか。「少し努力しただけで、これだけでき

たのだから，君にはもともと才能（素質，見込みなど）があるんだ。もう少しやったらきっともっとすごいだろうね。1か月前はこのぐらいの力だったけれど，この1か月でこれだけの進歩があった。この調子でがんばっていくと，また1か月後はさらにもっとよくできるようになるだろうね。楽しみだね」

（3） モデリング

「〇〇君，前に出て問3の式と答えを黒板に書いて下さい」「まず先生が新しい漢字を正しい書き順で書きますから，みなさんよく見ていて下さい」

授業場面では，モデリングは教示のために多用されているであろう。

このモデリングという方法についても，セルフ・エフィカシーを上げる効果があるということが，いくつかの研究で確認されている。

①言語化のモデリング

シャンク（1981）は，わり算を苦手とする小学生を対象に，モデリングを用いた実験を行なった。学習の際に，大人が問題の解き方を大きな声で言語化しながら解くようすを観察した児童は，そうでない児童に比べてより長い時間課題解決に取り組み続けた。また，正確さ，セルフ・エフィカシーにおいても，モデルをみた児童が有意に上昇していたという結果を得ている。

②先生モデルと子どもモデル

シャンクとハンソン（Schunk & Hanson, 1985）によると，算数の引き算問題を解く同性の同年齢モデルを観察した子どもたちは，同じ問題を解く先生モデルを観察した子どもたちよりも，引き算に対するセルフ・エフィカシーをより高く評価するようになったということである。

③優等生モデルと普通の子どもモデル

さらに，類似する実験で，児童は引き算問題を解く同年齢のマスタリーモデル（問題を困難なく解くいわば優等生のモデル）あるいはコーピングモデル（困難を乗り越えながら問題を解いていくモデル）を観察する条件に割り当てられた。その結果，コーピングモデルを観察した子どもたちは高いセルフ・エフィカシーを示し，計算スキルを高めることができた。また，モデルが1人である場合と3人である場合を比較して，3人のモデルを観察する方が，セルフ・エフィカシーや達成行動を促進させると報告されている（Schunk, 1987）。

④ストラテジーの使用と達成の信念

また，シャンクとグン（Schunk & Gunn, 1985）は，どのようなモデルを観察することが，児童のセルフ・エフィカシー向上操作に有効であるかを検討している。こ

の研究では，児童は問題解決のためのストラテジーの使用を強調したモデルと，自分はできるという達成の信念を強調したモデルを観察した。その結果，ストラテジーの使用を強調したモデルを観察した児童は，動機づけとスキルが向上していた。また，ストラテジーの使用と達成の信念の両者を強調した際に，最も高いセルフ・エフィカシーにつながったと報告している。

自分が問題を解いているビデオを見た児童はセルフ・エフィカシーを上昇させた（Schunk & Hanson, 1989）という，セルフ・モデリングの効果を検討した報告もある。

わが国においては，松浦（1989）が，小学校4年生を対象として，モデリングによる計算課題のセルフ・エフィカシー向上操作を試みている。その結果，コーピングモデルを観察した児童の方が，マスタリーモデルを観察した児童よりも計算スキルの上昇を示したと報告している。

モデルを観察することは，言語的な情報では理解することが困難な児童に有効であるため（Schunk, 1987），学習に困難を示す児童への介入の1つの方法として，その効果が期待される。困難を乗り越えるモデルを観察することによって，自分にもできるのではないかという見通しを与えることは，児童生徒の動機づけやセルフ・エフィカシーを高めるであろう。シャンク（1985）は，モデリングは自分の能力に確信が持てない児童生徒に対して，特に有効であるとしている。

クラスでモデルを選ぶ際に，一般的にはすでにスキルを習得した（問題を多分解けるであろういわば優等生の）児童を手本として選ぶことが多いであろう。この方法は，スキルを教示する助けにはなるが，学習に困難を経験している児童のセルフ・エフィカシーに大きな影響を与えることはあまり期待できない。スキルを身につけたローアチーバーが最もこの役割に適しているであろうとシャンク（1987）は述べている。

モデリングに際し，社会的比較の情報を与えるということもできる。たとえば，「○○君がどんな風にうまくやっているか見てみましょうか？　私はあなたも○○君と同じように上手にできると思うよ」といったようにである。その際に教示を受ける方の児童生徒が，叱責を受けたと感じたり，自分はだめだといったメッセージとして受けとめたりすることがないよう配慮できるかどうかが，この方法がうまくいくか否かの鍵になるものと思われる。また，具体的なストラテジーの教示についても，一般的なテキストによる教示のみよりも，モデルが正解を導く姿を観察することによって，より児童生徒の理解が深まると期待できる。

（4） ストラテジーの使用

繰り下がりの引き算の学習場面で，たとえば，「13－9＝」という問題を解く際に，
・3から9は引けない。
・10の位から10借りてくる。
・10から9を引くと1。
・1と3を足して4。

こういった形で解法の手続きを細分化した説明を受けることがあるだろう。このような，解法の手続きの具体的な教示が学習を促進することは，誰もが何度となく経験していることであろう。

①ストラテジーの言語化

ストラテジーの言語化の練習をした児童はセルフ・エフィカシーが向上したという報告がある（Schunk, 1986）。声を出してストラテジーを確認することによって，児童は課題により集中するようになる。ストラテジーの言語化の手続きは，何らかの点で認知的なパフォーマンスに問題を抱える子どもにとって，より有効である。こういった子どもたちは，体系化したり，暗唱したり，うまくやるために必要な正確なストラテジーや操作法を用いることが困難である。さらに，彼らの達成行動は自分の能力に対する疑念によって，妨害を受けるのである。

このストラテジー言語化のトレーニングはある程度長い時間をかけた方が効果があり，トレーニングをある一定期間継続した群は，半分で終了した群よりもセルフ・エフィカシーが高まったという結果が得られている（Schunk & Cox, 1986）。また，聞き取りの課題に関する研究結果では，年少の子どもには言語化の手続きは負担がかかり過ぎて，あまり効果がないという考察もなされている（Schunk & Rice, 1984）。

わが国でも，前田と原野（1993）が，小学校4年生を対象として，計算スキルのセルフ・エフィカシー向上操作を行なっている。割り算の筆算をする際に言語化の手続きを導入した群は，導入しなかった群に比べてセルフ・エフィカシーが高まり，テスト得点も高いという結果が得られた。また，割り算スキルに対するセルフ・エフィカシーを高めることは，他の計算スキルの習得にも汎化することが明らかにされた。

②ストラテジー使用のモデリング

(3)のモデリングの項で紹介したシャンクとグン（Schunk & Gunn, 1985）の研究では，割り算の教示課題において，ストラテジーの使用と，自分は達成できるという信念を強調したモデルを観察する実験を行なっている。その結果，ストラテジーの使用を強調することによって，セルフ・エフィカシーが上昇し，スキルの習得がより促進されることが明らかにされた。また，ストラテジーの使用が他の生徒に有効であっ

たという社会的比較の情報は，児童生徒に大きな影響を与えうる。能力の自己評価を行なう際に，社会的比較の情報を利用する能力が身についている場合は，他の児童生徒の達成を知ることによって，動機づけられるのである（Schunk, 1984）。

ストラテジーの使用は，ただストラテジーのみを教示するだけでは維持されない場合もある。シャンクとライス（Schunk & Rice, 1985）は，継続したストラテジーの使用を促進するためには，
①ストラテジーが効果のあるものであるという情報を与える。
②ストラテジーの使用がパフォーマンスを上げるという情報を与える。
以上のことが必要であると述べている。

彼らは実験のなかで以下のような教示を用いている。

「文章の主旨についての問題に答える際に，これらのステップを使用することによって，より解きやすくなります。あなたのような子どもが，文章の主旨についての問題に答える際に，これらのステップを使うことによって問題が解きやすくなっているからです。」

「文章の問題に答える際に，これらのステップを使用することによって，解きやすくなります。文章の問題に答える際に，あなたのような子どもが，これらのステップを使うことによって，問題が解きやすくなっているからです。」

前者の教示は文章の主旨を答える課題に限定されているが，後者の教示はストラテジーが文章に関するより多様な問題に適用できるとしている。文章の要旨をつかむという課題のための具体的なストラテジーは，文章読解の他の種類の問題にも適用できるという情報を与えることによって，ストラテジーの他の課題への使用も促進したと報告されている。

また，ストラテジーの有効性を児童に伝えるために，以下のようなフィードバックが行なわれている。
・あなたはこのステップを正しい順序で用いたため，正解できましたね。
・これらのステップにしたがうことによって，答えを出すのがやさしくなります。
・これらのステップを使うことによって，たくさんの問題に正確に解答することができますね。

このような介入により，読解力を進歩させるようなストラテジーを効果的に適用することができるという信念は，セルフ・エフィカシーを上昇させたと報告している。このようなストラテジーのトレーニングは，普段の授業場面に比較的簡単に組み入れることができると，シャンクは述べている。

こういった具体化されたストラテジーの使用は，学習の補助策とみなされることが

多いが，セルフ・エフィカシーと動機づけにも影響を及ぼすという結果が得られている（Corno & Mandinach, 1983）。ストラテジーを用いることにより学習が促進されるという信念は，達成の結果をくり返すうちに，コントロール感の高まりにつながる。ストラテジーの使用がパフォーマンスの上昇につながると，セルフ・エフィカシーが上昇し，学習者はストラテジーを熱心に適用するようになる（Schunk, 1989）。

3. 学業達成場面におけるセルフ・エフィカシーの測定法

　セルフ・エフィカシーの測定法について，本項では具体例としてテスト場面を取り上げ，紹介する。
　筆者らは，学業達成場面として高校生の数学を取り上げ，テスト前およびテスト中のセルフ・エフィカシーの測定を以下の3側面から行なっている。
　①テストの予想得点をたずねる。
　②示された得点をどの程度確実に取ることができそうかたずねる。
　③示された課題がどの程度できるかたずねる。
　①は，単純に生徒自身がテストで何点取れるか，予想して回答してもらう方法である。短時間で回答することができるため，生徒への負担は比較的少ないものと思われる。
　②は，たとえば，30点，50点，70点という目安の得点を提示し，その得点をどのくらい確実に取ることができるか，回答を求める方法である。回答にあまり多くの時間を要しないが，「この生徒はこのレベルまで確実に取れると認識しているが，この位のレベルはかなりむずかしいと考えている」といったように，①より多くの情報を得ることができる。
　③は，たとえば，「ベクトルの演算ができる」とか，「三角関数の最大値，最小値を求めることができる。」「2次関数のグラフを描くことができる」といった課題を示し，それがどの程度確実にできるかをたずねる方法である。①②と比べて生徒の時間的負担は大きくなるが，生徒がどの程度自分が課題に習熟していると感じているか，あるいはどのような課題に困難を感じているかを知ることができる。その結果をもとに，学業達成のためのより的確な助言をすることが可能になるであろう。また，児童生徒のセルフ・モニタリングの促進にも効果が期待できると思われる。
　小田ら（1994，1995），坂野ら（1995）は高校生の数学を取り上げて，セルフ・エフィカシーを継時的に測定する研究を行なった。これらの研究により，上記の方法で

測定されたセルフ・エフィカシーは，いずれもテスト得点およびテスト不安と関連があることが明らかにされた。

①の得点をもとに，エフィカシー低群・中群・高群の3群に分け，テスト不安を従属変数とした分散分析を行なった結果，エフィカシーを高く評価する生徒は，中程度にあるいは低く評価する生徒と比べてテスト不安が低いということが明らかにされた（図17-1）。また，エフィカシーを低く評価する生徒は，テスト得点が低く，高く評価する生徒は，テスト得点も高いという結果が得られている（図17-2）。

また，③の測定項目をもとに，テスト1週間前とテスト前日におけるそれぞれのセルフ・エフィカシー得点を算出し，その得点差をもとにエフィカシー低下群，安定群，向上群の3群に分け，テスト不安の得点を従属変数とした分散分析を行なった。その

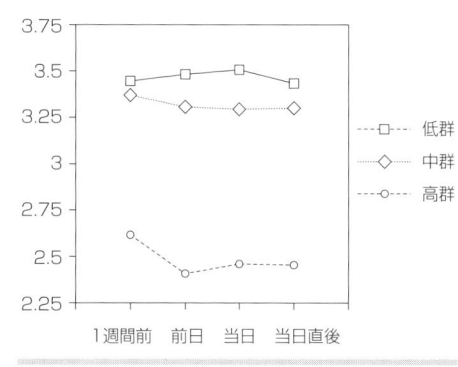

●図17-1　エフィカシーの3群におけるテスト不安（心配）の変化（小田ら，1994）

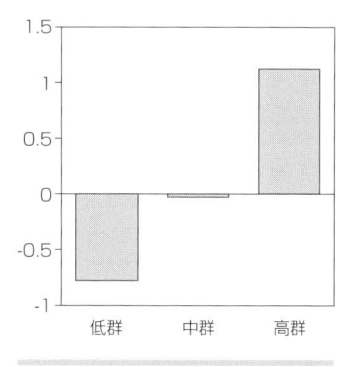

●図17-2　エフィカシーの3群におけるテスト得点（テスト得点は標準得点）（小田ら，1994）

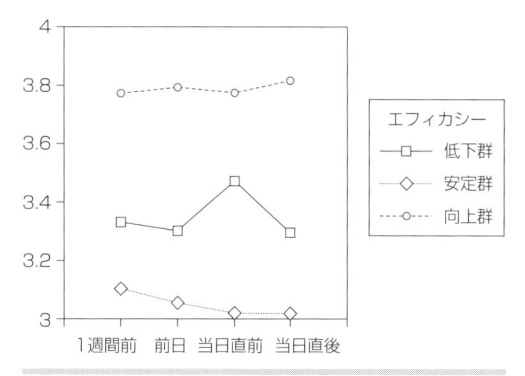

●図17-3　エフィカシーの3群における心配の変化（小田ら，1994）

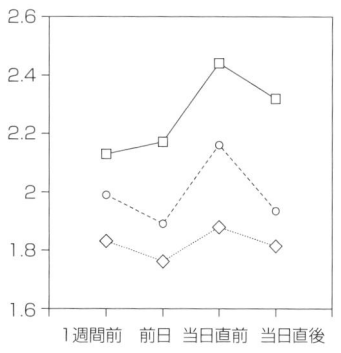

●図17-4　エフィカシーの3群における情緒の変化（小田ら，1994）

結果,エフィカシー向上群はエフィカシー安定群よりもテスト不安の認知的な側面を示す「心配」が高いことが明らかにされた(図17-3)。さらにテスト不安の身体的な反応である「情緒」については,エフィカシー低下群が,安定群・向上群と比べて高い得点を示した(図17-4)。

このような場面でセルフ・エフィカシーを低く評価する生徒の中には,以下のように,異なるタイプの生徒が含まれている可能性が考えられる。

① 実際に学習に対する取り組みが消極的で,結果として,スキルが身につかず,学習課題を達成するエフィカシーを低く評価している生徒。

② テストに対する学習には積極的に取り組んだが,テストに対する不安の高さといった認知的特性によって,課題を達成できるという確信が持てず,エフィカシーを低く評価している生徒。

セルフ・エフィカシー低群の生徒は,特に配慮が必要であると考えられ,こういった生徒の特徴を明らかにすることによって,より効果的にセルフ・エフィカシーを上昇させる方法を見出すことが可能になるといえよう。

セルフ・エフィカシー尺度のみではなく,他の変数の尺度と組み合わせて測定することによって,なぜその児童生徒はセルフ・エフィカシーが高い,あるいは低いのかということも明らかにすることができるであろう。

スキルはあるのにセルフ・エフィカシーが低い生徒についてはテスト不安等の測定を行なう。授業での提出物等を出さずにおり,数学の授業中もやる気が見られない生徒については,学習動機や原因帰属を調べる。など,セルフ・エフィカシーと他の変数を同時に調べることによって,その児童生徒に合ったセルフ・エフィカシーの向上操作法を見出すことが可能になると思われる。

4. セルフ・エフィカシーと自己制御学習

バンデューラ(1986)は人が自らの行動を制御するプロセスとして,自己調整(self-regulation)モデルを提示している。この自己調整モデルは,自己観察,自己判断,自己反応の3つの過程から構成されている(図17-5)。このモデルに触発され,80年代後半からさかんに自己制御学習(self-regulated learning)をテーマとした,児童生徒の学習に関する総合的なアプローチが進められている(Pintrich & De Groot, 1990 ; Zimmerman et al., 1990)。

この自己制御学習の定義においては,3つの要素が非常に重要とされている。第1

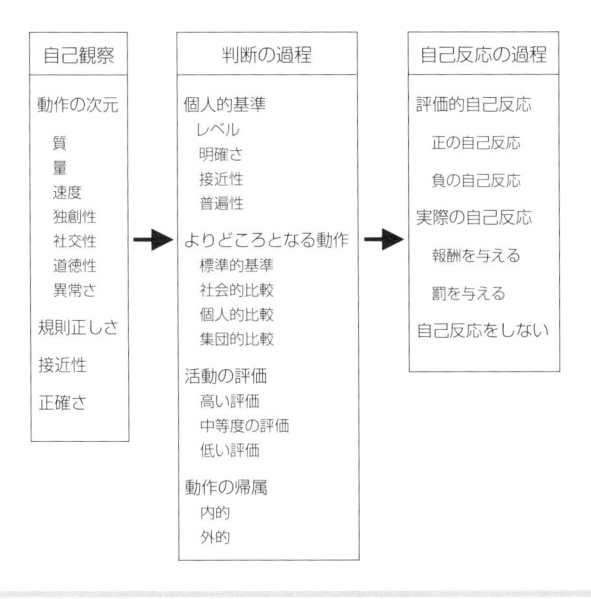

```
┌─────────────┐    ┌─────────────┐    ┌─────────────────┐
│  自己観察    │    │  判断の過程  │    │  自己反応の過程  │
│             │    │             │    │                 │
│ 動作の次元   │    │ 個人的基準   │    │ 評価的自己反応   │
│   質        │    │   レベル     │    │   正の自己反応   │
│   量        │    │   明確さ     │    │   負の自己反応   │
│   速度      │ →  │   接近性     │ →  │                 │
│   独創性    │    │   普遍性     │    │ 実際の自己反応   │
│   社交性    │    │              │    │   報酬を与える   │
│   道徳性    │    │ よりどころとなる動作│  │ 罰を与える      │
│   異常さ    │    │   標準的基準  │    │ 自己反応をしない │
│             │    │   社会的比較  │    │                 │
│ 規則正しさ   │    │   個人的比較  │    │                 │
│             │    │   集団的比較  │    │                 │
│ 接近性      │    │              │    │                 │
│             │    │ 活動の評価   │    │                 │
│ 正確さ      │    │   高い評価   │    │                 │
│             │    │   中等度の評価│    │                 │
│             │    │   低い評価   │    │                 │
│             │    │              │    │                 │
│             │    │ 動作の帰属   │    │                 │
│             │    │   内的      │    │                 │
│             │    │   外的      │    │                 │
└─────────────┘    └─────────────┘    └─────────────────┘
```

○図17-5　行動の自己制御の3つの段階的な過程（バンデューラ，1985）

に，自己制御学習は計画を立てる，モニタリングをする，認知の変容を試みる，といった児童生徒のメタ認知的な方略を含めた概念であるということである．また第2の側面として，児童生徒の学業課題に対する努力のマネジメントやコントロールが挙げられる。また第3に，児童生徒が課題を学び，記憶し，理解する実際の認知的方略までもが含められるようになりつつある．練習（くりかえし）や見直し，方略の構造化などの異なる認知的方略は，活発な認知的関与を促進するということが見いだされ，これは学習におけるより高レベルの達成へと導くものである（Pintrich et al., 1990）とされている。

セルフ・エフィカシーを操作する方略についての研究は，90年代には下火になり，近年の研究では，この自己制御学習における認知変数の一つとして，セルフ・エフィカシーが扱われることが主となっている。ジンマーマン（Zimmerman, 2000）は，セルフ・エフィカシーを自己動機づけの信念の一つととらえ，効果的に学習したり，遂行したりする手段を持っているかどうかについての個人の信念と定義している。また，バンデューラ自身も，セルフ・エフィカシーを信念（belief）ととらえる考え方を示している（Bandura, 1997）。

ジンマーマン（1995）は元アメリカ保健・教育・福祉長官であったジョン・ガードナーの言葉「教育制度の究極的な目標は，自己教育をその人自らが行えるようにする

ことである」を引用し，教育場面での発達における自己制御の力の重要性を説いている。自由度の高いわれわれの社会では，どこで，何を，どのように学ぶかについて，個人の判断にゆだねられることが多い。ただ学校でのテストの得点を上げるということだけでなく，人がどのように自己教育を行っていくかという視点に立って，あらためてセルフ・エフィカシーという変数の果たす役割について検討がなされ始めている。今後はわが国でもそのような視点に立った研究が増えていくことが期待される。

●引用文献●

Bandura, A. 1977 Self-efficacy : Toward a unifying theory of behavior change. *Psychological Review*, **84**,191－215.
バンデューラ, A. 1985 社会的学習理論の新展開 祐宗省三・原野広太郎・柏木恵子・春木 豊（編） 金子書房
Bandura, A. 1986 *Social foundation of thought and action : A social cognitive theory.* Englewood.
Bandura, A. 1997 *Self-efficacy : The exercise of control.* W. H. Freeman and Company.
Bandura, A. & Schunk, D. H. 1981 Cultivating competence, self-efficacy, and intrinsic interest through proximal self-motivation. *Journal of Personality and Social Psychology*, **41**,586－598.
Corno, L. & Mandinach, E. B. 1983 The role of cognitive engagement in classroom learning and motivation. *Educational Psychologist*, **18**,88－108.
玄 正煥 1993 努力帰属的評価が児童のエフィカシー予期の認知と学業達成に及ぼす効果 教育心理学研究，**41**,221－229.
前田基成・原野広太郎 1993 ストラテジーの言語化による自己効力感の変容が計算スキルの習得に及ぼす効果 日本教育心理学会第35回総会発表論文集，150.
松浦 宏 1989 自己効力と算数学習 日本教育心理学会第31回総会発表論文集，559.
小田美穂子・嶋田洋徳・三浦正江・森 治子・坂野雄二・猿渡末治 1994 高校生の数学のテスト不安における認知的変数の影響（2）―セルフ・エフィカシーを中心として― 日本教育心理学会第36回総会発表論文集，333.
小田美穂子・嶋田洋徳・森 治子・三浦正江・坂野雄二 1994 高校生のテスト不安と目標点，予想点および学業成績の関連 日本行動療法学会第20回大会発表論文集 pp.74－75.
岡安孝弘・嶋田洋徳・丹羽洋子・森 俊夫・矢冨直美 1992 中学生の学校ストレッサーの評価とストレス反応との関連 心理学研究，**63**,310－318.
Pintrich, P. R. & De Groot, E. V. 1990 Motivational and self-regulated learning components of classroom academic performance. *Journal of Educational Psychology*, **82**,33－40.
坂野雄二 1988 テスト不安の継時的変化に関する研究 早稲田大学人間科学研究，**1**,31－44.
坂野雄二・小田美穂子・嶋田洋徳・森 治子・三浦正江・猿渡末治 1995 高校生の数学のテスト不安における認知的変数の影響（5）―到達度別セルフ・エフィカシーを中心として― 日本教育心理学会第37回総会発表論文集，608.
Schunk, D. H. 1981 Modeling and attributional effects on children's achievement : A self-efficacy analysis. *Journal of Educational Psychology*, **73**,93－105.
Schunk, D. H. 1982 Effects of effort attributional feedback on children's perceived self-efficacy and achievement. *Journal of Educational Psychology*, **74**,548－556.
Schunk, D. H. 1983a Ability versus effort attributional feedback : Differential effects on self-efficacy and achievement. *Journal of Educational Psychology*, **75**,848－856.
Schunk, D. H. 1983b Developing children's self-efficacy and skills : The role of social comparative information and goal setting. *Contemporary Educational Psychology*, **8**,76－86.
Schunk, D. H. 1984a Sequential attributional feedback and children's achievement behaviors. *Journal of Educational Psychology*, **76**,1159－1169.
Schunk, D. H. 1984b Enhancing self-efficacy and achievement through rewards and goals : Motivational and

informational effects. *Journal of Educational Research*, **78**, 29 – 34.
Schunk, D. H. 1985 Participation in goal setting : Effects on self-efficacy and skills of learning disabled children. *Journal of Special Education*, **19**, 307 – 317.
Schunk, D. H. 1986 Verbalization and children's self-regulated learning. *Contemporary Educational Psychology*, **11**, 347 – 369.
Schunk, D. H. 1987 Peer models and children's behavioral change. *Review of Educational Research*, **57**, 149 – 174.
Schunk, D. H. 1989 Self-efficacy and achievement behaviors. *Educational Psychology Review*, **1**, 173 – 208.
Schunk, D. H. 1990 Goal setting and self-efficacy during self-regulated learning. *Educational Psychologist*, **25**, 71 – 86.
Schunk, D. H. 1991 Self-efficacy and academic motivation. *Educational Psychologist*, **26**, 207 – 231.
Schunk, D. H. & Cox, P. D. 1986 Strategy training and attributional feedback with learning disabled students. *Journal of Educational Psychology*, **75**, 511 – 518.
Schunk, D. H. & Gunn, T. P. 1985 Modeled importance of task strategies and achievement beliefs : Effects on self-efficacy and skill development. *Journal of Early Adolescence*, **5**, 247 – 528.
Schunk, D. H. & Hanson, A. R. 1985 Peer models : Influence on children's self-efficacy and achievement. *Journal of Educational Psychology*, **77**, 313 – 322.
Schunk, D. H. & Hanson, A. R. 1989 Self-modeling and children's cognitive skill learning. *Journal of Educational Psychology*, **81**, 155 – 163.
Schunk, D. H. & Rice, J. M. 1984 Strategy self-verbalization during remedial listening comprehension instruction. *Journal of Experimental Education*, **53**, 49 – 54.
Schunk, D. H. & Rice, J. M. 1985 Verbalization of comprehension strategies : Effects on children's achievement outcomes. *Human Learning Journal of Practical Research and Applications*, **4**, 1 – 10.
Schunk, D. H. & Rice, J. M. 1989 Learning goals and children's reading comprehension. *Journal of Reading Behavior*, **21**, 279 – 293.
Zimmerman, B. J. 1995 Self-efficacy and educational development. In A. Bandura（Ed.）*Self-efficacy in changing societies.* Cambridge University Press. 202 – 231.
Zimmerman, B. J. 2000 Attaining self-regulation : a social cognitive perspective. In M. Boekaerts, P. R. Pintrich, & M. Zeidner（Eds.）*Handbook of self-regulation.* Academic Press. 13 – 39.
Zimmerman, B. J. & Martinez-Ponz, M. 1988 Construct Validation of a strategy model of student self-regulated learning. *Journal of Educational Psychology*, **80**, 284 – 290.
Zimmerman, B. J. & Martinez-Ponz, M. 1990 Student differences in self-regulated learning : relating grade, sex, and giftedness to self-efficacy and strategy use. *Journal of Educational Psychology*, **82**, 51 – 59.

18章 職業指導

1. 職業指導とセルフ・エフィカシー

（1） 職業指導とセルフ・エフィカシーについて

　職業を決めるという大事を支えるために，どのようにセルフ・エフィカシーという概念を利用するか，という点が本章の着目するところである。この進路選択・決定に対する指導は，学校段階や教育内容によって少しずつ異なっている。そこで最初に，本章がターゲットとしているものについて明示しておくべきであろう。

　本章がターゲットとしている場面は，ある程度の職業の選択肢があり，そのなかから自由意志で選択することが可能な場面での職業指導，換言すれば選職に向けての指導である。日本の現状に合わせて特定化すれば，人文系，社会系学部などの文科系を専攻した大学生・短大生，また専門学校生があてはまるだろう。学校段階や専攻によって就職の形態はさまざまであり，中学や高校での斡旋的就職指導や，大学等での理科系専攻学生に多く見られる推薦という形態をとる場合の指導などには，本章で述べることと合致しない面もある。しかし，そのいずれの形態にも「職業を選択しようとしている者自身が，ある1つを選択し決定する」という点は共通する。本章では，上述のような特定の場面を主なターゲットとしながら，職業選択に共通する問題にセルフ・エフィカシーという概念を用いてアプローチする。

　さて，職業選択には「職業を選択しようとしている者自身が，ある1つを選択し決定する」という要素があることを記したが，これには，セルフ・エフィカシーと職業選択「過程」との関連についての研究が対応する。進路選択とかかわる，もしくはそれを進める行動の背景にあるものに対して，セルフ・エフィカシーを用いてアプローチしている研究である。このような研究群は，職業にかかわるセルフ・エフィカシー研究の中で1つの流れを構成しており，本章ではそれらについて解説していく。

　ところで職業問題にセルフ・エフィカシーを応用した研究には，この他にいくつかの流れがある。それは，セルフ・エフィカシーと，選択する職業の「内容」との関連

や，適応との関連について検討したものなどである。このような研究は，職業を選択しようとしている者の望む分野を明確化したり，それに従ったアドバイスを与えたりする場合に有用であるが，これまでのところは記述を主とした研究が多く，臨床場面への応用研究はあまりないので，ここでは扱わないことにする（Hakett, 1995；廣瀬, 1998などに詳しい）。

（2） 進路選択セルフ・エフィカシー

セルフ・エフィカシーと職業選択「過程」との関連についての研究においては，「進路選択セルフ・エフィカシー」という概念が頻繁に用いられる。これは，テイラーとベッツ（Taylor & Betz, 1983）によって提唱されたCareer decision-making self-efficacyの訳語である。現在のところ，一般的に用いられているような定訳はないようなので，ここでは「進路選択セルフ・エフィカシー」と記す。

進路選択セルフ・エフィカシーとは，進路を選択・決定するにあたって必要な行動に対するセルフ・エフィカシーである。すなわち，この進路選択セルフ・エフィカシーを高く持つ者は進路選択行動を活発に行ない，また努力もすると考えられる。一方，それの低い者は，たとえそれが自分の人生の目的を達成するために必要なものと理解していても，進路選択行動を避けたり，不十分な活動に終始してしまうと考えられるのである。

学生のなかに，学業にはあまり力を注ごうとはしないが，就職活動は張り切って行なっている者を見つけることがある。逆に，職業を決めなければならないはずなのに，その決断を非合理的に先延ばしにしたり，意図的・無意図的にそれを避けたり，また就職先がなかなか決まらないといった困難に直面した時に，簡単に就職をあきらめてしまったりする者も存在する。このような差が現われる原因の1つに，進路選択セルフ・エフィカシーが関係していると考えられるのである。以下では，この進路選択セルフ・エフィカシーについて述べていく。

2. セルフ・エフィカシーに着目する臨床的意義

職業指導においてセルフ・エフィカシーに着目する意義は，臨床的問題点がセルフ・エフィカシーと関連していることと，セルフ・エフィカシーは介入によって操作することが可能であること，という2点から明らかになるであろう。すなわち，個人の進路選択セルフ・エフィカシーに対して介入し，それを変化させることによって，職業

指導上で問題となる現象を変えることができるということに集約される。介入については後に論じるので、ここでは職業を選択しようとする者のかかえる問題点と進路選択セルフ・エフィカシーの関連についての諸研究から臨床的意義を見出しておく。

(1) キャリア不決断とセルフ・エフィカシー

先に、職業選択に身を入れない（身を入れることができない）学生が見られることを指摘した。学生の就職活動に取り組む意欲が乏しいと学校側が指摘する声は少なくない。このような職業選択者の問題は、多くの研究で「キャリア不決断」として扱われている。

この問題は、進路選択セルフ・エフィカシーという概念が提唱されるに至った経緯と関連が深い。この概念を最初に提唱したテイラーとベッツの論文名（キャリア不決断の理解と治療に向けたセルフ・エフィカシー理論の応用；Applications of self-efficacy theory to the understanding and treatment of career indecision; Taylor & Betz, 1983) が示すように、それはキャリア不決断者の存在と大きくかかわっている。

ここでいうキャリア不決断とは、自らの進路を選択・決定できない状態のことである。これまでに、その程度や内容を測定しようとする試みが、いくつもなされてきた（清水, 1983)。このような研究のなかで、決定することへの自信の欠如が、不決断の一側面を構成するものとして指摘されてきている。テイラーとベッツは、この自信の欠如という点に着目し、セルフ・エフィカシーを適用するにいたっている。セルフ・エフィカシー概念は行動の遂行可能感を代表するものであるため、進路を選択することに対する自信のなさを、進路選択にかかわるセルフ・エフィカシーが低いと読み替えることは可能と考えられる。すなわちテイラーらは、進路選択セルフ・エフィカシーが低いことが、キャリア不決断を導いていると仮定したのである。

キャリア不決断と進路選択セルフ・エフィカシーの関連については、これまでにいくつかの研究が行なわれてきている。キャリア不決断の程度を測定する尺度を用いた研究では、進路選択セルフ・エフィカシーとの間に中程度の負の相関（-.40から-.60程度) が共通して認められている（Betz & Luzzo, 1996)。また浦上 (1995a) は、女子短大生を対象にして、キャリア不決断と進路選択セルフ・エフィカシーの関連を偏相関係数を用いて分析している。その結果を簡単に図示したものが図18-1である。図18-1より、「情報・自信不足」の因子（自分や職業についての情報不足、選択への自信のなさや、それゆえの不安を示す）がキャリア不決断の中核にあり、それ以外の因子が、これを取り囲むように位置していることを推察することができる。そして進

路選択セルフ・エフィカシーは，この「情報・自信不足」の因子と最も関連が強く，その因子を通して他の不決断因子と関連しているということができるだろう。

このような研究結果から，テイラーとベッツが仮定した，進路選択セルフ・エフィカシーの低さがキャリア不決断を導いているということは，十分に妥当性を持つものと考えられる。

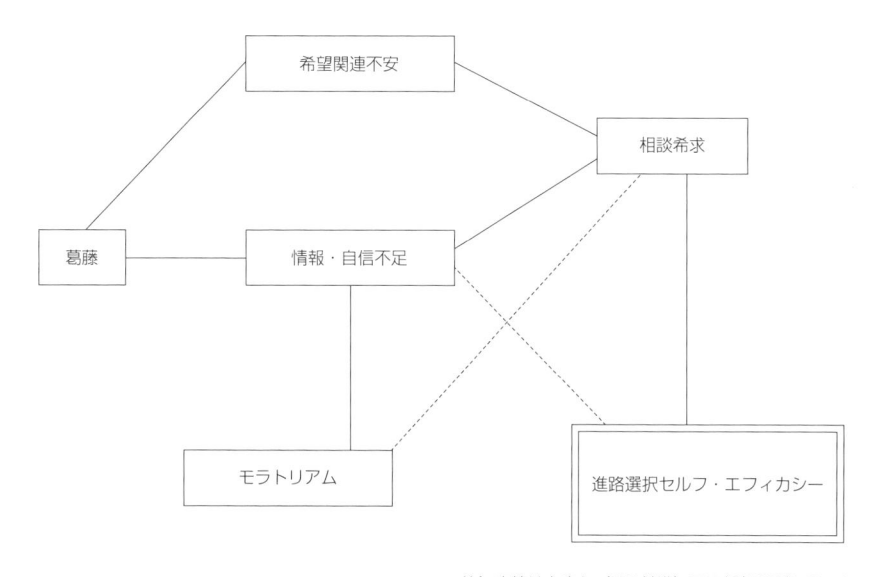

注）実線は有意な（5%基準）正の偏相関があることを，破線は有意な負の偏相関があることを示す。

◐図18-1　キャリア不決断構成要因と進路選択セルフ・エフィカシーの関連図（浦上，1995a）

（2）就職活動とセルフ・エフィカシー

進路選択セルフ・エフィカシーが進路選択行動を導くものであるならば，このセルフ・エフィカシーを高く持つ者は進路選択行動を活発に行ない，また努力もすると考えられる。この点に関しても，いくつかの研究が行なわれてきている。ソルベルグら（Solberg et al., 1995）は，「興味のある職業領域で，ボランティアとして働いた」「自分がつきたいキャリアをリストアップした」などの職業選択に関連する24の活動を項目化し，大学生を対象に過去6か月間に行なったことのある活動の回数と進路選択セルフ・エフィカシーの相関係数を算出している。そこで得られた相関係数は.44であり，進路選択セルフ・エフィカシーの高い者は，頻繁に職業選択と関連する活動を行

なうといえる。

　また冨安（1997a）は，大学生を対象に，具体的な進路決定行動と進路選択セルフ・エフィカシーの関連を検討している。そこでは，進路選択セルフ・エフィカシーは，「就職のための勉強を始めた時期」や「職場訪問を始めた時期」「就職に関することで年長者と相談した程度」との間に有意な関連が認められた。進路選択セルフ・エフィカシーの高い者は，より早くから就職のための勉強や職場訪問を始め，年長者と相談する程度も高いといえる。

　さらに浦上（1997a）は，女子短大生を対象として，1月から10月までの就職活動への力の投入の程度をグラフ化させ，進路選択セルフ・エフィカシーとの関連を検討している。進路選択セルフ・エフィカシーの平均値で調査対象者を二分し，その内11月下旬から12月初旬の調査時点で内定が得られていない者のみを選出し，力の投入の程度をグラフ化したものが図18-2である。図18-2に示されるように，就職活動グラフの形状は，進路選択セルフ・エフィカシーの高低群両方において，ほぼ同じ形を描く。しかし，7月後半から9月前半においては，高低群間に有意な差が認められ，高群の方が就職活動に投入する力の程度が高いことが示された。すなわち，就職活動のピークを越えた下降期に力の投入の程度差が見られ，これは進路選択セルフ・エフィカシーが活動の持続性に影響を与えていることを示唆する結果といえよう。

　以上の諸研究より，進路選択セルフ・エフィカシーの高い者は，低い者よりも，よ

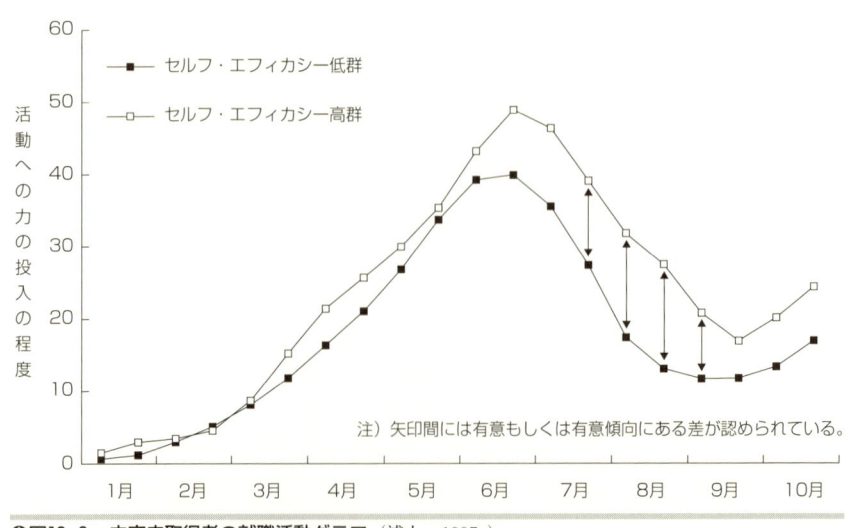

❶図18-2　内定未取得者の就職活動グラフ　（浦上，1997a）

り積極的,持続的に活動するといえる。換言すれば,就職活動を始めるのが遅い者,積極的に活動しない者,就職をすぐにあきらめてしまう者などは,進路選択セルフ・エフィカシーが十分に高くないと考えられる。

(3) 時間的な見通しとセルフ・エフィカシー

われわれは,過去・現在・将来という時間の連続性の中で生きており,また職業指導の中でも,これまでの自分を見直し,将来を見通して仕事を決めなさいという内容がよく語られる。これは,職業を決める場合の時間的見通しの重要性を示している。では,進路選択セルフ・エフィカシーと時間的な見通し(時間的展望)はどのような関連にあるのだろうか。

浦上(1997b)は,女子短大生を対象に,「職業は私にとって」「私の夢は」「私は30歳の時」という3つのことばを示し,その後に自由に文を続けるという文章完成法を用いて,進路選択セルフ・エフィカシーと時間的な見通しの関連を検討している。その結果,進路選択セルフ・エフィカシーの高い者は,職業を自分自身にとって大切なものと考え,職業と関連する夢を記述する者が多いことが示された。しかし,「私は30歳の時」ということばに続く文章には,セルフ・エフィカシーの程度による差は,あまりはっきりとは認められていない。この文章には「結婚」「主婦」などということばが頻繁に用いられるのが特徴であり,女性はセルフ・エフィカシーの程度にかかわらず,結婚というイベントをその後の人生を左右するものと考えているようである。

また冨安(1997b)は,大学生を対象に,過去,現在,未来の3つを円で表わすサークルテストおよび時間イメージと,進路選択セルフ・エフィカシーの関連を検討している。3つの円の大きさ比較から導かれる時間的優勢性の分析では,未来の円を最も大きく描いた者が,最もセルフ・エフィカシーが高いことが明らかになった。これは,調査対象者の意識のなかで,過去や現在よりも未来が優勢である者の方が進路選択セルフ・エフィカシーが高いことを示している。さらに,3つの円の大きさの順から導かれる時間的展望性については,過去,現在,未来の順で大きく書いた者(未来展開)の方が,過去,現在,未来の順で小さく書いた者(過去展開)よりもセルフ・エフィカシーが高い。すなわち,時間的展望が過去から現在,現在から未来へとしだいに大きく展開していると感じている者ほど,セルフ・エフィカシーが高いのである。また,時間イメージとの関連においては,進路選択セルフ・エフィカシーの高い者の方が,未来をよりポジティブにとらえていることも明らかになっている。

以上のことから,進路選択セルフ・エフィカシーの高い者は,より未来志向的であり,将来の職業に関しても,より望ましい意識を持っているといえよう。先に記した,

職業指導における時間的展望の意義を踏まえると，セルフ・エフィカシーの高い者の方が，職業選択にあたって，より望ましい時間的見通しを備えていると考えられる。

＊　　　　　＊　　　　　＊

　職業を選択しようとする者のかかえる問題点として，キャリア不決断，就職活動，時間的見通しの3点を取り上げ，進路選択セルフ・エフィカシーとの関連について概観してきた。そこに共通するものは，それぞれの問題点とセルフ・エフィカシーが有意な関連を持つことである。それぞれの二者間の関連について，どちらがどちらに影響を与えているのかという因果関係の問題は残されたままであるが，セルフ・エフィカシーを高めることによって，これらの職業指導上での問題点が改善される可能性があると考えてよいだろう。このことから，職業指導においてセルフ・エフィカシーに着目し，介入対象とする意義が十分にあるといえる。

3. 進路選択セルフ・エフィカシーの評価・測定

　ここでは，進路選択セルフ・エフィカシーの測定を，テイラーとベッツ（Taylor & Betz, 1983）が作成した進路選択セルフ・エフィカシー尺度（Career Decision-Making Self-Efficacy scale；略称CDMSE）を基に概観する。

　進路選択セルフ・エフィカシーの測定にあたっては，セルフ・エフィカシー理論とともに，クライツの進路成熟理論（Crites, 1965）がもうひとつの柱となっている。なぜ2本の柱が必要になるかといえば，進路選択セルフ・エフィカシーを測定する項目を作成するためには，進路選択に必要な行動を列挙する必要があり，さらにそれは，理に適った「良い」選択に通ずるような行動であることが必要とされるからである。クライツは，そのような進路選択行動を促進する能力（コンピテンス）を5つ指摘している（目標選択，自己認識，職業情報の収集，将来計画，課題解決）。そこでテイラーとベッツは，この5つの能力に着目し利用したのである。テイラーらは，各々の能力に対応する行動を10項目づつ列挙し，計50項目から構成されるCDMSEを作成している。項目例をあげれば，目標選択の項目として「両親が賛成しない専攻，進路を選択する」というものがあり，これに「十分に自信がある」から「全く自信が無い」までの10段階で回答を求めるものである。このCDMSEが，その後最も頻繁に用いられている尺度であるが，25項目を選出した短縮版（CDMSE-SF；Betz et al., 1996）も作成されている。

　CDMSEは，これまでの研究結果から，信頼性も妥当性も備えている尺度と評価さ

れているが,時に議論になるのがその構造の妥当性についてである。前述の通り,CDMSE はクライツの指摘する5つの進路選択能力に基づいているので,理論的には5因子構造と考えられる。しかし,因子分析の手法を利用した研究では,その5因子を抽出することは困難であることが示されてきている。このこと踏まえたうえでテイラーとポップマ（Taylor & Popma, 1990）は,CDMSE は幅広く進路選択行動についてのセルフ・エフィカシーを測定するものであり,進路選択行動の多側面を範疇に収めた,進路に関連する一般的なセルフ・エフィカシー尺度としての性格を持つものと位置づけている。

わが国においても,これまでに,進路選択セルフ・エフィカシーを測定するための尺度がいくつか開発されてきている。そして,そのほとんどが CDMSE を参考にし,改変を加えたものである。これらの尺度の作成者,適用対象,項目数,因子構造などについて簡単にまとめたものが表18-1である。ここにまとめたものは,原著を参照すれば容易に利用可能なものである（浦上,1991;安達,2001を除く）。

表18-1　進路選択セルフ・エフィカシーを測定する主な尺度一覧

作成者	適用対象	項目数	因子構造
浦上（1991）	高校生の主に進学	40	1因子
浦上（1995）	短大（大学）生の主に就職	30	1因子
古市（1995）	大学生の主に就職	32	4因子
富安（1997）	大学生の主に就職	51	5因子
富永（2000）	大学生の主に就職	45	11因子
安達（2001）	短大（大学）生の主に就職	15	2因子

4. 進路選択セルフ・エフィカシーを高める方法

進路選択セルフ・エフィカシー概念を利用した研究は,これまでに着実に行なわれてきた。その一部は先に示した通りである。これらの研究成果から,進路選択セルフ・エフィカシーを高めることは,職業指導における問題の解決につながると考えられる。そこで最後に,進路選択セルフ・エフィカシーを高める方法についての研究を3例取り上げたい。

(1) コンピュータを利用したガイダンスシステム

　ここ数十年におけるコンピュータの発展に並行して，それを利用した進路ガイダンスシステムの開発も発展してきている。ライマン（Rayman, 1990）は，コンピュータを利用した進路ガイダンスの有用な点について，先行する論究を踏まえて，「データファイルの蓄積」「双方向的な対話」「データファイルの検索」「評価と解説」「処遇の個別化」の5つを指摘している。ここでは，このようなガイダンスシステムの是非や限界論は置いておき，システムの利用が進路選択セルフ・エフィカシーにどのような影響を与えるのかという点を検討した研究を紹介したい。

　アメリカで最も広く用いられている職業指導，適職探索のためのコンピュータ・システムの1つに，ディスカバー（DISCOVER）というシステムがある（ここではDISCOVER'87について示す）。このディスカバーは，"キャリアへの旅のはじまり"，"仕事の世界を学ぶ"，"自分自身を学ぶ"，"職業を見つける"，"職業を学ぶ"，"学歴を決める"，"次のステップを計画する"，"自分のキャリアを計画する"，"移行する"という9つの部分から構成されている。このディスカバーを用いることによって，利用者は進路学習を体系的に進めたり，また自分自身や職業についての情報を探しだすことも可能となっている。さらに，ある職業に就くための教育・訓練過程を検索し，希望に合った進路を探すといった，自らの進路をシミュレートするような使い方もできる。フクヤマら（Fukuyama et al., 1988）は，このディスカバーの利用が，進路選択セルフ・エフィカシーに与える影響を検討している。

　フクヤマらは，77名の大学生（平均年齢19.4歳）を対象に，まず導入的なオリエンテーションを行ない，ディスカバーのソフト面，ハード面についての概要説明と，CDMSEが実施された（事前テスト）。参加者はその後，実験群と統制群に無作為に分けられ，ディスカバーについての作業を行なうように予定が言い渡された。統制群には，2回目の質問紙に対する回答（事後テスト）をディスカバーを操作する前に行なうことが，また実験群にはそれをディスカバーを操作した直後に行なうことが言い渡された。事前テストと事後テストの間隔は，ほぼ3日であり，ディスカバーを操作していた時間は1時間である。

　このような実験を行なった結果，統制群，すなわち事前テストと事後テストの間にはディスカバーを操作しなかった群では，CDMSE平均得点は，事前テスト336.8（SD=53.8），事後テスト337.4（SD=59.9）であり，ほとんど変化が見られなかった。しかし，実験群，すなわち事前テストと事後テストの間にディスカバーを操作した群では，事前テストでは333.6（SD=51.6）であったが，事後テストは366.8（SD=50.2）というように，約33点ほどの得点上昇が認められている。この結果から，ディス

カバーの利用が進路選択セルフ・エフィカシーを高めるといってよいであろう。ところが，残念ながらこの研究では，ディスカバーのどのような利用方法がセルフ・エフィカシーを高めたのかということは不明である。

　わが国の現状では，ディスカバーのようなコンピュータ・システムを利用できる環境は，十分に整備されているとは言いがたい。しかし，徐々にこのようなソフトウェアやインターネット上のサービスが普及しつつある。今後の発展が期待される介入方法であるため，さらに研究が蓄積されることが望まれる。

（2） 再帰属訓練

　動機づけの研究のなかに，統制の位置（Locus of Control）という概念がある（Rotter, 1966）。これは，内的統制から外的統制にいたる一次元上に布置される個人の信念である。内的統制とは，人がある出来事を自分自身の行動や性格に随伴するものだと認識する傾向であり，外的統制とは，それを運やチャンス，他者の力だとみなす傾向である。たとえば，自分の身にふりかかった災難を，運が悪かったためだと考えれば外的統制であり，自分が過ちを犯したためだと考えれば，それは内的統制といえる。そして，内的統制的傾向を持つ者は，行動によって引き起こされた結果を自分自身に随伴しているととらえるため，周囲の環境に対して統制可能感を抱くと考えられる。

　この概念は，キャリア関連研究でも用いられており，内的統制はより適切で適応的な職業的行動や態度と関連していることが報告されている。その中で，進路選択セルフ・エフィカシーとの関連も検討されており，進路選択セルフ・エフィカシーと統制の位置（高得点が外的を示す）の間には，中程度の負の相関が認められている（Taylor & Popma, 1990）。これは，セルフ・エフィカシーの高い者は，内的統制的信念をもっていることを示す結果である。

　このような関連を踏まえて，ルッツォら（Luzzo et al., 1996）は再帰属訓練を用いて進路選択セルフ・エフィカシーを高めるという実験を行なっている。すなわち，統制の位置についての信念を外的から内的へと変容させることによって，セルフ・エフィカシーを高めることができるのではないかと考えたのである。

　この実験に参加したのは，女性41名，男性19名の計60名の大学生（平均年齢29.07歳）である。再帰属訓練は，次のように行なわれた。ルッツォらは，8分間のビデオを見せるという介入方法を実施している。そのビデオには，男女1名ずつの大学卒業者が出演しており，それぞれが青年期後期から成人期にかけての自分のキャリア発達を語るというものであった。語られた内容は，最終的な決定までの過程における，キャリアへの関与や，キャリアに関連した失敗などである。たとえば，自分自身のキャリ

ア不決断，うまくいかなかった就職活動，大学での専攻を決める際の困難などである。そして，キャリアに関連する困難は努力不足に起因しており，逆に成功は適切な努力，また努力を続けることに起因しているということを，視聴者を説得するように話している。

ルッツォらは，このようなビデオを用いて，それを見る実験群と見ない統制群をつくり，また参加者各人のキャリアに関する統制の位置を測定し，内的統制群と外的統制群を設定している。この実験の結果は表18-2に示す通りである。そこに示された得点変動を統計的に検討した結果，実験群でありかつ外的統制群に属する者の進路選択セルフ・エフィカシー得点が有意に増大していることが明らかになった。しかし，実験群でありかつ内的統制群に属する者では，有意な増大が認められなかった。

このような結果から，今回実施された介入方法は，キャリアに関する外的統制的信念を持っている者に対しては有効であるといえよう。より不利益を被る可能性の高い者に介入するという立場をとるのであれば，外的統制群の得点が，内的統制群のそれに近似する程度まで上昇していることは注目されるべきである。なお，内的統制群と外的統制群における効果の違いについて，ルッツォらは，外的統制群に対しては，今回の介入は新しい帰属様式，すなわち成功も失敗も自分自身の行為に関連しているという見方を提示するものであるが，内的統制群にとっては，このような帰属様式は新しいものではないためと考察している。

表18-2 群別の進路選択セルフ・エフィカシー得点，標準偏差（Luzzo et al., 1996）

	内的統制群		外的統制群	
	事前テスト	事後テスト	事前テスト	事後テスト
実験群				
平均値	363.07	366.27	324.13	358.07
標準偏差	63.12	59.41	52.02	55.72
統制群				
平均値	378.67	384.20	321.87	321.80
標準偏差	43.51	40.60	38.07	33.94

（3） ワークブック

近年では，就職活動を行なう学生向けに，多くのワークブックの類が出版されている。浦上（1996b）は，このようなワークブックを利用することが，進路選択セルフ・

エフィカシーに与える影響について検討している。

　ワークブックを用いる利点として，浦上（1996a）は，学校の現状を踏まえた上での，人的・金銭的コストや利便性を指摘している。クライエントがカウンセラーと一対一で面接を行うメリットは十分にあるが，学校へのカウンセラーの配置状況，職業指導室等への人員配置状況，また，教員がカウンセラーの役割を果たすと考えた場合の教員対学生の比率などを考えると，それはかなり困難なものである。あらゆるコストをできるだけ抑える中で実現可能なものとして，就職活動用のワークブックというものは有望であろう。そこで浦上は，ECS Workbookというワークブックを作成し（浦上，1996a），それの利用が進路選択セルフ・エフィカシーに与える影響を検討している（浦上，1996b）。

　このECS Workbookは，自己理解編，職業理解編，意思決定編，および利用の方法編の4編から構成されており，A4版サイズ，各編は8〜16ページ，総ページ数が42というものである（構成の一部を表18-3に示す）。そして女子短大1年生を対象に，ワークブック利用群9名，統制群16名の参加を得た実験を行っている。まず，ワークブック利用群（実験群）には，1月中旬に，進路選択セルフ・エフィカシーを測定する尺度への回答を求め（事前テスト），同年2月中旬にワークブックを送付する。協

●表18-3　ECS Workbookの構成　（浦上，1996bより一部抜粋）

	利用の方法編	自己理解編	職業理解編	意思決定編
目的	ECS Workbookの利用方法と留意点を理解する。	自己に関する理解，特に能力，興味，価値観，ライフプランについての理解を深める。	職業についての理解，特に職種と業種の2つの側面からの理解を深める。	意思決定過程について学習し，自分の就職先の決定に利用できるようになる。
提供される情報や指示内容	**利用順序**：下村・堀（1994）によれば，就職活動の前半で個人的な情報，後半で会社についての情報が考慮される。またこれらの情報がなければ，決定過程の学習が困難になると考えられる。このように職業選択に一応の順序があることを示す。**メタ認知**：メタ認知という考え方について簡単に解説し，なぜそれが，職業選択について考える過程において重要なのかを示す。	**自己理解テスト**：能力，興味・価値観，ライフプランに関するテストを用意し，それへの回答と回答についての自己分析を求める。**客観的自己理解**：メタ認知的理解以上に客観的な自己理解として，他者から見た自己像というものを示す。また他者から見たときの自己と，自己理解が一致しない場合（面接などにおける）の問題点等について指摘する。	**職種・業種についての説明**：代表的な職務（例えば，総務，経理など）について，会社での役割，仕事内容などについての簡単な説明を付す。また代表的な業種（例えば，メーカー，流通など）についても，同様に簡単な説明を付す。**資料請求方法**：手紙や電話での資料請求の方法について，参考資料を示す。	**意思決定過程の学習**：横山（1993）を参考に，選択肢のリストアップ→選択基準のリストアップ→選択基準の重要性の評価→選択肢が基準を満たす程度の評価→全体の望ましさの評価，という規範的意思決定モデルを教示する。**初期の意思決定**：就職活動は選択の連続と考えられる。そのため，最終的な決定だけではなく，就職活動初期の意思決定についても指摘する。

力者は送られてきたワークブックに取り組み，3月中旬には，再度進路選択セルフ・エフィカシーの尺度へ回答すること（事後テスト）と面接を受けることが求められている。一方，統制群では，1月中旬と（事前テスト），3月中旬（事後テスト）に進路選択セルフ・エフィカシーの尺度への回答を求めるというものである。

このような実験を行なった結果，統制群では，平均得点が事前テストでは78.38（SD＝12.01），事後テストでは78.06（SD＝9.86）であり，ほとんど変化が見られなかった。しかし，実験群では，事前テストでは77.56（SD＝11.15）であったが，事後テストでは82.33（SD＝7.38）というように，約5点ほどの得点上昇が認められた。しかしながら，統計的には両群の間に有意な差は検出できなかったため，その効果について積極的に支持することはむずかしい。

実験に参加した人数も少なく，この研究だけでワークブックの効果を議論することはむずかしいが，利用者に対して行った面接の内容なども考慮すると，潜在的に効果をもつものといえそうである。今後，作成者のオリジナリティを活かしたものが数多く発表され，その効果が比較検討されることによって，さらに有効なものが出現することが期待される。

以上，進路選択セルフ・エフィカシーを高める3つの方法について概観してきた。この他には，セルフ・エフィカシーを高めることの困難さを示す実験的研究結果（たとえば川﨑，1999；下村，2000など）もあるが，実践を意識した研究は，いまだに非常に少ないというのが現状である。しかし，このような研究は着実に進展しており（Luzzo & MacGregor, 2001），今後さらに多くの実践研究が行なわれることが期待される。

●引用文献●

安達智子　2001　進路選択に対する効力感と就業動機，職業未決定の関連について−女子短大生を対象とした検討−　心理学研究　**72**,10−18.

Betz,N.E. & Luzzo,D.A.　1996　Career assessment and the Career Decision-Making Self-Efficacy Scale. *Journal of Career Assessment*, **4**,413−428.

Betz,N.E., Klein,K., & Taylor,K.M.　1996　Evaluation of a short form of the Career Decision-Making Self-Efficacy Scale. *Journal of Career Assessment*, **4**,47−57.

Crites,J.O.　1965　Measurement of vocational maturity in adolescence : I. Attitude test of the Vocational Development Inventory. *Psychological Monographs*, **79**. 道脇正夫（訳）　1972　職業的発達インベントリーによる態度テスト　職業的発達の概念と測定　職業研究所　11−98.

Fukuyama,M.A., Probert,B.S., Neimeyer,G.J.,Nevill,D.D., & Metzler,A.E.　1988　Effects of DISCOVER on career self-efficacy and decision making of undergraduates. *The Career Development Quarterly*, **37**,56−62.

古市裕一　1995　青年の職業忌避傾向とその関連要因についての検討　進路指導研究　**16**,16−22.

Hakett,G.　1995　Self-efficacy in career choice and development. In Bandura,A.　(Ed.)　*Self-efficacy in changing societies*. New York : Cambridge University Press. pp.232−258. 本明　寛（訳）　1997　職業選択と発達における自己効力　本明　寛・野口京子（監訳）　激動社会の中の自己効力　金子書房　pp.205−229.

廣瀬英子　1998　進路に関する自己効力研究の発展と課題　教育心理学研究　**46**,343－355.

川崎友嗣　1999　職業情報の検索によるキャリア決定自己効力・キャリア不決断の変化－職業ハンドブックCD－ROM検索システムの効果測定－　悠峰職業科学研究紀要　**7**,12－21.

Luzzo, D. A., Funk,D. P., & Strang, J. 1996 Attributional retraining increases career decision-making self-efficacy. *Career Development Quarterly*, **44**,378－386.

Luzzo, D. A. & MacGregor, M. W. 2001 Practice and research in career counseling and development－2000. *Career Development Quarterly*, **50**,98－139.

Rayman, J. R. 1990 Computers and career counseling. In Walsh,W.B. & Osipow,S.H. (Eds.) *Career counseling : Contemporary topics in vocational psychology*. New Jersey : Lawrence Erlbaum Associates. pp.225－262.

Rotter,J.B. 1966 Generalized expectancy for internal vs. external control of reinforcement. *Psychological Monographs*, **80**, 1－28.

清水和秋　1983　職業的意思決定と不決断　関西大学社会学部紀要　**14**,203－222.

下村英雄　2000　自己分析課題がコンピュータによる情報検索および進路選択に対する自己効力に与える影響　進路指導研究　**20**, 9－20.

Solberg, V. S., Good,G.E., Fisher,A.R., Brown,S.D., & Nord,D. 1995 Career decision-making and career search activities : Relative effects of career search self-efficacy and human agency. *Journal of Counseling Psychology*, **42**, 448－455.

Taylor, K. M., & Betz,N.E. 1983 Applications of self-efficacy theory to the understanding and treatment of career indecision. *Journal of Vocational Behavior*, **22**,63－81.

Taylor, K. M. & Popma,J. 1990 An examination of the relationships among career decision-making self-efficacy, career salience, locus of control, and vocational indecision. *Journal of Vocational Behavior*,**37**,17－31.

富吉美佐子　2000　女子大学生の進路選択過程における自己効力　進路指導研究　**20**,21－31.

冨安浩樹　1997a　大学生における進路決定自己効力と進路決定行動との関連　発達心理学研究　**8**,15－25.

冨安浩樹　1997b　大学生における進路決定自己効力と時間的展望との関連　教育心理学研究　**45**,329－336.

浦上昌則　1991　進路決定に対する自己効力測定尺度の作成の試み　日本教育心理学会第33回総会発表論文集　453－454.

浦上昌則　1995a　女子短期大学生の進路選択に対する自己効力と職業不決断－Taylor & Betz (1983)の追試的検討－　進路指導研究　**16**,40－45.

浦上昌則　1995b　学生の進路選択に対する自己効力に関する研究　名古屋大学教育学部紀要（教育心理学科）**42**,115－126.

浦上昌則　1996a　「進路選択に対する自己効力」を高めるワークブック（ECS Workbook）作成のための試案　1995年度教育心理学論集　**25**,85－94.

浦上昌則　1996b　「進路選択に対する自己効力」の育成に関する予備的研究－ワークブックを用いた育成方法について－　進路指導研究　**17**,17－27.

浦上昌則　1997a　就職活動の過程把握方法に関する一試案（2）　日本教育心理学会第39回総会発表論文集　315.

浦上昌則　1997b　自己効力理論を用いた進路指導に関する基礎的研究－女子短大生を対象に－　博士論文（名古屋大学）

19章 運動アドヒレンス―身体活動・運動の促進―

1. はじめに

　世界保健機関（World Health Organization: WHO, 1997）が提案した高齢者の身体活動・運動に関する指針では，加齢に伴って心身に変化が起こり始める50歳以上の人が，心身ともに健康な長寿を実現し，理想的に老いるために必要な構成要素として，身体活動・運動の役割が強調されている。わが国でも，健康の保持・増進，疾病の予防・治療，ストレスの軽減，子どもの発育・発達の促進，高齢者の自立の維持・改善および心理的安寧の強化などを目的にした，子どもから高齢者までを対象とする身体活動の指針が公表されている（Ohta et al., 1999）。また，「21世紀の国民健康づくり運動（健康日本21）」（厚生省，2000）のなかでも，身体活動・運動を促進させるための方策を検討することが，国民全体のクオリティ・オブ・ライフを維持・向上させるうえで非常に重要な役割を果たすと考えられており，国家の健康増進に関する目標の1つとしてとらえられている。

　最近では，身体活動・運動を促進させるために，従来の体力科学的なアプローチに加えて，行動科学的なアプローチが非常に重要視されている。ここでいう行動科学的なアプローチとは，行動科学の理論・モデルに基づいて，身体活動・運動にかかわる修正可能な要因を見極め，それらの要因を修正するための介入を行なうことによって，身体的に活動的なライフスタイルを実現させることをめざしている。わが国では，まだこの領域における研究が質・量ともに不十分であるが，欧米では「運動アドヒレンス」とよばれる形で，盛んに研究が行なわれてきた（Dishman, 1988；Dishman, 1994）。なかでも，「ある結果を生みだすために必要な行動をどの程度うまく行なうことができるかという個人の確信（Bandura, 1977）」と定義されるセルフ・エフィカシーは，子どもから高齢者までのあらゆる年代において，身体活動・運動の規定要因および介入標的として最も注目すべき概念であることが示唆されている（Sallis & Owen, 1999）。

本章では，おもに身体活動・運動の促進に果たすセルフ・エフィカシーの役割について述べる。はじめに，身体活動・運動を促進させることがなぜ必要なのかについての根拠として，身体活動・運動が心身の健康にもたらす種々の恩恵や，身体活動・運動の実施状況についてふれる。次に，身体活動・運動の促進とセルフ・エフィカシーの関係を扱った先行研究を概観し，これらの研究に用いられてきたセルフ・エフィカシーを測定するための尺度を紹介する。最後に，身体活動・運動を促進させることに関連したセルフ・エフィカシーの具体的な高め方を提案する。

2. 運動アドヒレンス研究の意義

本節では，1) 生活習慣病の予防・治療，2) メンタルヘルスの維持・向上，3) 身体活動・運動の実施状況の観点から，身体活動・運動を促進させるための運動アドヒレンス研究の意義について述べる。

(1) 生活習慣病の予防・治療

1998年度版の世界保健報告（WHO, 1998）において，21世紀に人類が直面する危機として，運動不足や喫煙，食生活などのライフスタイルが原因となって生じる生活習慣病が蔓延することが指摘されている。わが国でも，以前から生活習慣病に関連した医療費の問題が浮き彫りにされてきた。(財) 厚生統計協会 (2001) がまとめた平成11年度の国民医療費によると，総医療費約31兆円のうち，脳卒中，心疾患などの循環器系疾患や，ガンに代表される悪性新生物などの生活習慣病に関連した医療費の割合が非常に高騰している。また，総医療費のうち高齢者に対する給付が約3分の1を占めており，高齢者予備軍としての45歳以上の中高年者の受療率も急増している。これら高齢化に伴う生活習慣病に関連した医療費の高騰を抑えるための1つの方策として，身体活動・運動を促進させることが非常に重要であると考えられている。

米国疾病対策センター（Center for Disease Control and Prevention：CDC, 1996）は，健康の保持・増進および疾病予防に関する身体活動・運動の効果をまとめている。とくに，全死亡率，冠動脈疾患，2型糖尿病，肥満，男性の大腸癌，更年期障害の女性における骨粗鬆症，高齢者の転倒などを予防する一手段として，定期的な身体活動・運動の実践が重要であることを強調している。

一方，疾病の治療・リハビリテーションにおいても，身体活動・運動が果たす役割はひじょうに大きい。とくに，米国医療政策研究局（Agency for Health Care Policy and Research) の心臓リハビリテーションに関する臨床診療ガイドラインによると，運動療法は死亡率や再入院率の低下に貢献するといわれている (Wenger et al., 1995)。さらに，高血圧症や糖尿病，骨粗鬆症，腰痛症などの慢性疾患に関しても，リハビリテーションにおける運動療法の効果は一定の評価を得ている。

（2） メンタルヘルスの維持・向上

身体活動・運動がもたらす精神的恩恵は，活動の種類や強度，実施時間などによってさまざまであるが，おおむね負の関係の側面と正の関係の側面に分けて考えられてきた (McAuley, 1994)。たとえば，ウォーキングやジョギングといった有酸素運動の定期的な実践は，心理的ストレスに対する生理心理学的反応の改善 (Takenaka, 1992) や不安，抑うつの低減に効果のあることが報告されている (Paluska & Schwenk, 2000)。最近では，筋力トレーニングのような無酸素運動も，高齢者の不安や気分の改善に有効であることが明らかにされている (Tsutsumi et al., 1998)。これらの知見は，身体活動・運動のメンタルヘルスに関する効果のなかでも，負の関係の側面としてとらえられるものである。

一方，身体活動・運動の実施によって得られる精神的恩恵のなかでも正の関係の側面としてあげられたものに，セルフ・エスティーム，セルフ・エフィカシー，心理的安寧，認知機能の強化がある。定期的な身体活動・運動への参加は，持久力や筋力を向上させ，課題の達成をうながすために，行なっている活動や身体に対するセルフ・エフィカシーを向上させ，これが身体的有能感と身体受容感へ影響を及ぼして，最終的にセルフ・エスティームが強化される (Sonstroem & Morgan, 1988)。最近では，ウォーキングのような有酸素運動が認知機能を強化するという証拠が，高齢者を対象にした研究において証明されている (Kramer et al., 1999)。

以上のような身体活動・運動がもたらす精神的恩恵は，健常者だけにみられるものではない。その代表例として，うつ病や不安障害の患者を対象にした運動療法の効果があげられる。たとえば，うつ病患者に対する運動療法は，副作用を伴わない最も安全な方法にもかかわらず，薬物療法や心理療法と同じような恩恵をもたらすことが示唆されている (Martinsen & Morgan, 1997)。また，不安障害に関しても，その治療として，低コストで簡単に行なうことができるウォーキングなどの低強度の運動療法が推奨されている (Raglin, 1997)。

（3） 身体活動・運動の実施状況

定期的な身体活動・運動の実施は，身体的，精神的な恩恵をもたらすことが知られ

ている一方で，いまだ多くの人々が座位中心の生活をおくっているといわれている。たとえば，米国の場合，中等度かそれ以上の強度の活動を，週5日あるいはそれ以上，1日合計30分以上行なうべきであるというCDCと米国スポーツ医学会（American College of Sports Medicine）が共同で提案した身体活動に関する指針（Pate et al., 1995）を，68%の成人が満たしていない（Ainsworth & Macera, 1998）。一方，約25％の成人が，余暇時間においてまったく身体活動・運動を実施していないことも，明らかにされている（CDC, 1996）。

わが国でも，健康の保持・増進に必要とされている運動所要量（週2回以上，運動時間1回30分以上，運動強度「ややきつい」の条件）を満たす「アクティブスポーツ人口」とよばれる人の割合は現在13%であり，65歳以上の高齢者にいたってはわずか10%である（笹川スポーツ財団，1998）。また，平成9年度の国民栄養調査（厚生省，1999）でも，週2回，1回30分以上，1年以上の定期的な運動へ参加している「運動習慣者」の割合は3割にも満たず，座位中心の生活を営む成人がかなり多いことが指摘されている。

身体活動・運動への参加率の低さが指摘される一方で，継続率もきわめて低いことが知られている。すなわち，身体活動・運動を始めたにもかかわらず，3～6か月後には約50％の人が離脱（ドロップアウト）するといわれている（Dishman, 1988）。このような身体活動・運動の継続率の低さは，健常者に限っていない。心筋梗塞や狭心症などの心疾患患者についても，リハビリテーションにおける運動療法の継続率はきわめて低い。心臓リハビリテーションにおける短期間の運動療法の継続率を検討した研究（Oldridge, 1988）では，最初の8週間で約85%，その後に続く15週間で約70%まで継続率が低下することが報告されている。長期にわたる運動療法に関しても，18～24か月で60%，36～48か月で50%と継続率がさらに低くなる傾向が認められている（Oldridge, 1988）。また，更年期障害の女性における骨粗鬆症や，高齢者の変形性膝関節症などの整形外科的疾患においても運動療法の継続率の低さが問題になっている。

以上のことから，健常者，有疾患者にかかわらず，わが国でも身体活動・運動の定着をうながし，できる限り離脱を防ぐことを主眼に置いた運動アドヒレンス研究を積極的に行なうことが望まれている（岡，1998）。

3. 身体活動・運動の促進に果たすセルフ・エフィカシーの役割

　従来，身体活動・運動の参加，継続にかかわる要因として，さまざまな人口統計学的要因，心理的要因，行動的要因，社会文化的要因，環境的要因および活動特性要因などが指摘されてきた（Marcus & Sallis, 1997）。とくにセルフ・エフィカシーは，身体活動・運動の促進に最も強い影響を及ぼす心理的要因の1つと考えられている（Dishman & Sallis, 1994）。本節では，1）身体活動・運動の参加，継続の予測因子，2）身体活動・運動の準備性（レディネス）との関係といった観点から，身体活動・運動の促進とセルフ・エフィカシーとの関係を扱った先行研究の概要について簡単に述べる。

（1）　身体活動・運動の参加，継続の予測因子

　地域に居住する座位中心の生活をおくる中高年者を対象として，セルフ・エフィカシーと健康運動教室への参加状況との関係をみた研究がある（McAuley, 1992）。この研究では，身体能力の自覚の程度を意味する身体的セルフ・エフィカシーと，運動実施の阻害要因に直面したとしても定期的に運動することができるか否かを問う運動特異的セルフ・エフィカシーの2つの内容を測定している。5か月間の運動プログラムを実施した結果，運動特異的セルフ・エフィカシーのみが，プログラム開始から最初の3か月間の参加状況を予測した。すなわち，運動特異的セルフ・エフィカシーが高い人ほど，運動プログラムの開始期に積極的に参加する傾向がみられることを示唆している。また，健康運動教室終了後の継続状況への運動セルフ・エフィカシーの影響も検討している（McAuley, 1993）。ここでいう運動セルフ・エフィカシーとは，前述した運動特異的セルフ・エフィカシーと，少なくとも週3回，1回30分以上，処方された目標心拍数の強度で継続して運動できるかどうかの見込み感とを組み合わせて評価したものである。その結果，運動プログラム終了時の運動セルフ・エフィカシーが，プログラム終了後4か月間の運動継続状況に大きな影響を及ぼしていた。また，地域居住成人における高強度の運動実践にも，セルフ・エフィカシーは強い影響を及ぼしており（Sallis et al., 1989），2年後の追跡調査（Sallis et al., 1992）の結果から，初回調査時のセルフ・エフィカシーの程度が2年間の高強度の運動実践の予測因子となっていた。しかしながら，長期的な運動継続へのセルフ・エフィカシーの影響については，あまり一致した見解が得られていない。オーマンとキング（Oman & King, 1998）の研究では，運動プログラムの参加（運動開始6か月間）へのセルフ・エフィ

カシーの影響は認められたものの，その後の長期的な継続（2年目）への影響は確認されていない。

（2） 身体活動・運動の準備性（レディネス）との関係

　身体活動・運動の促進に関わるセルフ・エフィカシーの影響を検討していく際に，セルフ・エフィカシーが，身体活動・運動に対してどのような準備性をもった人にとって重要な役割を果たしているのかを明らかにすることは，身体活動介入を計画していくうえで非常に役立つ情報となる。この場合，行動変容のトランスセオレティカル・モデル（Transtheoretical Model：TTM；Prochaska & DiClemente, 1983）を用いて検討することが有効だと考えられる。TTMとは，行動様式を変えようとする個人の準備性を伴った現在の行動の状態を理解するための多次元モデルである。このモデルを身体活動・運動にあてはめて考えると，ある個人が身体的に活動的なライフスタイルを獲得する過程には，無関心期，関心期，準備期，実行期，維持期という行動変容の5つの段階があり，セルフ・エフィカシーはこれらの段階に特異的な影響を及ぼす要因の1つとしてとらえられている（Prochaska & Marcus, 1994）。

　このモデルに従って企業内の健康増進プログラムに参加した職域労働者を対象に，運動行動変容の5つの段階とセルフ・エフィカシーの関連性を検討した研究がある（Marcus et al., 1992）。この研究では，前述した運動特異的セルフ・エフィカシーのように，運動実践を阻むと考えられる5つのバリアを想定し，それらのバリアに直面した際の定期的に運動を遂行することに対するセルフ・エフィカシーの程度を評価している。その結果，彼女らは運動行動変容の段階によってセルフ・エフィカシーに対する評価が異なり，無関心期から維持期へ段階が進むにつれてセルフ・エフィカシーの評価が高くなることを発見した。また，運動行動変容の段階とセルフ・エフィカシーとの関係は，あらゆる世代の人を対象にした数多くの研究で検討されている（岡, 2000）。これらの研究成果をまとめると，運動非実施群（無関心期，関心期）は実施群（準備期，実行期，維持期）と比べてセルフ・エフィカシーに対する評価がかなり低いこと，長期的に運動習慣を維持している群（維持期）は，不定期にしか運動を実施しない群（準備期）や定期的に運動し始めたばかりの群（実行期）よりも有意にセルフ・エフィカシーが高いことなどがわかった。

　以上のことから，セルフ・エフィカシーは身体活動・運動を長期的に維持している段階よりも，むしろ習慣的なものにしていく段階において注目すべき最も重要な心理的要因と考えることができる。

4. 身体活動・運動の促進に関連したセルフ・エフィカシーの測定

　身体活動・運動の促進に関連したセルフ・エフィカシーの測定尺度は，大きく3種類に分けることが可能である。1つは，特定の身体活動・運動に限って，困難度が増加していく課題を，個人がどの程度うまく行なうことができるかという確信の程度を評価する尺度である。これは，セルフ・エフィカシーの構成概念としての3つの次元のうち，大きさと強さの次元を反映したものであり，課題エフィカシー尺度と考えられる。もう1つは，一般性の次元を反映した一般性エフィカシー尺度であり，特定の身体活動および運動行動のセルフ・エフィカシーが，どの程度より一般的な場面や行動の遂行に対する見込み感に般化するかという可能性を測定するものである。また，最近の身体活動・運動の促進に関する研究では，自己調整エフィカシー尺度のように，遂行しようとする行動を阻害する場面に遭遇したとしても，その行動を行なうことができるかどうかを評価することに注目が集まっている。本節では，1）課題エフィカシー尺度，2）一般性エフィカシー尺度，3）自己調整エフィカシー尺度の3つの側面から，身体活動・運動の促進に関連したセルフ・エフィカシーの測定尺度を紹介する。

（1）　課題エフィカシー尺度

　セルフ・エフィカシーのマグニチュードの次元とは，必要とされるさまざまな行動を，簡単なものから困難なものまで難易度の順に並べたときに，どのくらいむずかしい行動まで行なうことができるかという見通しをさす。また，それぞれの大きさをもった行動や各水準にある行動に対して，それがどのくらい正確に遂行できるかという確信の程度（主観的確率）を，セルフ・エフィカシーの強度の次元という。これら2つの次元を反映したものが課題エフィカシー尺度である。たとえば，ウォーキングの場合，1km，2km，3km…と増加する距離を，休むことなく歩くことができるかどうかという個人の確信の程度を，0％（まったく自信がない）～100％（かなり自信がある）で評価することによって表わされる。

　課題エフィカシーを測定する尺度として，健康運動教室への参加者を対象に作成された尺度がある（McAuley et al., 1991a）。この尺度は，腹筋，自転車こぎ，ウォーキング・ジョギングという3種類の運動遂行に対する確信の程度を測定するものである。たとえば，腹筋セルフ・エフィカシーは，1分間に行なうことができる腹筋の反復数を数段階にわたって想定し，各段階に対する確信の程度を10～100％の範囲で評価させるものである。自転車こぎおよびウォーキング・ジョギングに関しても，漸増する時間と

負荷でどの程度課題を遂行することができるかを，腹筋と同様の方法でたずねている。

身体活動・運動の内容自体ではなく，活動の強度や頻度，期間に焦点をあてた尺度も存在する。たとえば，活動強度（目標心拍数）と活動頻度（週に3回）を統制し，活動時間（与えられた時間）に5つの段階を設けたセルフ・エフィカシー尺度（McAuley et al., 1991b）が作成されている。すなわち，この尺度は，週に3回，目標心拍数で，10分間，20分間…50分間の5段階の運動を連続して行なうことに対する確信の程度を，10（まったくそう思わない）〜100（かなりそう思う）までで評価するものである。同じような尺度として，活動の頻度，持続時間，強度ごとに7つの段階を設定し，各項目について「まったく自信がない（0）」から「かなり自信がある（10）」で評価させる尺度も開発されている（Courneya & McAuley, 1994）。

有疾患者を対象にした身体活動・運動に関する課題エフィカシー尺度も作成されている。たとえば，高血圧や心筋梗塞などをわずらって病院に入院あるいは通院している患者のためのセルフ・エフィカシー尺度がある（McAuley et al., 1995）。この尺度は，上腕エルゴメータ課題を，1，2，3…10分間行なわせ，その各段階の運動を休

●表19-1　身体活動セルフ・エフィカシー尺度（岡ら，2002）

現在のあなたの様々な活動を行うことに対する自信の程度を調べるものです。実際に行っているかどうかは別です。下の例にならって，すべての項目についてあなたの自信の程度をパーセントでお答えください。

全く行うことができない		多分行うことができない		もしかしたら(50/50)		多分行うことができる		絶対行うことができる	
0%	10%	20%	30%	40%	50%	60%	70%	80%	90%	100%

例）ゆっくりとしたペースでジョギングする自信がありますか？
・10分間ジョギングする自信は，　100　%くらいある
・20分間ジョギングする自信は，　 60　%くらいある
・30分間ジョギングする自信は，　 30　%くらいある

A）ゆっくりと止まらずに歩く自信がありますか？
・20分間歩く自信は，＿＿＿％くらいある
・40分間歩く自信は，＿＿＿％くらいある
・60分間歩く自信は，＿＿＿％くらいある
・90分間歩く自信は，＿＿＿％くらいある
・120分間歩く自信は，＿＿＿％くらいある

B）1階が約14〜16段ある階段を休まずにのぼる自信がありますか？
・2階までのぼる自信は，＿＿＿％くらいある
・3階までのぼる自信は，＿＿＿％くらいある
・4階までのぼる自信は，＿＿＿％くらいある
・5階までのぼる自信は，＿＿＿％くらいある
・6階までのぼる自信は，＿＿＿％くらいある

C）両腕で重量物を持ち上げる自信がありますか？
・5kgの物を持ち上げる自信は，＿＿＿％くらいある
・10kgの物を持ち上げる自信は，＿＿＿％くらいある
・15kgの物を持ち上げる自信は，＿＿＿％くらいある
・20kgの物を持ち上げる自信は，＿＿＿％くらいある
・25kgの物を持ち上げる自信は，＿＿＿％くらいある

D）止まらずに腕立て伏せをする自信がありますか？
・1回腕立て伏せをする自信は，＿＿＿％くらいある
・5回腕立て伏せをする自信は，＿＿＿％くらいある
・10回腕立て伏せをする自信は，＿＿＿％くらいある
・15回腕立て伏せをする自信は，＿＿＿％くらいある
・20回腕立て伏せをする自信は，＿＿＿％くらいある

むことなく行なうことに対する見込み感の程度をパーセンテージで評定するものである。これら一連の課題エフィカシー尺度の基になったのは，心疾患患者のリハビリテーションにおける運動療法に応用するためのセルフ・エフィカシー尺度（Ewart et al., 1983）である。この尺度は，歩行，ジョギング，階段上り，重量物挙上，腕立て伏せ，性生活の6種類の日常生活における代表的な身体活動の負荷の階級を変化させて，その負荷の活動遂行に対する確信の程度を「かなり不確か（10%）」から「かなり確か（100%）」の範囲で問うものである。岡ら（2002）は，彼らの尺度をもとに，ジョギング，性生活を除く4つの身体活動を取りあげ，回答時の負担を考慮して活動負荷の階級を5段階に設定した身体活動セルフ・エフィカシー尺度を作成し（表19-1），わが国の心臓リハビリテーション分野に応用している。しかしながら，身体活動セルフ・エフィカシーのもつ諸機能のうち，われわれは身体活動・運動の促進よりも，むしろ患者の健康関連クオリティ・オブ・ライフの向上に果たす媒介変数としての役割に着目して研究を行なっている。

（2） 一般性エフィカシー尺度

　セルフ・エフィカシーの一般性とは，ある状況での行動に対して形成されたセルフ・エフィカシーが，場面や状況，行動を超えてどの程度まで般化するかというものである。その人のいわば特性としてのセルフ・エフィカシーの強度（一般的傾向）につながる。

　身体活動・運動に関連した代表的な一般性エフィカシー尺度として，身体的セルフ・エフィカシー尺度（Ryckman et al., 1982）があげられる。この尺度は，運動やスポーツに関連した身体能力や体力に対する自覚を測定するための総合的な尺度として幅広く利用されてきた。身体的セルフ・エフィカシー尺度の内容としては，「私は反射神経がとてもよい」「私は体格がよい」など10項目からなる身体能力の自覚に関する因子と，「私は自分のしゃべり声についてあまり気にしない」，「他人が私の体格についてどのように思うか，私は気にしない」など12項目で構成される身体的な外見の自信に関する因子で構成されている。尺度の信頼性ならびに妥当性は，健康運動教室へ参加した中高年者（McAuley, 1997）や大学生女子体操選手（McAuley & Gill, 1983）など，さまざまな人々を対象にした研究によって確認されている。松尾ら（1999）は，この尺度の日本語版の作成を試み，高齢者における身体的セルフ・エフィカシーと運動習慣との関係を検討している。その結果，身体能力の自覚の高さのみが運動への参加時間の長さと相関があり，身体的セルフ・エフィカシーの一側面が高齢者の運動参加の関連要因になっていることを明らかにした。

(3) 自己調整エフィカシー尺度

近年,運動の参加や継続を阻害するさまざまな状況において,定期的な身体活動・運動を行なうことができるかどうかの見込み感を評価するための尺度が開発されている(Marcus et al., 1992)。この尺度は,前述したTTMの運動行動変容の段階に影響を及ぼす要因としてのセルフ・エフィカシーを測定するために開発されたものであり,5項目1因子構造である。採点は,各項目に対して,「まったく自信がない」から「かなり自信がある」で評定させるものである。岡(2002)は,この尺度を参考にして運動セルフ・エフィカシー尺度(表19-2)を作成し,中高年者の運動行動変容の段階と運動セルフ・エフィカシーとの関係を検討している。その結果,運動行動変容の段階が後期になるにつれて,運動セルフ・エフィカシー得点が高くなることを報告している。また,サリスら(1988)が作成した「逆戻りに対する抵抗(resisting relapse)」と「運動のための時間の確保(making time for exercise)」の2因子で構成される尺度や,レズニックとジェンキンス(Resnick & Jenkins, 2000)が高齢者を対象に開発した運動セルフ・エフィカシー尺度も,自己調整エフィカシー尺度に含まれる。

●表19-2 運動セルフ・エフィカシー尺度(岡,2002)

定期的に運動することに対するあなたの自信の程度についてお聞きします。
各項目について,あなたの考えに最もあてはまるものを1つ選んで,○印をつけてください。

	①全くそう思わない	②あまりそう思わない	③どちらでもない	④少しそう思う	⑤かなりそう思う
A) 少し疲れているときでも,運動する自信がある					
B) あまり気分がのらないときでも,運動する自信がある					
C) 忙しくて時間がないときでも,運動する自信がある					
D) 休暇(休日)中でも,運動する自信がある					
E) あまり天気がよくないときでも,運動する自信がある					

5. 身体活動・運動の促進にかかわるセルフ・エフィカシーを高める方法

　身体活動・運動の促進にとって，セルフ・エフィカシーが重要な役割を果たしていることは前述したが，どのようにしたらセルフ・エフィカシーが高まるのか，どのようにしてセルフ・エフィカシーを高めていくのかは，わが国ではあまり議論されていない。身体活動・運動の促進にかかわるセルフ・エフィカシーを高める方法を理解することは，実際に地域で運動を指導する運動指導士や企業内で健康増進プログラムにかかわる保健師，スポーツクラブで働くインストラクター，リハビリテーションにたずさわる理学療法士，看護師などの専門家にとって，効果的な運動指導を計画するうえで非常に役に立つ。

　バンデューラ（Bandura, 1997）によると，セルフ・エフィカシーは，1）遂行行動の達成，2）代理的経験，3）言語的説得，4）生理的・情動的状態といった情報源を通じて，個人が自ら高めていくものと考えられている。また，これらの情報は相互に組み合わさって経験することが多いために，バンデューラは4つの情報を統合することの重要性を強調している。身体活動・運動を促進させることを目標とした場合，指導者はこれまでのスキル習得のための知識の提供を中心にした指導ではなく，実施者のセルフ・エフィカシーを高めることに焦点をあてた支援を行なう必要がある。ここでは，バンデューラが提唱した4つの情報に基づいて，身体活動・運動を指導する立場から，実施者のセルフ・エフィカシーを高める方法について紹介する。

（1）　遂行行動の達成

　ある課題や行動を実際に行なった結果としての成功体験の蓄積が，セルフ・エフィカシーに最も大きな影響を及ぼす。バンデューラ（1997）は，遂行行動の達成に関する情報が，セルフ・エフィカシーを高める最も強力な情報であると指摘している。身体活動・運動の場合，遂行行動の達成感を獲得するためには，実施者が立てる目標や計画，遂行する課題をどのようなものにするかがきわめて重要になる。たとえば，普段ほとんど運動を行なっていない人が，やる気になってスポーツクラブに通い始め，これから毎日何時間もトレーニングするという計画を立てたとしよう。また，肥満傾向であるからといって病院で医師に運動療法をすすめられた人が，毎日1時間のジョギングを目標に掲げたとする。このような場合，その活動が長期間にわたって継続したという話をほとんど聞かない。筋肉痛やけがの原因となり，「やっぱり自分にはできない」と無力感を感じてしまうことの方が多いと思われる。したがって，指導者は

現実的でない計画や目標，適切でない強度や頻度の課題を実施者が選択した場合には，成功体験が得られるような達成可能な内容に変更するよう助言することが重要である。すなわち，実施者が「これならできる」というような目標設定の方法を教えることである。とくに注意する点として，一度に高い目標を設定するのではなく，段階をおって達成することができる無理のない目標を実施者自身が設定できるように援助することがあげられる。

(2) 代理的経験

実施者が実際に行動を遂行するのではなく，自分が行なおうとしている行動を他者がうまく行なっている場面を見たり，聞いたりすることによってもセルフ・エフィカシーは高まる（Bandura，1997）。とくに，その他者が自分と似た状況にいる場合や，同じような目標をもっている場合に，その効果が顕著にみられる。すなわち，「あの人にできる運動なら，私にだってできるだろう」と実施者が思えるような適切な役割モデルを選択することが重要である。あまりにも自分とかけはなれている他者（たとえば，オリンピック選手）が現在も定期的に運動やスポーツを行なっていることを知っても，あの人はもともと自分とは違うからという解釈に終わってしまい，実施者のセルフ・エフィカシーの向上にはつながらない。リハビリテーションにおける運動療法でも，同じような疾患をわずらった人が，一生懸命リハビリテーションに取り組んでいる姿を見たり，その人から話を聞いたりすることによって，患者が「このやり方なら，私にもできるかもしれない」と感じ，セルフ・エフィカシーが高まることは多い。したがって，指導者は実施者に対して，学習対象となっている行動（ここでは，身体活動・運動）の変容に成功している人を身の回りで探し，意識的にその人の行動に注意を払うようにうながすことが重要である。また，実施者と同じような属性をもった人が，楽しそうに運動やスポーツをしている姿をビデオやパンフレットなどで紹介することも，セルフ・エフィカシーを高める代理的経験に関する情報の1つとして利用されている（McAuley & Courneya，1994）。

(3) 言語的説得

自分が遂行する課題に対する努力や結果が，他者，とくに専門性に優れ，信頼できる人によって評価された場合，その人のセルフ・エフィカシーは強化される。たとえば，心臓リハビリテーションで運動療法に一生懸命専念している患者が，自分が払った努力に対して，どんなに小さなことでもいいから医師や理学療法士，看護師によって評価された場合，その患者の運動療法継続に対するセルフ・エフィカシーは高まる。

実施者ができたことを指導者が認めず，できなかったことに対して一方的に非難することや，自分の経験のみに基づいて指導することは，実施者のセルフ・エフィカシーを下げ，身体活動・運動の実施意欲を失わせることにつながるために注意しなければならない。

健康運動教室などの場合，実施者を1人で活動させるのではなく，何人かのグループで活動させることが，身体活動・運動に関連したセルフ・エフィカシーを強化することに役立つ。自分と同じ属性をもつ人から励まされたり，ほめられたりすることによって，実施者は運動の楽しみを感じるとともに，セルフ・エフィカシーが向上する。そのため指導者は，積極的にグループ学習を行なわせ，実施者が互いに運動を教え合ったり，努力や進歩した点をほめあったりするような機会を増やすプログラムを計画することが重要である。また，この言語的説得に関する情報のなかには，自分の努力や成果を意識的に自分で認知するようこころがけ，場合によっては自分の努力や成果に報酬を与える自己強化も含まれる。

（4） 生理的・情動的状態

運動を始めたばかりの人が，自分が立てた目標が高すぎて達成できなかったために，「どうせ自分にはできないんだ」と精神的に落ち込んでしまう場合がある。また，運動療法を主体としたリハビリテーションでは，心拍数や呼吸数の極端な増加，筋肉痛や疲労といった生理的状態を経験すると，その原因が何であるにかかわらず，自分ができないからこのような状態になっているに違いないと思い込んでしまう人も多い。このような生理的・情動的状態の自覚は，身体活動・運動の促進にかかわるセルフ・エフィカシーを低下させる。指導者はこのような状況にうまく対処するために，認知再体制化という方略を利用すべきである。すなわち，指導者は精神的に落ち込んでいる人に対して，「自分が悪かったのではなく，自分が立てた目標が不適切であったんだ」というような考え方の視点を変えるきっかけを提供することが重要である。また痛みや疲労などの生理的状態に関しては，運動を始めることによって必然的に最初の数日間に経験するあたりまえの現象であることを教えることによって，できないという思い込みをやわらげることが必要である。

一方，スポーツクラブなどで快適な運動をすることによって気分がよくなったり，楽しさを感じたりする経験は，その活動の参加や継続に対するセルフ・エフィカシーを向上させる。したがって，その日行なった運動の内容や，その時感じた気持ちなどを日記のような形で実施者に記録させ，気づきを高めることも，セルフ・エフィカシーを強化する1つの方法として考えられる。

表19-3　身体活動・運動の増進に関わるセルフ・エフィカシーを高めるための情報と方略

セルフ・エフィカシーの4つの情報源	セルフ・エフィカシーを高める情報	セルフ・エフィカシーを下げる情報	セルフ・エフィカシーを強化するための方略
遂行行動の達成	・自分で行動し，達成できたという成功体験の蓄積 散歩，会社や駅の階段の上り下りなど，身近で小さな成功体験を積み重ねる ↓ 「これならできる」	・失敗体験の蓄積 ・学習性無力感 普段，ほとんど運動を行っていない人が，やる気になって毎日1時間のジョギングを行う計画を立てる (筋肉痛や怪我の原因) ↓ 「やはり自分にはできない」	・目標設定 一度に高い目標を設定するのではなく，段階をおって達成することができる無理のない目標を，運動実施者自身に立てさせる ↓ 運動を指導する側の人は実施者に達成感を持ってもらえるように支援する
代理的経験	・自分と似た状況，同じ目標を持っている人の成功体験，問題解決法の学習 「あの人にできる運動なら，私にだってできるだろう」 「このやり方なら，私にもできるかもしれない」	・条件が整っている人が運動しているのを見たり，聞いたりすること 過去にオリンピックに出場した選手が，現在運動を定期的に行っていることを知っても意味がない ↓ 「あの人だからできるのであって，私には条件が整っていないからできない」	・モデリング 身の周りで行動変容に成功している人を探し，意識的にその人の行動に注意を払うよう促す VTRやパンフレット，PCなどのメディアを通じて，同じような状況，境遇の人が楽しそうに運動をしている姿を見せる
言語的説得	・指導者，自分と同じような属性を持っている人による正確な評価，激励，賞賛 専門家が，少しでも進歩・改善(行動変容)した点について積極的にほめる ・自己評価 自己の努力に対する正確な判断と積極的評価 ↓ 「こんなこともできた」	・一方的叱責 できた(できている)ことを認めず，できなかった(できていない)ことに対して非難する ・無視・無関心 実施者の言うことを聞いたり，見たりせず，指導する側の論理や経験のみに基づいて指導する	・グループ学習 仲間同士で運動を行わせ，互いに運動を教えあったり，激励，賞賛するよう指導する ・自己強化 実施者が，自分で自分を積極的に激励し，賞賛するよう促す(目標を達成したら，自分自身に報酬を与えるようにする)
生理的・情動的状態	・できないという精神的な思い込みからの解放 自分が立てた目標が達成できずに，どうせ自分にはできないんだと思い込んでしまう ↓ 「私が悪いのではなく，私が立てた目標が悪かった」	・課題遂行時の生理的な反応の自覚 (疲労，不安，痛み) 心拍数の増加，筋感覚の異常，多汗など ↓ 気分がすぐれない，楽しくない	・セルフモニタリング 自己の気づきを高めるために，運動の実施記録を徐々につけさせる ・認知再体制化 視点(思い込み)を変えさせる

以上，身体活動・運動実施者のセルフ・エフィカシーを強化するための情報と方略の概要を表19-3にまとめた。

6. 終わりに

本稿では，身体活動・運動の促進という枠組みのなかでのセルフ・エフィカシーの役割について述べてきた。最後に，ともすると見おとしがちである指導者側のセルフ・エフィカシーについて書き加える。

運動指導者のセルフ・エフィカシーは，運動実施者に大きな影響を及ぼす。すなわち，指導する立場にいる人の身体活動・運動を指導することに対するセルフ・エフィカシーが低ければ，いくら立派なスポーツ施設や高価な運動器具，優れた運動プログラムがあったとしても，それら本来の効果はあまり期待できない。また，従来の知識偏重型の教育は，運動指導者の養成機関でも多く見受けられるため，身体活動や運動，スポーツを指導するための理論については理解しているものの，実際の行動にうまく移すことができない指導者が多く見受けられる。したがって，運動指導士やインストラクター，保健師，理学療法士，看護師などの専門家を養成する機関において，運動指導という特定の行動に対するセルフ・エフィカシーを強化するような教育が行なわれることが望まれる。

運動指導初心者のセルフ・エフィカシーを強化するための方法を考えた場合，他の運動指導者の活動をビデオテープに録画したものを見せたり，ロールプレイによって他の人が指導をしている場面を見る機会を提供することは効果的な方法として考えられる。また，指導が完璧にできてあたりまえだと考えられがちである実際の現場では，うまく指導できなかったことについての指摘も重要であるが，少しでもうまく指導できたことに対する上司や同僚からの積極的な賞賛が，運動指導者のセルフ・エフィカシーを向上させる大きな要因になる。

このように，セルフ・エフィカシーを高めることに焦点をあてた専門家教育を充実させることは，より優れた指導者を養成することにつながる。その結果として，身体活動・運動実施者のセルフ・エフィカシーが向上し，さらには身体活動・運動の促進が期待できるであろう。

●引用文献●

Ainsworth, B. E., & Macera, C. A. 1998 Physical inactivity. In R. C. Brownson, P. L. Remington, & J. R. Davis, (Eds.), *Chronic disease epidemiology and control*. Washington, DC : American Pubilic Health Association. pp.191–213.

Bandura, A. 1997 *Self-efficacy : The exercise of control*. New York : W. H. Freeman and Company.

Bandura, A. 1977 Self-efficacy : Toward a unifying theory of behavior change. *Psychological Review*, **84**,195–215.

Courneya, K. S. & McAuley, E. 1994 Are there different determinants of the frequency, intensity, and duration of physical activity? *Behavioral Medicine*, **20**,84–90.

Dishman, R. K. 1988 *Exercise Adherence : Its impact on public health*. Champaign, IL : Human Kinetics.

Dishman, R. K. 1994 Advances in exercise adherence. Champaign, IL : Human Kinetics.

Dishman, R. K. & Sallis, J. F. 1994 Determinants and interventions for physical activity and exercise. In C. Bouchard, R. J. Shephard, & T. Stephens (Eds.), *Physical activity, fitness, and health : International proceedings and consensus statement*. Champaign, IL : Human Kinetics. pp. 214–231.

Ewart, C. K., Taylor, C. B., Reese, L. B., & DeBusk, R. F. 1983 Effects of early postmyocardial infarction exercise testing on self-perception and subsequent physical activity. *American Journal of Cardiology*, **51**,1076–1080.

厚生省 1999 国民栄養の現状 第一出版

厚生省 2000 21世紀の国民健康づくり運動 健康日本21(http://www.kenkounippon21.gr.jp)

Kramer, A. F., Hahn, S., Cohen, N. J., Banich, M. T., McAuley, E., Harrison, C. R., Chason, J., Vakil, E., Bardell, L., Boileau, R. A., & Colcombe, A. 1999 Ageing, fitness and neurocognitive function. *Nature*, **400**,418–419.

Marcus, B. H. & Sallis, J. F. 1997 Determinants of physical activity behavior and implications for interventions. In A. S. Leon (Ed.), *Physical activity and cardiovascular health : A national consensus*. Champaign, IL : Human Kinetics. pp. 192–201.

Marcus, B. H., Selby, V. C., Niaura, R. S., & Rossi, J. S. 1992 Self-efficacy and the stages of exercise behavior change. *Research Quarterly for Exercise and Sport*, **63**,60–66.

Martinsen, E. W. & Morgan, W. P. 1997 Antidepressant effects of physical activity. In W. P. Morgan (Ed.), *Physical activity & mental health*. Taylor & Francis. pp. 93–106.

松尾直子・竹中晃二・岡浩一朗 1999 身体的セルフ・エフィカシー尺度─尺度の開発と高齢者における身体的セルフ・エフィカシーと運動習慣との関係─健康心理学研究, **12**, 48–58.

McAuley, E. 1997 Exercise and Self-esteem in middle-aged adults : Multidimensional relationships and physical fitness and self-efficacy influences. *Journal of Behavioral Medicine*, **20**,67–83.

McAuley, E. 1994 Physical activity and psychosocial outcomes. In C. Bouchard, R. J. Shephard, & T. Stephens (Eds.), *Physical activity, fitness, and health : International proceedings and consensus statement*. Champaign, IL : Human Kinetics. pp. 551–568.

McAuley, E. 1993 Self-efficacy and the maintenance of exercise behavior in older adults. *Journal of Behavioral Medicine*, **16**,103–113.

McAuley, E. 1992 The role of efficacy cognitions in the prediction of exercise behavior in middle-aged adults. *Journal of Behavioral Medicine*, **15**,65–88.

McAuley, E. & Courneya, K. S. 1994 Enhancing exercise adherence in middle-aged males and females. *Preventive Medicine*, **23**,498–506.

McAuley, E., Courneya, K. S., & Lettunich, J. 1991a Effects of acute and long-term exercise on self-efficacy responses in sedentary, middle-aged males and females. *Gerontologist*, **31**,534–542.

McAuley, E. & Gill, D. 1983 Reliability and validity of the physical self-efficacy scale in a competitive sport setting. *Journal of Sport Psychology*, **5**,410–418.

McAuley, E., Shaffer, S. M., & Rudolph, D. 1995 Affective responses to acute exercise in elderly impaired males : The moderating effects of self-efficacy and age. *International Journal of Human Development*, **41**,13–27.

McAuley, E., Wraith, S., & Duncan, T. E. 1991b Self-efficacy, perceptions of success, and intrinsic motivation for exercise. *Journal of Applied Social Psychology*, **21**,139–155.

Ohta, T., Tabata, I., & Mochizuki, Y. 1999 Japanese National Physical Activity and Health Promotion Guidelines. *Journal of Aging and Physical Activity*, **7**,231–246.

岡浩一朗 1998 運動リハビリテーションに対するコンプライアンス・アドヒレンス 竹中晃二(編)健康スポーツの心理学 大修館書店 pp.106–113.

岡浩一朗　2000　行動変容のトランスセオレティカル・モデルに基づく運動アドヒレンス研究の動向　体育学研究, **45**,543-561.
岡浩一朗　2003　中高年者における運動行動変容の段階と運動セルフ・エフィカシーの関係　日本公衆衛生雑誌, **50**,208-215.
岡浩一朗・山田純生・井澤和大・大宮一人・三宅良彦　2002　心臓リハビリテーション患者における身体活動セルフ・エフィカシー尺度の開発とその評価　心臓リハビリテーション, **7**,172-177.
Oldridge, N. B.　1998　Cardiac rehabilitation exercise programme : Compliance and compliance-enhancing strategies. *Sports Medicine*, **6**,42-55.
Oman, R. F. & King, A. C.　1998　Predicting the adoption and maintenance of exercise participation using self-efficacy and previous exercise participation rates. *American Journal of Health Promotion*, **12**,154-161.
Paluska, S. A. & Schwenk, T. L.　2000　Physical activity and mental health : Current concepts. *Sports Medicine*, **29**,167-180
Pate, R. R., Pratt, M., Biair, S. N., et al.　1995　Physical activity and public health : A recommendation from the Centers for Disease Control and Prevention and the American College of Sports Medicine. *Journal of the American Medical Association*, **273**,402-407.
Prochaska, J. O. & DiClemente, C. C.　1983　Stages and processes of self-change of smoking : Toward an integrative model of change. *Journal of Consulting and Clinical Psychology*, **51**,390-395.
Prochaska, J. O. & Marcus, B. H.　1994　The transtheoretical model : Applications to exercise. In R. K. Dishman (Ed.), *Advances in exercise adherence*. Champaign, IL : Human Kinetics. pp.161-180.
Raglin, J. S.　1997　Anxiolytic effects of physical activity. In W. P. Morgan (Ed.), *Physical activity & mental health*. Taylor & Fransis. pp.107-126.
Resnick, B. & Jenkins, L. S.　2000　Testing the reliability and validity of the self-efficacy for exercise scale. *Nursing Research*, **49**,154-159.
Ryckman, R. M., Robbins, M. A., Thornton, B., & Contrell, P.　1982　Development and validation of a physical self-efficacy scale. *Journal of Personality and Social Psychology*, **42**,891-900.
Sallis, J. F., Hovell, M. F., Hofstetter, C. R., & Barrington, E.　1992　Explanation of vigorous physical activity during two years using social learning variables. *Social Science & Medicine*, **34**,25-32.
Sallis, J. F., Hovell, M. F., Hofstetter, C. R., Faucher, P., Elder, J. P., Blanchard, J., Caspersen, C. J., Powell, K. E., & Christenson, G. M.　1989　A multivariate study of determinants of vigorous exercise in a community sample. *Preventive Medicine*, **18**,20-34.
Sallis, J. F. & Owen, N.　1999　*Physical activity & behavioral medicine*. SAGE Publications.
Sallis, J. F., Pinski, R. B., Grossman, R. M., Patterson, T. L., & Nader, P. R.　1988　The development of self-efficacy scales for health-related diet and exercise behaviors. *Health Education Research*, **3**,283-292.
笹川スポーツ財団　1998　スポーツライフ・データ1998 : スポーツライフに関する調査報告書
Sonstroem, R. J. & Morgan, W. P.　1988　Exercise and self-esteem : rationale and model. *Medicine and Science in Sports and Exercise*, **21**,329-337.
Takenaka, K.　1992　Psychophysiological reactivity to stress and aerobic fitness. 体育学研究, **37**,229-242.
Tsutsumi, T., Don, B. M., Zaichkowsky, L. D., Takenaka, K., Oka, K., & Oono, T.　1998　Comparison of high and moderate intensity of strength training on mood and anxiety in older adults. *Perceptual and Motor Skills*, **87**,1003-1011.
Wenger N. K., Froelicher, E. S., Smith, L. K., Ades, P. A., Berra, K., Blumenthal, J. A., Certo, C. M., Dattilo, A. M., Davis, D., DeBusk, R. F., Drozda, J. P., Fletcher, B. J., Franklin, B. A., Gaston, H., Greenland, P., McBride, P. E., McGregor, C. G. A., Oldridge, N. B., Piscatella, J. C., & Rogers, F. J.　1995　Cardiac rehabilitation. Clinical Practice Guideline No. 17. Rockville, MD : US Department of Health and Human Services, Public Health Service, Agency for Health Care Policy and Research USA and the National Heart, Lung, and Blood Insttitute. AHCPR Pub No. 96-0672.
World Health Organization　1997　The Heidelberg guidelines for promoting physical activity among older persons. *Journal of Aging and Physical Activity*, **5**, 2-8.
World Health Organization　1998　*The world health report*1998 ; *Life in the*21*st century : A vision for all*.
(財)厚生統計協会　2001　国民の福祉の動向2001年

20章 高齢者の転倒と運動

　わが国の人口増加率は0.4%であり，発展途上国の2%，先進諸国の1%と比べても，そう高いとはいえない。しかし，人口に占める65歳以上の老年人口は急激に増加している（国立社会保障・人口問題研究所，1997）。実際，1997年9月に示した総務庁（現総務省）発資料によれば，65歳以上がわが国の人口に占める割合は15.6%に達し，さらに70歳以上では10.3%とかなりの高率になっている。わが国に限らず，平均寿命が年々上昇している現在においては，世界的規模で高齢者対策に議論が集中するようになってきた。その内容も，介護や看護といった処置色の強い議論から，高齢者がいつまでも生き生きとした生活を送れるように配慮したライフスタイルに関する内容に関心が移っている。世界の長寿国の1つである日本の近未来を考えた場合，高齢者に対して，対症療法的対策よりもむしろ心身の健康度を増強させるなどの予防的な施策が求められている。

　本章では，高齢者の転倒とその予防に果たす運動の役割，そして転倒恐怖と運動プログラムに関わるセルフ・エフィカシーの話題を中心に解説を行なう。残念ながら，わが国におけるこの分野の研究は始まったばかりである。そのため，本稿では，米国の研究を中心に解説を行ない，わが国の将来の研究のための道標としたい。

1. 高齢者における転倒

(1) 発生率

　高齢者に起こる身体機能の低下は日常生活を送る上で大きな障害となる。しかし，これらの身体機能の低下は，老化によって起こるものよりも，加齢に伴って生じやすい不活動によって起こることの方が多い（Ehrsam, 1996）。特に，高齢者の身体機能の低下が原因で起こる事故の1つに転倒がある。転倒は高齢者にとって寝たきりなどの不活動を助長する。米国では，この種の統計はきわめて詳細に記述されている。たとえば，1980年代初期のデータでは，米国人の年間転倒発生率は，70歳以下で25%，

75歳を過ぎると35%という数値が示されてきた（Campbell et al., 1981）。また、転倒を経験した高齢者の50%は再発をくり返すという。75歳までは男性に比べて女性の方がより頻繁に転倒を経験し、75歳以上には性差は見られない（Campbell et al., 1981）。ここで示された転倒は、突発的なものを指し、心臓発作のような特定の出来事や自動車事故、暴力による外部的出来事によって生じた転倒は除外されている。最近のデータでは、65歳以上の高齢者が、年間に転倒を経験する割合は3人に1人にのぼり、そのうち1割以上の者が死亡または重度の身体障害に陥っている（Sattin, 1992）。毎年、転倒を経験する高齢者のうち30%は、骨折などによって立ち上がることができないため、長く寝たきりになることが報告されている（Tinetti, et al., 1993；Sattin, 1992；Nevitt et al., 1991；Tinetti, 1988；Campbell et al., 1990；Grisso et al., 1992）。

転倒は、高齢者にとって、死亡率や罹病率を上昇させる大きな原因ともなっている（Dunn et al., 1992；Sattin, 1992；Tinetti et al., 1988）。ティネッティとスピークレイ（Tinetti & Speechley, 1989）によれば、米国では、65歳以上の高齢者が転倒する率は30-50%であり、そのうち、10-15%の者は骨折、軟組織の障害（血腫、捻挫など）、脱臼、機能低下をもたらしている（Kiel et al., 1991；Sattin, 1992；Tinetti et al., 1988）。転倒関連の罹病はさらにその後さまざまな機能を害することが知られている（Kiel et al., 1991；Dunn et al., 1992；Kosorok et al., 1992；Tinetti et al., 1993）。

わが国においては、転倒に関わる検討は行なわれているものの、それぞれの地域や医療施設において限定されて行なわれており（新野ら、1995；鈴木ら、1992；安村ら、1991）、米国のように大規模な集団や全国規模の調査は少ない。東京消防庁（1997）の報告によると、東京都の場合、65歳以上の高齢者は人口の14.5%を占め、救急車の要請のうち3割が高齢者に関わっていると報告されている。また、この報告書では、高齢者に起こる疾病以外の不慮の救急事故のうち、転倒が原因となっているものが63.4%を占めるという。

（2） 高齢者における転倒の危険因子

貧弱なバランス能力、姿勢制御能力の不足、歩行不全は高齢者の転倒に共通する身体問題である（Nelson & Amid, 1990；Nevitt et al., 1991；Tinetti et al., 1988）。身体活動の程度や運動習慣の有無もまた、転倒発生を予測するために重要な役割を担っている（Province et al., 1995）。しかし、高齢者が転倒する原因は必ずしも身体機能の低下のみに限らない。ここでは、ティネッティとスピークレイ（Tinetti & Speechley, 1989）の記述を基にして、転倒に関わる危険因子を、慢性的危険因子、短期的危険因子、活動関連危険因子、および環境的危険因子、転倒評価と予防に分けて紹介する。

①慢性的危険因子

　パーキンソン病のような神経系の条件が転倒を引き起こすことは知られている。また，感覚，認知，神経，および骨格筋機能の慢性的障害は高齢者の転倒の危険性を増加させる。転倒の危険性はこれらの身体的条件や障害の存在によって増加する。表20－1は，ティネッティとスピークレイ（Tinetti & Speechley, 1989）が過去の知見を基にして示した転倒の危険因子である。視覚，聴覚および前庭機能や固有受容器の働きは身体の安定性に重要な役割を果たしている。これらの機能は加齢とともに変化し，特にある環境で自己と他の対象物との定位（orientation）に関する知覚能力の異常は，高齢者の転倒を引き起こす大きな原因となっている。

②短期的危険因子

　短期的危険因子としては，体位性低血圧症があげられ，急激な立ち上がりによって収縮期血圧が約20mmHg減少し，脳の血流低下によってふらつきが生じる。65歳以上の高齢者では，10％の者がこの症状を示している。降圧剤や抗うつ剤などの薬物もまた，精神的注意を阻害し，低血圧症や疲労を招く。

③活動関連危険因子

　転倒は，散歩や姿勢変化などの活動中に生じる。高齢者にとって危険な活動，たとえば激しいスポーツ活動中に生じる転倒は，わずか5％に満たない。すなわち，高齢者の転倒は，特殊な活動中に発生するのではなく，日常生活の活動の中で発生している。特に，全体の10％は階段で起こっている。

④環境的危険因子

　弱々しい高齢者ほどわずかな危険に敏感に反応する。たとえば，長ズボンの着替えや足にフィットしない靴などが原因となって転倒が発生する。また，脚のステップ高が極端に低いなど，高齢者がもつ障害の程度によって転倒が生じる。慣れた環境での経験は重要であり，階段，照明，床表面，家具などが日常生活の環境と異なる場合に転倒が発生しやすい。

⑤転倒評価と予防

　高齢者における転倒評価と予防は，彼らの可動性や機能的自立を損なうであろう危険性を最小限にすることを目的としている。転倒を予防する方略は，危険因子の見直しと変容，バランス能力と歩行の観察および評価，環境の安全性の見直しであり，もし転倒を経験しているようであれば，先の転倒状況の詳細な検討も重要な情報となる。そのため，予防方略の第1はまず，表20－1に示したような障害と危険因子を注意深く検討することである。特定の疾患のサインや症状を見ることで，もし必要ならば医学およびリハビリテーションの処置を受けさせる。第2に，患者の日常生活における

表20-1　転倒に関わる内的危険因子と可能な介入法（Tinetti & Speechley, 1989）

危険因子	介入法	
	医学的介入法	リハビリテーションおよび環境的介入法
視力の鋭敏さ，暗順応と認知が低下すること	屈折矯正；白内障の水晶体摘出	家庭の安全評価
聴力低下	耳垢の除去；聴力検査	必要ならば補聴器；背景騒音の低減
前庭の機能異常	前庭組織に影響を与える薬物中止；神経，あるいは耳，鼻，喉の検査	馴れの訓練
固有受容器の機能異常，頸部変形性疾患；末梢神経路疾患	ビタミンB_{12}欠乏と頸部脊椎症の検診	バランス訓練；適切な歩行補助；かたい靴底でサイズの合った靴の使用；家庭の安全評価
認知症	可逆的な原因の検出；鎮静剤および中枢神経に作用する薬物の中止	介護訓練と外来通院；家庭の安全評価
筋骨格異常	適切な診察検査	バランス歩行訓練；筋力トレーニング；適切な歩行補助具；家庭の安全評価
足の異常（仮骨（たこ），腱膜瘤，変形）	仮骨の削除；腱膜瘤の切除	爪の切りそろえ；適切な靴
起立性低血圧症	投薬の評価；水分補給（脱水状態に水分を供給すること）；環境要因の変化（たとえば，食事の姿勢の変化）	背屈運動；圧迫のかかるストッキング；ベッドの頭部を挙上；もし状態が重篤ならばチルトテーブル（斜面台）の使用
薬物の使用（鎮静剤；ベルゾジアゼピン，フェノチアジン，抗うつ剤；その他；降圧剤，不整脈治療薬，抗痙攣剤，利尿剤，アルコール）	とるべきステップ； 1．総摂取薬物数の低減 2．各薬物の危険性と利点の評価 3．もし必要ならば，中枢に作用せずに，起立性低血圧症もおこしにくく，作用時間が短い薬物の選択 4．有効となる最小量の処方 5．危険性と利点を頻繁に評価し直すこと	

姿勢変化や歩行のパフォーマンスを観察して評価することである。表20-2は，バランスと歩行の評価に必要な要素を示している。第3に，転倒の大半は家庭で生じるため，表20-3に示したような環境のチェックと改善が必要となる。

●表20-2 バランスと歩行の評価に関わる要素 (Tinetti & Speechley, 1989)

異常	診断	リハビリテーションおよび環境的介入法
バランス		
椅子から立ち上がったり，椅子に座ることが困難である	筋疾患；関節炎；パーキンソン症候群；起立性低血圧症；訓練されていないこと	下肢の筋力強化運動；移動の訓練；肘あてのある高めのしっかりとした椅子；高めのトイレットシート
首の回旋時，および伸展時に不安定になる	頸部変形性疾患（たとえば，関節炎，脊椎症）	首の運動，頸部の固定；キッチンやベッドルームにおける用具の収納
胸部をそっと押した時に不安定になる	パーキンソン症候群；正常圧水頭症；他の中枢神経系の疾患；腰部疾患	バランス訓練；腰部の運動；障害物がない環境；適切な歩行補助具；夜間照明
歩行		
脚のステップ高の減少	中枢神経組織の疾患；多発性感覚障害（視覚，前庭，固有受容器）；転倒恐怖	注意深い知覚検査；歩行訓練；適合した靴；適当な歩行補助具；低いパイルカーペット，あるいは上がけの敷物のない滑りにくい床
平らでない床表面上の不安定性	固有受容体感覚の低下；足関節の筋力低下	歩行訓練；適合した靴；適当な歩行補助具；厚みのあるカーペットの回避
振り向いた際の不安定性	パーキンソン症候群；多発性感覚障害；小脳疾患；片側麻痺；視野の損失	歩行訓練；自己受容性を高める運動；適当な歩行補助具；障害物がない環境
軌道逸脱の増加	小脳疾患；多発性感覚障害；感覚性あるいは歩行性運動失調	歩行訓練；適当な歩行補助具

2. 転倒恐怖

　高齢者の転倒による影響は，たんに障害の発生だけにとどまらない。転倒そのものよりも，転倒への恐怖心がその後の生活に悪影響をもたらす。すなわち，転倒の恐怖のために，活動が制限されてしまうことである。

●表20-3　家庭における転倒の危険性に影響する環境因子 (Tinetti & Speechley, 1989)

環境および要因	目的および推奨
照明	まぶしい光や影をなくす；部屋の入り口に近づきやすいスイッチをつける；ベッドルーム，ホール，バスルームに夜間ライトをつける
床	敷物の裏材に滑らないものを選ぶ；カーペットの端は留めておく；浅いパイル地のカーペットを使う；床には滑らないワックスを使う；歩行路にコード類を置かない；床には物（たとえば，服や靴）を置かない
階段	階段の下や上にスイッチのある十分な照明を確保する；壁から離れて，しっかり固定された手すりをつける；階段の最上部と最下部にはっきりとしたテープで印をつける；6インチより高い階段高にしない；階段は手入れよくする；階段には物を置かない
キッチン	背伸びしたり，腰をかがめる必要がないようにうまく用具を収納する；もし高い所にあるものを取る必要があるなら，しっかりとした踏み台を用意する；しっかりとして，動かないテーブルを置く
バスルーム	浴槽，シャワー，トイレのためのつかまり棒をつける；浴槽やシャワーの中に滑らないラバーマットを敷く；手で操作できるシャワーを使用し，シャワー用の椅子を用意する；滑らないラグを敷く；トイレットシートを高めにする；緊急時に外に出れるようにドアロックを解錠できるようにする
庭および玄関	舗装道路の割れ目を修理しておく；芝生の穴を埋めておく；石，道具，他の危険な小物を片付けておく；歩道を明るくする；凍っていたり，しめっている落ち葉を除去しておく；6インチ以上の階段や踏み台を避ける
施設	上記に挙げたすべて；適度な高さのベッドを用意する；床にこぼれたものはよく清掃しておく；歩行補助具や車椅子を適切に使用する
履き物類	しっかりとして，滑りにくい，摩擦のない靴底の靴を選ぶ；低いヒールの靴を選ぶ；靴下やスリッパで歩くのを避けさせる

(1) 転倒恐怖の実態

　ティネッティとパウエル（Tinetti & Powell, 1993）の定義によれば，この日常生活の活動に大きな影響を与えるであろう「転倒恐怖（fear of falling）」とは，日常の活動や機能を制限するような転倒についての永続的な恐怖である。転倒恐怖は，高齢者がもつ共通の恐怖ではあるが，転倒経験者はもちろん，未経験者であってももちうるものである（Tinetti et al., 1994）。たとえば，ティネッティら（Tinetti et al., 1988）は，75歳以上の高齢者で前年に転倒を経験した人の48％が転倒に恐怖心を抱いており，転倒を経験していない同年齢の人でも27％が恐怖心を抱いていたことを報告している。さらに，ティネッティら（1994）は，最近の転倒恐怖に関わる研究（Nevitt et al., 1989；Tinetti et al., 1988；Walker et al., 1991；Maki et al., 1991）を概観し，転倒を経験した

高齢者では40-73%の範囲で，さらに転倒未経験者でも20-46%の範囲で転倒恐怖が存在するとまとめている．

(2) 転倒恐怖と活動制限

ティネッティら，(1988) はまた，転倒経験による身体活動の制限に注目した．彼らの研究では，高齢者が種々の身体活動を避ける傾向は，転倒未経験者では13%であるのに対して，転倒経験者では26%であると報告している．ネビットら (Nevitt et al., 1989) の報告では，くり返し転倒する者の10%は，転倒恐怖のために身体活動を避けるようになる．バラスら (Vallas et al., 1987) の調査では，6か月以上の活動制限がある者が未転倒経験者で23%存在するのに対して，転倒経験者では41%であると報告している．さらに，ティネッティら (1988) は，転倒の経験の有無に関わらず，転倒恐怖を訴えている高齢者の半数が以前行なっていた活動を避ける傾向にあることも示した．これらの活動制限の原因については詳しく特定化されていないが，バラスら (1987) は，恐怖が最も大きな要因になっていると推測している．すなわち，転倒経験のない高齢者であっても，転倒恐怖をもつ者は活動制限が生じる．

これらの活動制限は高齢者の筋萎縮を生じさせ，最終的に彼らの健康障害や身体機能の低下を招く．そのため，転倒恐怖それ自身がさらなる転倒の危険因子となると考えられる (Tinetti, 1995)．また，これらの活動制限は身体機能のみにとどまらない．高齢者は，転倒恐怖によって，社会的な接触やレジャー活動を制限することになり，そのことは彼らのクオリティ・オブ・ライフ (quality of life: QOL) を低下させる (Arfken et al., 1994；Howland et al., 1993；Walker & Howland, 1991)．たとえば，アーフケン (Arfken et al., 1994) は，年齢や性別を統計的に調節した後で，転倒恐怖が高齢者に与える影響を次のように報告している．高齢者は，転倒恐怖によって，心身両面における弱々しさや抑うつ気分を増加させ，生活満足感や可動性を減少し，社会活動を少なくしている．ある程度の転倒恐怖は身体活動を行なう際の「用心深さ」を増すという点で必要かもしれないが，その恐怖が際だった場合には，彼らは衰弱してしまい，活動する気力を失ったり，活動を妨げるような不安が生じる．

(3) 転倒恐怖の測定

「どのくらい転倒を恐れていますか．」一般に，この「きわめて恐れている」から「全く恐れていない」というように，二極間の程度を求める尺度は，転倒恐怖に関する情報を得ることができる．実際，この尺度は多くの研究で使用されてきたものの，恐怖の発生を過少評価してしまったり，場面や状況によって変化する恐怖の水準を検

出することは困難であるという欠点が存在する (Howland et al., 1993)。そのため、単一の質問形式よりもむしろ日常生活で行なう代表的な活動に対する転倒恐怖を調べた方が有効であるとみなされてきた。

ラックマンら (Lachman et al., 1998) は、身体活動の制限に及ぼす転倒恐怖の役割を評価するために、表20-4に示したように、高齢者版活動・転倒恐怖調査票 (Survey of Activities and Fear of Falling in the Elderly : SAFE) と命名した質問紙を開発した。SAFEは、表20-4に示した11個の身体活動のそれぞれに対して、次の6種類の質問を行なっている。

●表20-4　高齢者版活動・転倒恐怖調査票
(Survey of Activities and Fear of Falling in the Elderly : SAFE ; Lanchman et al., 1998)

お店に買い物に行く
簡単な食事を用意する
お風呂にはいる
ベッドからでる
運動のために散歩をする
滑りやすい時に外出する
友達や親戚の家を訪問する
頭上のものに手を伸ばす
人が混み合っている場所に行く
外に出て数区画を歩く
何かを取るためにかがむ

1) それぞれの身体活動を現在行なっているかどうか (「はい, いいえ」)
2) もし行なっているならば、それを行っている時に転倒するかも知れないと心配する程度はどのくらいか (「全く心配していない」(1)から「非常に心配している」(3)まで)
3) もし行なっていないなら、転倒するかも知れないという心配がどれくらい存在するから行なわないのか (「全く心配していない」(1)から「非常に心配している」(3)まで)
4) もし何か心配があるためにその活動を行なわないならば、それを行なわない理由は何なのか
5) 心配することがないのに、なぜそれを行なわないのか
6) 5年前と比べてどのくらい行なっているか (「以前よりももっと」(1)から「以前よりも少ない」(3)まで)

以上の6項目であった。

ラックマンらは、複数活動のそれぞれに対してこれらの質問調査票を使って、1)

現在の活動制限の程度，2）活動制限は存在しないが転倒恐怖の程度，3）活動制限が存在し，転倒恐怖の程度，4）活動制限の転倒恐怖以外の理由などが明確に区別され，活動制限に及ぼす転倒恐怖の存在が特定化できることを証明した。

3. 転倒セルフ・エフィカシー

　転倒恐怖が高齢者の機能レベルを制限することは調べられてきたが，恐怖のような包括的な精神状態についての自己報告は現実の行動をうまく予測できないことも知られている（Bandura，1982）。そのため，行動予測のために，セルフ・エフィカシー尺度が登場した。ティネッティとパウエル（1993）によれば，恐怖という用語は精神疾患の意味合いを含んでおり，恐怖があるかないかといった2分法で扱われるのに対して，セルフ・エフィカシーは自信の程度を連続的に測定しており，行動や機能が予測でき，転倒恐怖の発展や処置に重要な要因となる。
　ティネッティら（1990）は，バンデューラ（Bandura，1977）のセルフ・エフィカシーの理論を基にして，転倒することなしに日常生活の10活動（activities of daily living：ADL）を行なう自信の程度を調べる転倒セルフ・エフィカシー尺度（Falls Efficacy Scale：FES）を開発した。この尺度は，恐怖の作業定義を，「日常生活で欠くことのできない，しかも危険の伴わない活動中に，転倒を回避できる自信が低いこと」としている。この尺度で用いているADLの10活動の内容は，風呂やシャワーを浴びること，キャビネットやタンスの中に手をのばすこと，簡単な食事を作ること，家の周りを歩くこと，ベッドの乗り降り，ドアや電話に応対すること，椅子のすわり立ち，服を着替えること，軽い家事を行なうこと，簡単な買い物を行なうことである。FESでは，これらの活動のそれぞれに対して，転倒することなしにどれくらい実施する自信があるかを1ポイントから10ポイントまでで回答するものである。点数は個々の活動の総合点で判断される。我が国においても，竹中ら（2002）が，ティネッティら（1990）の考え方を基にして転倒セルフ・エフィカシー尺度を開発し，信頼性および妥当性の検討を行なっており，今後の研究の進展が期待されている（表20-5）。
　ティネッティとパウエル（1993）は，転倒恐怖を低い自信と捉えることの利点を次の3点にまとめている。第1に，転倒恐怖を測定することの困難さは，この種の研究を妨げる大きな要素となっており，セルフ・エフィカシーの概念を使用することで解決される。しかも，セルフ・エフィカシーの信頼性および妥当性の検証は他領域の研究で広く行なわれている。第2に，恐怖（fear）が恐怖症（phobia）に類似している

表20-5　転倒セルフ・エフィカシー尺度（竹中ら，2002）

項　目

1. 自分の背より少し高い棚やタンスに手を伸ばす
2. 駅や家の階段を下りる
3. 雨降りや雪が降っているような滑りやすい時に外出する
4. 人混みや交通量の多いところを歩く
5. 何かを取るためにしゃがむ
6. 時間に遅れそうになって急いで何かをする
7. いつもと違って歩きにくい履き物をはいて歩く
8. 夜間に暗いところを歩いたり，活動を行う
9. 車やバスに乗ったり，降りたりする
10. 少し重い荷物を持って移動する
11. 手すりを使わずに階段を上り下りする
12. 椅子に腰掛けないで立ったまま，靴を脱いだり，服の着替えをする
13. 手で支えないで急いで椅子から立つ
14. 床に座った姿勢から手を使わないで立つ
15. 片足けんけんで進む

　一方で，セルフ・エフィカシーや自信は精神病の用語の意味を含んでいない。第3に，恐怖のような特性要因は行動を予測する上で適切な変数ではないのに対して，自信は機能と強く結びついている。すなわち，ある活動に対して低いエフィカシーをもつ人は，その活動を避ける傾向にある。最後に，セルフ・エフィカシーの研究から得られた知識は，転倒恐怖を強めている人を見極めるのに有効であり，効果的な予防や介入方略を作成するために役立つ。

　同様の尺度として，パウエルとマイヤーズ（Powell & Myers, 1995）は，活動固有のバランス能力自信尺度（Activities-specific Balance Confidence：ABC）を開発した。ABC尺度は，ADLよりももっと困難な身体活動や家庭以外で行なう活動も含まれており，転倒というよりはバランスを失ったり，不安定になったりといった主にバランス能力のエフィカシーを測定するものである（Myers et al., 1996）。

　転倒恐怖と転倒に関わるセルフ・エフィカシーが同質であるか否かについては意見が分かれている。たとえば，同じティネッティらの論文でも記述が異なっている。ティネッティら（1990）およびティネッティとパウエル（1993）が，転倒恐怖と転倒セルフ・エフィカシーは同様の構成物であり，セルフ・エフィカシー尺度を用いて転倒恐怖を測定することは可能と述べている。しかし，その後，転倒恐怖，転倒エフィカシー，転倒経験，および活動制限（機能）の4変数の関係を調べたティネッティら（1994）の研究では，転倒エフィカシーが現在の機能を予測するのに最もよい変数であることを示し，転倒恐怖とセルフ・エフィカシーの質の違いを示唆した。

転倒セルフ・エフィカシーと他の変数との関係はいくつかの研究で調べられてきた。ティネッティら（1990）の研究では，特性不安，一般的恐怖，通常の歩行速度，転倒後に起き上がることが困難であった過去の経験の有無など，いくつかの特質で分けた群間に有意なエフィカシー得点の差がみられた。すなわち，これらの危険因子が大きいほどセルフ・エフィカシーが低くなっていた。

　転倒セルフ・エフィカシーと身体活動の程度，または運動習慣に関する研究もみられる。マッカレイら（McAuley, et al., 1997）は，高齢者の身体活動パターン，セルフ・エフィカシー，バランス，および転倒の恐怖の関係を検討した。大学の身体活動プログラムに参加する身体的に活動的な高齢者29名と高齢者施設などから募集した活動的でない高齢者29名の計58名（52-85歳）が，身体活動，2種類のセルフ・エフィカシーとしてFES，およびマッカレイらが作成した歩行エフィカシー尺度（Gait Efficacy Scale：GES），および転倒恐怖に関する質問紙調査を行ない，その後バランス能力の調査としてバーグ・バランス尺度（Berg Balance Scale）の測定を行なった。その結果，活動的な高齢者は，転倒恐怖が少なく，バランス能力が優れており，セルフ・エフィカシーが高かった。バランス能力の高い者は転倒恐怖が小さく，女性は男性よりも転倒恐怖が大きかった。バランス能力とセルフ・エフィカシーは，転倒恐怖において有意な独立変数として作用し，一方，身体活動の程度は有意な変数ではなかった。ビンダーら（Binder et al., 1994）も同様の研究を行なっている。彼らによれば，活動的な高齢者は，そうでない者よりも身体能力，歩行や動作関連課題に対するセルフ・エフィカシーが高かった。加えて，身体活動の程度は，転倒恐怖のもう1つの決定要因であるバランス能力を強化するのに貢献していた。

　ラックマンら（1998）は，この種のセルフ・エフィカシー尺度の欠点をいくつかあげている。第1に，高齢者がこれらの尺度に反応する困難性をあげている。たとえば，ティネッティらのFESでは，「全く自信がない：0」から「完全に自信がある：10」までの10ポイントで回答するものであり，ABC尺度は10ポイントから100ポイントまでパーセンテージで答える形式を取っている。高齢者にとって，0から10，あるいは10から100という2極を連続する間隔の中で，自分のエフィカシーをどのように見積もるかは困難な作業かもしれない。これは，電話によるインタビュー調査や自己評定による調査を行なう際には問題となり，セルフ・エフィカシー尺度の使用が直接的面接に限られてしまう。第2は，回答者が尺度に含まれる一定の活動を行なうことができない場合に問題となる。たとえば，回答者が車椅子を使用していると，階段の上り下りのような活動はエレベータ使用になってしまう。すなわち，尺度にある活動を行なえない回答者に，その活動を行なえると仮定化した形で回答を求めているのである。

第3は，FESやABC尺度に含まれる活動リストに関係する。FESは，通常の日常生活で行なわれる10個のADLが活動として選択されているが，それ以上の水準の活動を十分に取り入れていない。同様に，ABC尺度も16個の活動に拡大しているが，運動やスポーツ，社会活動，およびリクレーション活動に関する活動項目は含まれていない。ADLは高齢者の自立生活に基礎的で欠くことのできない活動内容かもしれないが，転倒恐怖はより高度な活動に影響を与えており，それらの活動は自立機能だけを示すものではない。そのような活動を避けることは，クオリティ・オブ・ライフを低下させ，最終的に身体機能の低下をもたらし，その結果，ADL機能のゆるやかな悪化をもたらす。

4. 運動療法を用いた転倒予防

（1） 転倒予防にかかわる運動の効果

　米国では，55歳以上の成人の59％は座位中心のライフスタイルを送っており，65歳以上の43％は，特別なレジャータイムの身体活動を行なっていない（Caspersen et al., 1986；US Centers for Disease Control and Prevention, 1993）。不活動は死亡原因の1つと見なされており，高齢者にとって身体活動を増加させることは，彼らの健康や安寧（well-being）に大きな影響を与え，疾患治療のコストのみならず死亡率や罹病率に好影響を与えることは広く知られている（Blair et al., 1995；Brawley & Rodgers, 1993；Coupland et al., 1993；Paffenbarger et al., 1993）。それゆえ，運動は，転倒予防のみならず広く健康維持の観点から高齢者に奨励されてきた。

　転倒は，特に身体保持能力の低下が原因である。老化と不活動に伴う筋力の急激な低下は，突発的外力に抵抗するために必要な姿勢修正能力やバランス機能を著しく悪化させる。そのため，高齢者にとって，ある程度の筋力を維持し続けることは，日常生活で起こるアクシデントを予防する意味で重要である。また，筋力維持または増進は，高齢者に対して，何気ない日常生活，たとえば階段の上り下り，買い物袋の運搬や布団の上げ下げなどの身体活動の努力度を軽減させることができる。この余裕感がさまざまな事柄に対するチャレンジ精神を生み，その結果彼らの自立意識は高まり，日常のストレスに立ち向かうための抵抗力を増加させることができる。高齢者が望ましい信念や自立意識をもつためには，日常生活を不自由なく行なえる基本的生活体力が整っていることが前提条件である。

　従来，高齢者の転倒にかかわる危険因子を調べるために，3つの大規模な前向き研

究 (prospective studies) が行なわれている (Campbell et al., 1989；Nevitt et al., 1989；Tinetti et al., 1988)。これらの研究で得られた知見から，高齢者の転倒にかかわる危険因子は，①筋骨格機能の障害，②認知機能の障害，および③薬物使用の増加であることが明らかにされてきた。これらの危険因子の中でも，バランス能力と筋力の低下，特に歩行に伴うバランス能力と下肢の筋力低下は定期的な運動を行なうことによって補うことは可能である (Campbell et al., 1989；Tinetti et al., 1986)。

　しかし，運動による転倒予防の効果を確かめた研究はいくつかみられるものの，その直接的効果を確認することはきわめて困難である。たとえば，ビンダーら (1994) は，転倒を再発させる危険因子を少なくとも1つ以上もつ66歳から97歳までの高齢者に，週に3回，8週間の運動プログラムを実施させた。その結果，参加者の膝伸展トルク，歩行スピード，立ち上がりテストの成績は改善し，運動とは別に，週あたりの外出回数が増加し，歩く距離も有意に増加した。しかし，これらの結果は転倒にかかわる危険因子の改善を見ただけで，転倒そのものへの効果を検討していない。

　運動の転倒への直接的効果を確認することは，転倒の原因が身体的問題だけにとどまらず多岐にわたるために，きわめて困難である。その困難性にもかかわらず，いくつかの研究は運動プログラム終了後の転倒発生の頻度を追跡調査を行なうことによって調べている (Lord et al., 1995；Province et al., 1995；Reinsh et al., 1992；Wolf et al., 1996)。たとえば，ウォルフら (Wolf et al., 1996) の研究では，高齢者200名を太極拳，コンピュータで制御されたバランス能力訓練，健康教育の3群に分け，15週間の訓練を行なわせた。その後4か月間の追跡調査を行なった結果，太極拳群では転倒率が少なく，転倒恐怖も減少を示した。ロードら (Lord et al., 1995) の研究では，高齢女性を対象にした12カ月の運動プログラムの果たす効果を，プログラム終了後1年間の転倒頻度との関連から調べている。1年間の追跡調査の結果，プログラムに75%以上参加した者は，それ以下の参加者と比べて，転倒頻度が有意に少なかった。彼らは，運動プログラム参加による筋力，反応時間，バランス能力などの他の指標の改善結果と合わせると，運動プログラムへの高い参加率は，高齢者の転倒頻度の低下に貢献していると結論づけている。

　いくつかの大規模な運動プログラムの結果を概観した研究も見られる。プロヴィンスら (Province et al., 1995) は，運動が高齢者の転倒や転倒関連の怪我の発生を減少させることができるか否かを，米国7州で行なわれたFrailty and Injuries: Cooperative Studies of Intervention Techniques (FICSIT) の結果をメタ分析によって検討した。これらのプログラムは，最低が60歳以上の高齢者を対象として，運動の期間が10週間から36週間にわたっており，転倒および怪我の追跡調査も2年間から4年間行

なわれていた。運動の内容は，持久力，柔軟性，バランス，太極拳，筋力のトレーニングのうちいくつかを組み合わせたものであったが，転倒発生率の軽減に有効であったものは，低負荷の一般的な運動とバランス強化の運動であった。

（2） セルフ・エフィカシーを意識した運動プログラムの可能性

　転倒予防のための介入は，バランス能力や筋力の訓練だけではない。まず医療的処置を中心とした身体的要因の改善が行なわれ，次に安全な移動のために必要なスキルの獲得，特に歩行に関するスキルの獲得に目標が絞られなければならない。これらのスキルは，可動性にかかわるスキルと同時に，身体能力の自己知覚に貢献するバランス能力などの関連スキルも備える必要がある。移動や歩行のスキルが改善することで，機能が改善される。この場合，機能の基礎となる移動性スキルが改善することが最初に行なわれ，次に身体障害へと導くような転倒の危険性が減少する。その後，自信を改善することによって，種々の活動を行なう機会が増加する。

　しかし，転倒予防のための身体運動の介入には，転倒恐怖などの心理的要因を考慮する必要がある。ここでも，自信，あるいはセルフ・エフィカシーは重要な要因である。ラックマンら（1997）は，この自信に関連して，高齢者に定期的な身体活動を奨励するために認知行動的モデルの導入を推奨している。彼らは，図20-1に示すように，加齢に伴う喪失と態度および動機づけの変化の相互作用を説明している。まず，加齢に伴う認知機能（記憶）や身体機能（健康）の低下や損失は，高齢者の制御感覚を低下させる。この制御感覚の低下は，セルフ・エフィカシーの低下（たとえば，「運動を続けたり，トレーニングを行なうことに自信がなくなる」），否定的信念（たとえば，「自分の身体は自分の制御下にはないので，身体を動かして何かを行なうことはできない」），および内部の安定した原因への帰属（たとえば，「できないのは歳を取ったせいだ，貧弱な能力のせいだ」）を含んでいる。その後，行動を変化させる動機づけが低下し，困難に直面した時に努力したり，粘り強さが失われ，抑うつや不安のような感情変化を生む。そして，この身体不活動はますます認知症，筋萎縮へと導かれていく。

　ほとんどの介入はたった1つだけの目標に焦点をあてている。たとえば，運動プログラムによって筋力トレーニングや安全な歩行方法を教えるということだけに指導者の注意は集中していた。それに対して，図20-1で示した概念モデルは，多面的アプローチの必要性と介入のための骨組みを与えてくれている。ラックマンらは，図20-1のモデルを基にして，認知行動的介入の可能性を示した。図20-2の介入方略では，まず，薬物，運動，栄養補給，および環境援助（高齢者の活動しやすい環境を整える）

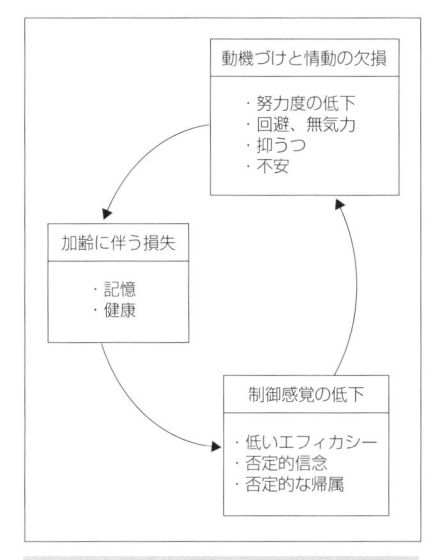

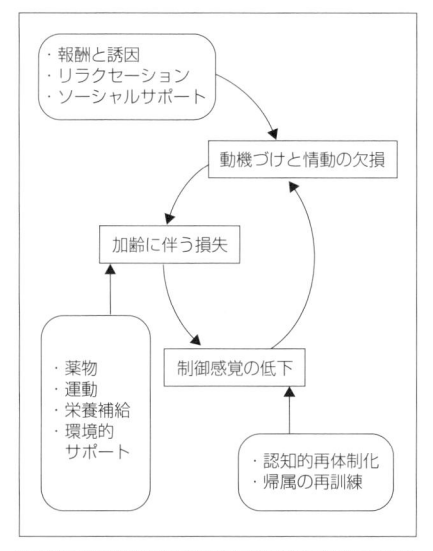

●図20-1 加齢，制御，動機づけに関する概念モデル（Lachman, et al., 1998：著者が一部改変）

●図20-2 介入方略，多重ターゲット（Lachman, et al., 1998：著者が一部改変）

によって，加齢に伴う損失を補ったり，予防したりするためのスキルを身につけさせる。また，進歩を自覚させることや目標達成への報酬，リラクセーション，およびソーシャルサポートを取り入れることによって，運動への動機づけを強化したり，情動への影響を補うことができる。最後に，認知的再体制化（cognitive restructuring）によって，否定的な信念をより肯定的な信念に変化させたり，正しい帰属にもどすことが制御感覚を強化することにつながる。これらはまた，現実的な期待や目標を設定するといった行動の変化に必要とされる動機づけ要因に関係する。たとえば，もし高齢者が自分は貧弱なバランス能力しかなく，筋力が弱く，それらを改善する術は何もないと信じれば，新しい方略を学ぶ努力はしない。しかし，もし新しいスキルを教えることに加えて，制御の信念が強化されれば，このコンビネーションは努力や粘りを増加させる。その結果，抑うつや不安が減少し，スキルの学習効果が最大になる。

　ラックマンらは，運動と併用して行なえる具体的介入の構成要素として，1）高齢者に加齢過程の性質を教育すること，2）高齢者に努力を維持することを妨げるであろう否定的な信念や自己挫折的な態度に気づかせるようにすること，3）高齢者に彼らの不適切な自己概念や帰属を再体制化する方法を教えることが，先のそれぞれの要素に相当すると述べている。すなわち，運動のような行動の変容をうまく起こさせる

ためには，スキルを教えることだけが必要なのではなく，これらのスキルの効果的な使用を育てる態度や信念が必要である（Bandura, 1977）。身体機能や安寧は努力によって改善することができるという信念を高齢者に徐々に教え込んでいくことは，新しいレベルの身体活動を行なおうとする高齢者の動機づけを強化するに違いない。一方，もし運動プログラムへの参加者が，自分には必要とするスキルがない，またその人の努力が報われないと信じるならば，運動のような新しい行動を行なおうとする望みは低くなる。転倒に関するセルフ・エフィカシーの研究は，高齢者が日常生活の活動を制限なく行なっていることが，その人が転倒しないでその活動を行なえるかどうかに関する信念と関係すること示している（Powell & Myers, 1995；Tinetti et al., 1990）。これらの研究は，転倒予防を目的とした運動プログラムに認知–行動の知恵を生かす必要性を示唆している。

最後に，家族やヘルスケア従事者はしばしば無意識に高齢者の自立を妨げ，依存を助長する傾向がある。たとえば，高齢者の日常生活の活動に先回りして手助けをすることで，彼らの依存心を増強させてしまう。依存は，高齢者の活動をますます低下させ，結果的に老化を促進させている。一方，安全と自立は高齢者にとって相矛盾する考え方であり，運動プログラムの実践にあたっては多くの配慮が必要となる。私たちは，超高齢化社会の到来を目の当たりにして，高齢者にとって真の自立とは何かを真剣に議論する必要がある。身体運動の習慣化はその自立に大きく貢献することはいうまでもない。

●引用文献●

Arfken, C.L., Lach, H.W., Birge, S.J., & Miller, J.P. 1994 The prevalence and correlates of fear of falling in elderly persons living in the community. *American Journal of Public Health*, **84**,565-570.
Bandura, A. 1977 Self-efficacy : Toward a unifying theory of behavioral change. *Psychological Review*, **84**,191-215.
Bandura, A. 1982 Self-efficacy mechanism in human agency. *American Psychologist*, **37**,122-147.
Binder, E.F.,Brown, M., Craft, S., Schechtman, K.B., & Birge, S.J. 1994 Effects of a group exercise program on risk factors for falls in frail older adults. *Journal of Aging and Physical Activity*, **2**,25-37.
Blair,S.N., Kohl, H.W., Barlow, C.E., Paffenbarger, R.S. Jr., Gibbons,L.W., & Macera, C.A. 1995 Changes in physical fitness and all cause mortality. *Journal of the American Medical Association*, **273**,1093-1098.
Brawley, L.R., & Rodgers, W.M. 1993 Social-psychological aspects of fitness promotion. In P.Seraganian (Ed.), *Exercise psychology : the influence of physical exercise on psychological process*. pp. 254-298, NY : John Wiley and Sons.
Campbell, A. J., Reinken, J., Allan, B.C., & Martinez, G.S. 1981 Falls in old age : A study of frequency and related clinical factors. *Age Aging*, **10**,264-270.
Campbell, A.J., Borrie, M.J., & Spears, G.F. 1989 Risk factors for falls in a community-based prospective study of people 70 years and older. *Journal of Gerontology*, **44**,M112-117.
Campbell, A.L., Borrie, M.L., Spears, G.F., Jackson, S.L., Brown, J.S., & Fitzgerald, J.L. 1990 Circumstances and consequences of falls experienced by a community population 70 years and over during a prospective study.

Age Ageing, **19**,136－141.
Caspersen, C., Christensen, G., & Pollard, R. 1986 Status of the 1990 Exercise objectives-Evidence from the NHIS－1985. *Public Health Records*, **101**,587－592.
Coupland, C., Wood, D., & Cooper, C. 1993 Physical inactivity is an independent risk factor for hip fracture in the elderly. *Journal of Epidemiology and Community Health*, **47**,441－443.
Dunn, J.E., Rudberg, M.A., Furner, S.E., & Cassel, C.K. 1992 Mortality,disability, and falls in older persons: The role of underlying disease and disability. *American Journal of Public Health*, **82**,395－400.
Ehrsam, R. 1996 The role of health in motivating the elderly for physical activities. Proceeding of the Fourth International Congress Physical Activity, *Aging and Sports*, 53－54.
Grisso, J.A., Schwarz, D.F., Wolfson, D., Polansky, M., & LaPenn, K. 1992 The impact of falls is an inner-city elderly African-American population. *Journal of American Geriatric Society*, **40**,673－678.
Howland, J., Peterson, E., Lewvin, W., Fried, L., Pordon, D., & Bak, S. 1993 Fear of falling among the community-dwelling elderly. *Journal of Aging and Health*, **5**,229－243.
Kiel,D.P., O'Sullivan, P., Teno, J.M., & Mor, V. 1991 Health care utilization and functional status in the aged following a fall. *Medical Care*, **29**,221－228.
国立社会保障・人口問題研究所 1997 都道府県別将来推計人口平成7（1995）年～37（2025）年 平成9年5月推計 厚生統計協会
Kosorok, M.R., Omenn, G.S., Diehr, P. , Koepsell, T.D., & Patrick, D.L. 1992 Restricted activity days among older adults. *American Journal of Public Health*, **82**,1263－1267.
Lachman, M.E., Jette, A., Tennstedt, S., Howland, J., Harris, B.A., & Peterson, E. 1997 A cognitive-behavioral model for promoting regular physical activity in older adults. *Psychology, Health & Medicine*, **2**,251－261.
Lachman, M.E., Howland, J., Tennstedt, S., Jette, A., Assmann, S., & Peterson, E.W. 1998 Fear of falling and activity restriction: The survey of activities and fear of falling in the elderly（SAFE）. *Journal of Gerontology: Psychological Sciences*, **53B**, P43－50.
Lord, S.R., Ward, J.A., Williams, P., & Strudwick, M. 1995 The effects of a 12-month exercise traial on balance, strength, and falls in older women: A randomized controlled trial. *Journal of the American Geriatrics Society*, **43**, 1198－1206.
Maki, B.E., Holliday, P.J., & Topper, A.K. 1991 Fear of falling and postural performance in the elderly. *Journal of Gerontology*, **46**,M123－131.
McAuley, E., Mihalko, S.L., & Rosengren, K. 1997 Self-efficacy and balance correlates of fear of falling in the elderly. *Journal of Aging and Physical Activity*, **5**,329－340.
Myers, A.M., Powell, L.E., Maki, B.E., Holliday, P.J., Brawley, L.R., & Sherk, W. 1996 Psychological indicators of balance confidence: Relationship to actual and perceived abilities. *Journal of Gerontology: Medical Siences*, **51A**, M37－43.
Nelson, R.C., & Amid, M.A. 1990 Falls in the elderly. *Emergency Medical Clinics of North America*, **8**,309－324.
Nevitt, M.C., Cummings, S.R., Kidd, S., & Black, D. 1989 Risk factors for recurrent nonsyncopal falls: A prospective study. *Journal of the American Medical Association*, **261**,2663－2668.
Nevitt, M.C., Cummings, S.R., & Hudes, E.S. 1991 Risk factors for injurious falls: A prospective study. *Journal of Gerontology: Medical Science*, **46**,M164－170.
新野直明・安村誠司・芳賀 博・上野春代・太島美栄子・樋口洋子 1995 農村部在宅高齢者を対象とした転倒調査―季節別にみた転倒者の割合と転倒発生状況― 日本公衆衛生雑誌, **42**,975－981.
Paffenbarger, R., Hyde, R., Wing, A., Lee, I-Min, Jung, D., & Kampert, J. 1993 The association of changes in physical activity level and other lifestyle characteristics with mortality among men. *New England Journal of Medicine*, **328**,538－545.
Powell, L.E., & Myers, A.M. 1995 The Activities-Specific Balance Confidence（ABC）Scale. *Journal of Gerontology: Medical Sciences*, **50A**, M28－34.
Province, M.A., Hadley, E.C., Hornbrook, M.C., Lipsitz, L.A., Miller, J.P.,Mulrow, C.D., Ory, M.G., Sattin, R.W., Tinetti, M.E., & Wolf, S.L. 1995 The effects of exercise on falls in elderly patients: A preplanned meta-analysis of the FICSIT Trials. *Journal of the American Medical Association*, **273**,1341－1347.
Reinsh, S., MacRae, P., Lachenbruch, P.A., & Tobis, J.S. 1992 Attempts to prevent falls and injury: A prospective community study. *Gerontologist*, **32**,450－456.
Sattin, R.W. 1992 Falls among older persons: A public health perspective. *Annual Review of Public Health*, **13**,

489-508.

鈴木みずえ・江口清・岡村カルロス竹男・嶋津祐子・高橋秀人・加納克己・土屋　滋　1992　高齢者の転倒経験に関する調査研究―養護老人ホームの居住者を対象として―　日本公衆衛生雑誌，**39**,927-940.

竹中晃二・近河光伸・本田譲治他　2002　高齢者における転倒セルフエフィカシー尺度の開発：信頼性および妥当性の検討　体育学研究，**47**,1-14.

Tinetti, M.E., Williams, T.F., & Mayewski, R.　1986　Fall risk index for elderly patients based on number of chronic disabilities. *American Journal of Medicine*, **80**,429-434.

Tinetti, M.E., Speechly, M., & Ginter , S.F.　1988　Risk factors for falls among elderly persons living in the community. *New England Journal of Medicine*, **319**,1701-1707.

Tinetti, M.E. & Speechley, M.　1989　Prevention of falls among the elderly. *New England Journal of Medicine*, **320**, 1055-1059.

Tinetti, M.E., Richman, D., & Powell, L.　1990　Falls efficacy as a measure of fear of falling. *Journal of Gerontology : Psychological Sciences*, **45**,P239-243.

Tinetti, M.E. & Powell, L.　1993　Fear of falling and low self-efficacy : A cause of dependence in elderly persons. *Journal of Gerontology*, **48**,35-38.

Tinetti, M.E., Liu, A.L., & Claus, E.　1993　Predictors and prognosis of inability to get up after falls among elderly persons. *Journal of the American Medical Association*, **265**,269-270.

Tinetti, M.E., Mendes de Leon, C.F., Doucerre, J.T., & Baker, D.I.　1994　Fear of falling and fall-related efficacy in relationship to functioning among community-living elders. *Journal of Gerontology : Medical Sciences*, **49**,M140-147.

Tinetti, M.E.　1995　Falls. In W.R. Hazzard, E.L. Bierman, J.P. Blass, W.H. Ettinger, & J.B. Halter (Eds.), *Principles of Geriatric Medicine and Gerontology*. 3rd ed. NY : McGraw-Hill.

東京消防庁　1997　救急活動の実態　pp.30-34.

US Centers for Disease Control and Prevention.　1993　Prevalence of sedentary lifestyle behavioral risk factor surveillance system US　1991. *Morbidity and Mortality Weekly Report*, **42**,576-579.

Vallas, B., Cayla, F., Bocquet, H., dePemile, E., & Albarede, J.L.　1987　Prospective study of activity in old people after falls. *Age and Ageing*, **16**,189-193.

Walker, J.E., & Howland, J.　1991　Falls and fear of falling among elderly persons living in the community : Occupational therapy interventions. *American Journal of Occupational Therapy*, **45**,119-122.

Wolf, S.L., Barnhart, H.X., Kutner, N.G., McNeely, E., Coogler, C., Xu, T., & the Atlanta FICSIT Group.　1996　Reducing frailty and falls in older persons : An investigation of Tai Chi and computerized balance training. *Journal of the American Geriatrics Society*, **44**,489-497.

安村誠司・芳賀　博・永井晴美・柴田　博・岩崎　清・小川　裕・阿彦忠之・井原一成　1991　地域の在宅高齢者における転倒発生率と転倒状況　日本公衆衛生雑誌，**38**,735-742.

人名索引（ABC順）

● A

Aber, C. S.　147
AbuSabha, A.　13
Achterberg, C.　13
Ahern, M. J.　159
Allen, J. K.　141
Ames, C.　42
APA　73, 74, 82
新井邦二郎　168
Arayhuzik, D.　147
Archer, J.　42
Arfken, C. L.　241
Argyle, M.　166
Arnstein, P.　15
Atkinson, J. W.　33

● B

Bandura, A.　3, 8, 10, 27, 29, 33, 34, 37, 40, 41, 47, 63, 75, 78, 79, 85, 94, 96, 123, 146, 148, 151, 171, 178, 190, 200, 228, 243
Baranowski, T.　15
Bar-More, G.　15
Beck, A. T.　78, 79
Bernier, M.　158
Betz, N. E.　10, 205, 210
Binder, E. F.　245, 247

● C

Chambliss, C. A.　10
Courneya, K. S.　225, 229
Craft, D. H.　160
Craske, M. G.　10

● D

Dakof, G. A.　124, 125
Deci, E. L.　39
Diaz, R. J.　39
Dweck, C. S.　28, 37, 41

● E

Ebana, S.　16
Ewart, C. K.　226

● F

Fairburn, C.　89
Ford-Gilboe, M.　150

Fukuyama, M. A.　212

● G

玄　正煥　193
Gresham, F. M.　10, 167
Grossman, Y. H.　122
Gunn, T. P.　194, 196

● H

Hanson, A. R.　194, 195
原　信一郎　123
原野広太郎　196
Harter, S.　43
樋口輝彦　74
平井　啓　100
Hofstetter, C. R.　108
Hogan, P. I.　160
穂坂智俊　37
House, W. C.　109
Hutto, M. D.　160

● I

岩崎桂子　186

● J

Jenkins, L. S.　135, 227
Jerusalem, M.　53

● K

Kambara, M.　38
Kanfer, R.　75
川原健資　16
Kawashima, R.　38
Keane, M. C.　147
Keefe, F. J.　15
金　外淑　16, 115, 116, 122, 125
King, A. C.　222
小石寛文　186
Kowalski, S. D.　14
Kushima, K.　17

● L

Lachman, M. E.　242, 245, 248, 249
Leary, M. R.　168
Lee, C.　169
Lehman, A. K.　84
Lev, E. L.　123
Lord, S. R.　247

253

人名索引

Luzzo, D. A.　213

● M

前田基成　7, 9, 16, 27, 70, 71, 96, 122, 123, 169, 179, 180, 196
Marcus, B. H.　223
Martin, J. J.　160
Matheson, D. M.　15
松尾直博　168
松浦　宏　195
McAuley, E.　222, 224, 225, 229, 245
Morgan, B. S.　147
Mullins, J. A.　159
Mushett, C. A.　160
Myers, A. M.　244

● N

Neafsey, P. J.　151
Nicholls, J. G.　41
Nicki, R. M.　10

● O

O'Leary, A.　83
小田美穂子　199
Oetker-blacki, S.　15
岡　浩一朗　221, 223
Oman, R. F.　222
Owen, S. V.　123

● P

Pender, N. J.　142, 143
Perkins, S. B.　136
Popma, J.　211
Poser, E. G.　158
Powell, L. E.　240, 243, 244

● R

Rayman, J. R.　212
Reppucchi, N. D.　28
Resnick, B.　227
Rice, J. M.　191, 197
Rodin, J.　84
Roesssler, R. T.　159
Rose, S. K.　138
Rotter, J. B.　33

● S

坂野雄二　7, 9, 12, 16, 19, 75, 76, 80, 94, 96, 113, 168, 199
Sallis, J. F.　222
佐藤正二　172
Schneider, J. A.　83
Schneider, M. S.　14, 123
Schunk, D. H.　10, 29, 35, 40, 188, 190-197
Seligman, M. E. P.　34, 79
Sherer, M.　53
嶋田洋徳　96
Skelly, A.　15
Smarr, K. L.　15
Solberg, V. S.　207
Speechley, M.　236, 237
Spence-Laschinger, H. K.　148
Stipeck, D. J.　35, 182
Stuifbergen, A. K.　158
鈴木仁一　17
鈴木伸一　64, 97, 99

● T

Tam, S. F.　159
Tanner, J. L.　124
Taylor, K. M.　205, 210, 211
Taylor, S. E.　124, 125
Thompson, A. R.　160
Tinetti, M. E.　236, 237, 240, 243, 244
戸ヶ崎泰子　168
東條光彦　9, 16, 19, 75, 180
冨安浩樹　208, 209
Toshima, M. T.　161

● U

内山喜久雄　24
浦上昌則　208, 209, 215
Ursprung, A. W.　159

● V

Vallas, B.　241
van Beurden, E.　13

● W

Wagner, S.　83
Weinberg, R. S.　10
Weisz, J. R.　35
Williams, S. L.　63
Wilson, G. T.　82
Wolf, S. L.
Wolpe, J.　166
Wood, R. E.　41

● Y

山口正二　169

● Z

Zeiss, A. M.　75
Zimmerman, B. J.　40, 201

事項索引（50音順）

●あ

悪性腫瘍　99, 100
アトピー性皮膚炎　16
アパシー　47
暗黙の知能観　41

●い

Eating Self-Efficacy Scale　84
Eating Disorders Self-Efficacy Scale　85
怒り　122
生きる力　30
一般身体疾患による気分障害　74
一般性エフィカシー尺度　224, 226
一般性セルフ・エフィカシー　76, 80, 84, 97, 98, 123, 146, 147, 158, 168, 170
一般性セルフ・エフィカシー尺度　16, 50, 152
一般的セルフ・エフィカシー　50, 55, 56
インスリン非依存型糖尿病　106, 116

●う

WISC-R　172
WAIS　161
うつ病　73-75
うつ病患者　76
うつ病性障害　74, 75
運動アドヒレンス　218, 219
運動スキル　10
運動セルフ・エフィカシー　222
運動セルフ・エフィカシー尺度　227
運動特異的セルフ・エフィカシー　223
運動療法　220, 221, 230

●え

エクスポージャー　2, 64, 89, 91
STAI（State Trait Anxiety Inventory）　73
SUD（Subjective Units of Disturbance：自覚障害単位）　179

●お

オペラント条件づけ　62
オペラント条件づけ法　87

●か

外傷後ストレス障害　61
開発的な教育相談　24
回避行動　62-64
学業成績　148, 149
学業達成　10, 44, 148, 188, 189
学業不振　28, 29
学習障害　167, 172, 173
学習スキル　44
学習性無力感　37, 231
学習目標　42
家族看護　150, 151
家族看護セルフ・エフィカシー質問票　151
課題エフィカシー尺度　224, 225
課題解決　210
課題関与　41
学校ストレス　30, 96
学校不適応　166
合併症　106, 121
過敏性腸症候群　67
感情適応尺度　115

●き

気管支喘息　14
帰属フィードバック　37, 192, 193
帰属様式　43
帰属理論　33, 35-37
期待−価値モデル　33, 36
期待−価値理論　33, 142
結果予期　4, 34-37, 42
期待理論　35
喫煙行動　10
気分循環性障害　74
気分障害　73
気分変調性障害　73, 74
キャリア不決断　206, 207
急性ストレス障害　61
教育相談　24, 26, 31
強迫性障害　61
恐怖反応　10
禁煙プログラム　14

●く

クオリティ・オブ・ライフ（QOL）　99, 218, 226, 241, 246

●け

系統的脱感作法　10, 27, 49, 64, 70, 179
血液透析　14, 120
結果期待　33
原因帰属　33, 192
健康行動　115, 158
健康増進プログラム　228

255

言語化　196
言語的説得　6, 30, 65, 68, 97, 106, 107, 123, 126, 138-142, 160, 171, 185, 230

●こ

向社会的スキル　173
行動医学　12
行動課題　77, 79
行動遂行　70, 71
行動遂行の達成　97
行動的アプローチ　26
行動の一般性　48
行動の強度　48
行動の水準　48
行動分析　26
行動変容　11, 47
行動目標　79, 117
行動療法　26
行動論的視点　25
効力予期　4, 26, 34-37, 42, 193
コーチング法　167
コーピングモデル　194
骨粗鬆症　221
古典的条件づけ　62
コンピテンス　47

●さ

再帰属　79
再帰属訓練　213
再帰属法　29

●し

CMI　102
自我関与　41
時間的展望　209
思考の抑制　75
自己観察　200
自己管理　106, 113, 114, 117, 122, 126, 128, 135
自己強化法　89
自己教示　162
自己教示訓練　161
自己コントロール　122
自己制御学習　40, 200, 201
自己制御システム　40
自己調整エフィカシー尺度　224, 227
自己調整モデル　200
自己認識　210
自己判断　200
自己反応　200
自己卑下　82, 121
自己評価　84, 121

指示的カウンセリング　25
自助力　131
自信喪失　121
視線恐怖　9, 10, 16, 70, 179
視線不安　27
自尊感情　77
実存的アプローチ　24
実存的視点　24
失望　47
質問紙　113, 115
児童用社会的スキル尺度　173
自閉症　167
社会恐怖　61
社会的学習理論　3, 47
社会的サポート　160
社会的スキル　10, 88, 166-171
社会的スキル訓練　166, 167, 169-172
社会的認知理論　143
社会の問題解決スキル　167
社交性スキル　173
集団認知行動療法　83
主張訓練法　166
主張性スキル　167, 168, 173
主張反応　10
小学生用セルフ・エフィカシー尺度　53
条件性静止法　180
状態不安　38, 153, 155
情緒的サポート　124, 125
情動的覚醒　65
情動的喚起　6, 30, 97, 106, 107, 123, 139, 140
将来計画　210
職業カウンセリング　10
職業指導　204, 205
職業情報の収集　210
職業選択　204, 206, 207
食事療法　13, 109, 119
自立訓練　69
自律訓練法　66, 68
心気亢進　60
神経性大食症　82, 83, 84
神経性無食欲症　82, 83
心疾患　99, 132-138, 140, 141, 221, 226
心臓リハビリテーション　14, 132, 134, 137, 220, 226
身体機能訓練　160
身体的セルフ・エフィカシー　222, 226
身体的セルフ・エフィカシー尺度　226
心不全　99
信頼性　55
心理療法　220
進路成熟理論　210

進路選択行動　205, 207
進路選択セルフ・エフィカシー　205-211, 213, 214
進路選択セルフ・エフィカシー尺度　210

● す
遂行行動の達成　5, 30, 65, 79, 106, 107, 123, 139-141, 171, 185, 228
遂行目標　42
随伴性　26
随伴性認知　36
ストラテジー　124, 196
ストラテジーの使用　196
ストレッサー　97, 99

● せ
生活経験調査票　149
精神運動抑制　75
正のフィードバック　79
生理的・情動的状態　230
摂食障害　82, 87
絶食療法　17, 18, 19
セルフ・エスティーム　83
Self-Efficacy Questionnaire　84
セルフ・エフィカシーの一般性　8, 49
セルフ・エフィカシーの強度　8, 48, 224
セルフ・エフィカシーの水準　48
セルフ・エフィカシーのマグニチュード　7, 224
セルフ・ケア　131
セルフ・コントロール　92
セルフ・スキーマ　85
セルフ・モデリング　195
セルフ・モニタリング　77, 89, 124, 184
漸進的筋弛緩法　66
先天性心奇形　15

● そ
双極Ⅰ型障害　74
双極Ⅱ型障害　74
ソーシャル・サポート　118, 124, 127

● た
大うつ病性障害　73, 74
体重コントロール　10, 13, 158
対処行動　94, 99
対処行動へのセルフ・エフィカシー　98
対処スキル　64, 65
対人行動　179
対人スキル　96
対人的セルフ・エフィカシー　168
対人不安　168
代替行動　89
代理的経験　6, 30, 65, 97, 106, 107, 138-140, 171, 185, 229
脱感作　69
達成不安研究　33
妥当性　55

● ち
チック　180
中学生用セルフ・エフィカシー尺度　53
治療的な教育相談　24

● て
DSM-IV　61, 102
適応障害　74
テストストレス　30
テスト不安　38, 189, 199
転倒　235, 236
転倒恐怖　239-244
転倒セルフ・エフィカシー　243-245
転倒セルフ・エフィカシー尺度　243, 244
転倒予防　246, 247

● と
動機づけ　33, 108, 116, 189-191, 193
道具的サポート　124, 125
登校拒否　7
統制感　35, 36, 43, 95
統制信念　35
透析療法　119, 120
糖尿病　15, 106-108, 113, 115, 116, 131
特異的セルフ・エフィカシー　222
特性不安　38, 153, 155
特定不能のうつ病性障害　74
特定不能の気分障害　74
特定不能の双極性障害　74
トランスセオレティカル・モデル　223

● な
内潜モデリング　6
内発的動機づけ　33, 39
仲間関係セルフ・エフィカシー　186
仲間媒介法　167

● に
認知　25
認知行動療法　2, 12, 26, 73, 78, 82, 91, 101, 178
認知された目標　33
認知的アプローチ　25
認知的再構成　25
認知的再体制化　25, 78, 80, 249

事項索引

認知的視点　25
認知的評価　95, 115
認知的評価理論　39
認知の修正　2
認知療法　25

●の
脳性麻痺　160
能力信念　35

●は
ハーターの有能感尺度　43
バーンアウト　159
破局的認知　66
パッケージ治療法　167
パニック障害　61-63
パニック発作　2, 61
場面特異的セルフ・エフィカシー　97
般化　169
般化可能性　48

●ひ
BDI（Beck Depression Inventory）　73, 102
微小妄想　75
非同時性　27
否認　122
肥満恐怖　89
Bulimic Thought Questionaaire　85
標的行動　49
広場恐怖　2, 61

●ふ
不安　47, 60, 62, 97, 100, 108, 121-123, 125, 126
不安障害　60, 61, 63
不安・焦燥　75
不安制御　64, 65
不安の形成　64
不安のコントロール　63
不安の認知モデル　63
不安のマネジメント　62
不安場面　63, 65
フィードバック　169
物質誘発性気分障害　74
不登校　96
不登校児　48
負の社会性スキル　173
フラッディング法　27

●へ
ヘルス・プロモーション　131, 142, 143
勉学スキル　147

勉学スキル・セルフ・エフィカシー評価票　147
勉学方略調査票改訂版　149
変形性関節症　15

●ほ
方略信念　35
歩行エフィカシー尺度　245
母性看護　152-155
母性看護学実習セルフ・エフィカシー尺度　154, 155
母性看護学セルフ・エフィカシー尺度　152, 153
保存療法　119
骨関節炎　159

●ま
マグニチュード　79
マスタリーモデル　194
末期腎臓病　14
慢性疾患　16, 99, 100
慢性腎不全　119
慢性疼痛　15, 158
慢性リウマチ　15
満足のいくできごと記録表　77, 78

●む
無力感　82, 92, 98

●も
目標設定　189-191
目標選択　210
目標理論　33, 40
モデリング　65, 107, 123, 124, 127, 160, 169, 194, 195

●や
薬物療法　220

●ゆ
有酸素運動　220
友情形成スキル　167
有能感　39

●よ
予期機能　3
予期不安　63
抑うつ　121, 123, 125
抑うつ気分　75, 80, 82
抑うつ神経症　73

●ら

来談者中心療法　25

●り
リハビリテーション　157, 220
リウマチ　159
領域別セルフ・エフィカシー尺度　53
リラクセーション　3
臨床看護スキル　147
臨床セルフ・エフィカシー尺度　147

●ろ
Locus of Control　33-36, 43, 50, 213
老人用セルフ・エフィカシー尺度　53, 54
ロールプレイ　87, 102, 103, 169, 171, 172, 174, 176
ロッターらの社会的学習理論　33
論理（合理）情動行動療法　25

●わ
Y-G 性格検査　67

【執筆者一覧】

坂野雄二	編者	1, 7章
川原健資	のぞみクリニック	2章
嶋田洋徳	早稲田大学	3, 5章
前田基成	編者	3, 6, 11章
鎌原雅彦	聖学院大学	4章
鈴木伸一	早稲田大学	6, 9章
松本聰子	鹿児島大学医学部附属病院	8章
金　外淑	兵庫県立大学	10章
野口眞弓	日本赤十字豊田看護大学	12章
佐々木和義	元早稲田大学	13, 14章
戸ヶ崎泰子	宮崎大学	15章
東條光彦	岡山大学	16章
小田美穂子	横浜市北部児童相談所	17章
浦上昌則	南山大学	18章
岡　浩一朗	早稲田大学	19章
竹中晃二	早稲田大学	20章

【編者紹介】

坂野雄二（さかの・ゆうじ）
　1951年　大阪府に生まれる
　1980年　筑波大学大学院博士課程心理学研究科心理学専攻修了
　現　在　北海道医療大学名誉教授　教育学博士
　　　　　五稜会病院札幌CBT&EAPセンターセンター長
　主著・論文
　　「認知行動療法」　1995　日本評論社
　　「認知行動療法の理論と実際」（編著）　1997　培風館
　　「臨床心理学キーワード」（編著）　2000　有斐閣
　　　　　　　　　　　　　　　　他約70件
　　　論文：約200編

前田基成（まえだ・もとなり）
　1957年　福井県に生まれる
　1982年　筑波大学大学院修士課程教育研究科修了
　現　在　女子美術大学芸術学部教授
　主著・論文
　　臨床教育相談学（共著）　1996　金子書房
　　生徒指導と学校カウンセリングの心理学（共著）　1999　八千代出版
　　スクールカウンセラー事例ファイル3――情緒・行動障害――（共著）　1999　福村出版

セルフ・エフィカシーの臨床心理学

| 2002年8月30日　初版第1刷発行 | 定価はカバーに表示 |
| 2021年6月20日　初版第9刷発行 | してあります。 |

　　　編著者　　坂野雄二
　　　　　　　　前田基成
　　　発行所　　㈱北大路書房

　　〒603-8303　京都市北区紫野十二坊町12-8
　　　　　　　電話　(075) 431-0361(代)
　　　　　　　FAX　(075) 431-9393
　　　　　　　振替　01050-4-2083

　　Ⓒ2002　印刷／製本　亜細亜印刷㈱
　　検印省略　落丁・乱丁本はお取り替えいたします

　　ISBN978-4-7628-2263-6　　Printed in Japan

・ JCOPY 〈㈳出版者著作権管理機構　委託出版物〉
本書の無断複写は著作権法上での例外を除き禁じられています。
複写される場合は，そのつど事前に，㈳出版者著作権管理機構
（電話 03-5244-5088,FAX 03-5244-5089,e-mail: info@jcopy.or.jp）
の許諾を得てください。